■ 国家"985工程"哲学社会科学创新基地
四川大学"211工程"重点建设项目

跨媒体研究丛书

主编：聂圣哲 蒋晓丽

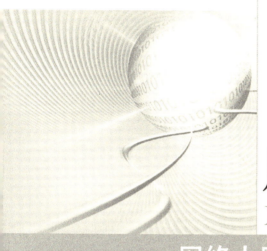

虚幻与真实

XUHUAN YU ZHENSHI

——网络人际传播中的印象形成研究

张放 著

中国社会科学出版社

图书在版编目（CIP）数据

虚幻与真实：网络人际传播中的印象形成研究／张放著.
北京：中国社会科学出版社，2010.7
ISBN 978 – 7 – 5004 – 9065 – 4

Ⅰ.①虚… Ⅱ.①张… Ⅲ.①计算机网络 – 传播学
Ⅳ.①G206.3②TP393.4

中国版本图书馆 CIP 数据核字（2010）第 170455 号

出版策划　任　明
特邀编辑　乔继堂
责任校对　王雪梅
技术编辑　李　建

出版发行　中国社会科学出版社
社　　址　北京鼓楼西大街甲 158 号　　邮　编　100720
电　　话　010 – 84029450（邮购）
网　　址　http：//www.csspw.cn
经　　销　新华书店
印　　刷　北京奥隆印刷厂　　　　装　订　广增装订厂
版　　次　2010 年 7 月第 1 版　　印　次　2010 年 7 月第 1 次印刷
开　　本　710×1000　1/16
印　　张　15　　　　　　　　　　插　页　2
字　　数　264 千字
定　　价　35.00 元

总　序

众所周知，以传播媒介的巨大变革为依据，人类传播历经了上古的口头传播、中古的手写传播、近代的印刷传播，直至现代的电子传播四个主要历史阶段，而四个历史阶段的不断更替、四种传播媒介的依次更新，一定程度上是人类渴望扩大传播范围、提高传播效率、满足人们多元信息需求的体现。

尽管从历史发展过程来看人类传播经历了以上四个阶段，但是作为每一阶段主角的口语、文字、印刷、电子四种传播媒介的关系并不是相互排斥而是相互补充的，并不是前后相继而是前后相迭的。一方面，它们各行其是、特立独行；另一方面，它们又各有所长，优势互补，共同成就了人类传播。在这其中，以文字的逻辑、深刻为特色的报刊杂志，以声音的平易浅显为风格的广播，以兼具声画优势的电视为代表的传统媒体，与以海量、及时和互动为特点的网络为代表的新媒体一起，组成了大众传播大家庭。

然而，自 20 世纪 90 年代以来，随着数字化、计算机网络和虚拟现实等技术的不断进步，以及这些技术在传播、通信等领域的全方位渗透与应用，传播媒介经历着巨大变革，传统媒介正在冲破自身局限，原本泾渭分明的几种媒介之间的界限开始打破并悄然兴起一场新的融合，人类传播已进入媒介融合时代，也被称为"跨媒体时代"或"全媒体时代"。

"媒介融合"（media convergence）这一概念最早来自美国麻省理工学院（MIT）的伊契尔 · 索勒 · 普尔（Ithiel De Sola Pool）和他于 1983 年在其《自由的技术》（*Technologies of Freedom*）中提出的"传播形态融合"（the convergence of modes）。他认为，数码电子科技的发展是导致历来泾渭分明的传播形态聚合的原因，媒介融合就是各种媒介呈现出一体化多功能的发展趋势，从根本上讲，媒介融合是不同技术的结合，是两种或更多技术融合后形成的某种传播技术，由融合产生的新传播技术和新媒介的功能大于原先各部分的总和。作为一种媒体发展的现状和趋势，媒介融合是国际化、全球化浪潮下传媒求得生存的新产物，是历来泾渭分明的几种不同传播技术为了实现传播一体化、多功能的新手段，是促成报纸、广播、电视、互联网和手机等的采编作业有效结合以实现资源共享、集中处理，进而达成节约生产成本、实现规模效应目标的新模式。

按照美国西北大学教授李奇·高登（Rich Gordon）于 2003 年针对美国当时的媒介融合状况就做出的归纳，媒介融合主要呈现以下几个方面的融合：所有权融合（ownership convergence）、策略性融合（tactical convergence）、结构性融合（structural convergence）、信息采集融合（information-gathering convergence）和新闻表达融合（storytelling or presentation convergence）[①]。同时，在到达媒介完全融合的过程中，必然要经历以下几个发展阶段：最初是依靠行政力量的组织的融合，然后是在市场作用下以集团兼并为代表的资本融合，进而再到传播手段的融合，这是一种大型传媒集团的不同媒介的传播手段在同一大平台上进行整合，实施这些媒介之间的内容相互推销和资源共享的融合，最后才是媒介融合的最高阶段，媒介形态的融合，即在数字技术和网络传播推动下产生的新媒介类型——融合媒介，这种媒介融合了几种甚至全部媒体的优点。

我们常说的"跨媒体"和"全媒体"，可被视为"媒介融合"过程中的不同阶段，其中，"跨媒体"之"跨"，凸显了跨媒体更多体现为一种媒介融合行为，而"全媒体"之"全"，则在一定程度上反映了全媒体更多作为一种媒介融合状态。

所谓"跨媒体"，是指横跨平面媒体（报纸、杂志、图书、户外广告）、立体媒体（广播、电视、电影）和网络媒体的三维平台组合，其核心在于不同媒体形式之间的"横跨"组合，它强调媒体外在形式之间的一种组合，或许通过行政力量使然，或者通过市场作用使然，处于媒介融合过程中的初级阶段。而"全媒体"是指综合运用各种表现形式，如文、图、声、光、电来全方位、立体地展示传播内容，同时通过文字、声像、网络、通信等传播手段来传输的一种新的传输形态。作为一种媒介融合状态，它继"跨媒体"、"多媒体"之后逐步衍生而成，是媒介融合的高级阶段，是人类现在掌握的信息流手段的最大化集成者，体现的不是"跨媒体"的简单连接，而是全方位融合——网络媒体与传统媒体乃至通信的全面互动、网络媒体之间的全面互补、网络媒体自身的全面互融。

可以看出，三个概念中，"媒介融合"的含义最为广泛，包含的内容最

---

① 蔡雯：《从"超级记者"到"超级团队"——西方媒体"融合新闻的实践和理论"》，载《中国记者》2007 年第 1 期。

多，"全媒体"所描述的是媒介融合发展过程中的高级阶段，它侧重于不同媒体在共用一套机构与人员的情况下进行传播手段融合、内容互销和资源共享。然而，我们国家当前的传媒还处于较初级的阶段，基本经历了行政力量促进融合，逐步在由市场作用促进融合走向传播手段的融合，所以，三个概念中，用"跨媒体"来描述我们的传媒实际，是更为贴切和妥当的，这也是本丛书采用"跨媒体研究丛书"的根本缘由。

无论是作为发展趋势的"媒介融合"，还是作为生存状态的"跨媒体"，还是作为阶段目标的"全媒体"，它们都揭示了当下传媒发展和新闻传播的时代语境。清楚认识当下传媒语境及其特点，无疑对传媒经营管理、新闻采写编排等传媒实践有着非常必要和重要的意义，对传媒人提高自身职业素养而言，也是异常关键的。因此，媒介融合语境下的传媒文化与传播实践，为我们的跨媒体研究提供了极好的契机，这不仅鼓励我们努力探索研究，更成为我们萌生出版此丛书念头的最原始动力。

典盛传播、环球活动网总裁欧阳国忠 2007 年 8 月在接受《北方传媒研究》编辑部采访在谈及新媒体时代特点时，进行了如下概述：新媒体时代传媒，主要会呈现出以下四个方面的特点，内容生成的"即时性"——越来越多的内容生成和传播的过程正在重合起来、内容获取的"即地性"——人们可以在任何地方以任何手段获取即时的信息、内容传播的"互动性"——内容的接收方对接收的内容有更多的选择权、广告投放的"定向性"——广告商可以更有效地针对个人目标客户投放广告。[①] 可以说，这既是媒介融合时代的传播特点，更是跨媒体时代的传媒目标。如何能实现传媒自身、受众、广告商三方面的共赢，不仅是传媒业界人士需要考虑的，更是传媒学术界人士需要努力探索研究的命题。

作为四川大学"211 工程"重点建设学科项目的成果，"跨媒体研究丛书"所涵盖的研究范围主要包含有：

（1）"跨媒体"或"媒介融合"对象研究和过程研究。如对媒介融合过程中所涉及的内容融合与渠道融合、资本融合与结构融合、技术融合与生产融合以及融合过程中所遭遇的政策规制和行业壁垒等问题的研究。

（2）"跨媒体"或"媒介融合"对各项传媒实践的影响研究和各项传

---

① 2007 年 8 月，典盛传播、环球活动网总裁欧阳国忠接受《北方传媒研究》编辑部的电子邮件采访，文字整理为《新媒体环境下的电视产业运营》一文，刊发于《北方传媒研究》2007 年第 4 期。

媒实践相应的对策研究。如对跨媒体环境下的新闻采编研究，如对报业数字化转型的研究等等。

（3）"跨媒体"或"媒介融合"与其他领域的关系研究，体现为媒介融合与政治学、经济学、文化学、社会学和心理学等学科的交叉研究。如在跨媒体传播格局中的政府信息传播研究、媒介融合背景下的传媒文化研究和受众心理研究等。

无论是哪一类型的研究，本丛书都强调对传媒当下现实的针对性，对传媒历史经验教训的总结性，和对传媒未来发展的指导性和预测性。

本期拟出版的八本专著，包括蒋晓丽等的《奇观与全景——传媒文化新论》、石磊的《分散与融合——报业数字化转型研究》、王积龙的《抗争与绿化——环境新闻学在西方的起源、理论与实践》、刘肖的《理智与偏见——当代西方涉华国际舆论研究》、侯宏虹的《颠覆与重建——博客主流化研究》、张放的《虚幻与真实——网络人际传播中的印象形成研究》、张杰的《变革与回归——中国政府网络信息传播研究》和彭虹的《涌现与互动——网络社会的传播视角》。每一本书都是作者对跨媒体、对媒介融合所做出的探索和研究，都凝结了作者的努力和心血，为理性建构媒介现实，深入认识媒介未来，不遗余力地思考和探索。

在这套丛书出版之际，衷心感谢国内新闻传播学界的各位专家、学者对我们的研究始终如一的关注和支持；衷心感谢德胜（苏州）洋楼有限公司一直以来的鼎力资助；也衷心感谢中国社会科学出版社的任明老师以及所有为这套丛书的出版付出辛勤劳动的朋友和同事们。

"路漫漫其修远兮，吾将上下而求索"。虽然仅凭以上的几本书，难以支撑起整个"跨媒体研究"的框架，但是我们希望，本丛书的出版能在传媒学界和业界起到一个抛砖引玉的作用，同时我们也愿意在未来的传媒研究进程中继续将之充实和延展，为有效的认识和指导传媒实践贡献我们的绵薄之力。

是为序。

聂圣哲　蒋晓丽
2010 年春

目　　录

绪论 ………………………………………………………………… (1)

  第一节　研究背景 ……………………………………………… (1)

    一　本研究的社会背景 ……………………………………… (1)

    二　本研究的学术背景 ……………………………………… (5)

  第二节　研究目的 ……………………………………………… (8)

    一　本研究的学术目的 ……………………………………… (8)

    二　本研究的现实目的 ……………………………………… (11)

  第三节　研究框架与内容 ……………………………………… (12)

    一　本研究的基本框架 ……………………………………… (12)

    二　本研究的内容安排 ……………………………………… (12)

第一章　研究文献综述 …………………………………………… (14)

  第一节　网络人际传播研究的历史脉络与基本理论框架 …… (14)

    一　第一个十年：基本研究进路线索消除论的形成 ……… (15)

    二　第二个十年：超人际模型与 SIDE 模型两大理论

      框架的提出 ……………………………………………… (20)

    三　第三个十年：分支研究的延伸发展 …………………… (23)

  第二节　网络人际传播中的印象形成研究 …………………… (24)

    一　网络人际印象的测量工具 ……………………………… (25)

    二　网络人际印象评价的指标体系 ………………………… (27)

    三　网络人际印象形成的影响因素 ………………………… (28)

    四　网络人际印象对网络人际关系的影响 ………………… (30)

  第三节　相关研究在中国 ……………………………………… (31)

    一　国内研究现状概述 ……………………………………… (31)

    二　国内相关研究文献分析 ………………………………… (34)

第二章　研究范式与研究方法 …………………………………… (38)

  第一节　研究范式 ……………………………………………… (38)

    一　范式：学术研究中的"潜规则" ……………………… (38)

　　二　网络人际传播研究的基本范式与多学科传统 ……………（39）

　第二节　研究方法 ………………………………………………（44）

　　一　控制实验法的功能及其缺陷 ………………………………（44）

　　二　本研究的方法：量化分析与质性研究相结合的经验研究 ……（48）

第三章　网络人际传播的发展及现状 ……………………………（51）

　第一节　网络人际传播的界定 …………………………………（51）

　　一　网络人际传播的定义 ………………………………………（51）

　　二　网络人际传播的特征 ………………………………………（51）

　第二节　网络人际传播的技术形态及其模式演变 ……………（52）

　　一　网络人际传播的主要技术形态 ……………………………（52）

　　二　网络人际传播模式的演变趋势 ……………………………（60）

第四章　预调查：网络人际印象形成的影响因素 ………………（65）

　第一节　预调查的方法与设计 …………………………………（65）

　　一　方法：个人访谈与持续比较 ………………………………（65）

　　二　设计：访谈的实施方案 ……………………………………（67）

　第二节　预调查的资料分析 ……………………………………（69）

　　一　访谈资料的持续比较结果 …………………………………（69）

　　二　探讨与结论 …………………………………………………（82）

第五章　实验一：网络人际传播中的印象效果 …………………（84）

　第一节　研究思路与研究假设 …………………………………（84）

　　一　网络人际传播中印象效果的相关理论观点 ………………（84）

　　二　网络人际传播中印象效果的测量与研究假设 ……………（86）

　第二节　实验设计 ………………………………………………（90）

　　一　总体设计 ……………………………………………………（90）

　　二　自变量设置 …………………………………………………（90）

　　三　被试的选取 …………………………………………………（90）

　　四　实验程序 ……………………………………………………（90）

　　五　因变量的操作定义及其测量 ………………………………（91）

　第三节　实验结果及讨论 ………………………………………（100）

　　一　实验结果 ……………………………………………………（100）

　　二　解释与讨论 …………………………………………………（103）

　　三　结论 …………………………………………………………（110）

第六章　实验二：交际线索对网络人际印象形成的影响 ………… (111)

　第一节　研究思路与研究假设 ………………………………… (111)

　　一　交际线索影响网络人际印象形成的相关理论观点 ……… (111)

　　二　交际线索对网络人际印象形成影响的测量与研究假设 … (114)

　第二节　实验设计 …………………………………………… (119)

　　一　总体设计 ……………………………………………… (119)

　　二　自变量设置 …………………………………………… (120)

　　三　被试的选取 …………………………………………… (120)

　　四　实验材料 ……………………………………………… (120)

　　五　实验程序 ……………………………………………… (126)

　　六　因变量的设置与测量 ………………………………… (126)

　第三节　实验结果及讨论 …………………………………… (126)

　　一　实验结果 ……………………………………………… (126)

　　二　解释与讨论 …………………………………………… (135)

　　三　结论 …………………………………………………… (141)

第七章　实验三：认知图式对网络人际印象形成的影响 ……… (143)

　第一节　研究思路与研究假设 ………………………………… (143)

　　一　网络人际传播理论中隐含的图式加工观点 …………… (143)

　　二　网络人际印象形成中图式的激活与研究假设 ………… (147)

　第二节　实验设计 …………………………………………… (151)

　　一　总体设计 ……………………………………………… (151)

　　二　自变量设置 …………………………………………… (151)

　　三　被试的选取 …………………………………………… (152)

　　四　实验材料 ……………………………………………… (152)

　　五　实验程序 ……………………………………………… (155)

　　六　因变量的设置与测量 ………………………………… (155)

　第三节　实验结果及讨论 …………………………………… (155)

　　一　实验结果 ……………………………………………… (155)

　　二　解释与讨论 …………………………………………… (161)

　　三　结论 …………………………………………………… (166)

第八章　网络印象双因素模型 ……………………………… (168)

　第一节　网络印象双因素模型的建构 ………………………… (168)

　　一　网络印象双因素模型的基本结构 ……………………… (168)

二 网络印象双因素模型的要素 ················· (168)

三 网络印象双因素模型的作用机制 ············· (171)

第二节 网络印象双因素模型的理论意义 ············· (175)

一 网络印象双因素模型对于网络人际传播研究的意义 ········ (175)

二 网络印象双因素模型对印象形成研究的意义 ········· (178)

第三节 本研究的不足与未来研究建议 ·············· (180)

一 本研究的不足 ····················· (180)

二 未来研究建议 ····················· (181)

附录一 NEO 五因素印象测评量表 ················· (184)

附录二 实验二中的语言线索与内容线索结合呈现材料 ········ (186)

附录三 实验二中的语言线索单独呈现材料 ············· (199)

附录四 实验二中的内容线索单独呈现材料 ············· (204)

附录五 实验三中的强启动材料 ················· (206)

附录六 实验三中的弱启动材料 ················· (207)

参考文献 ························· (208)

后记 ··························· (225)

绪　　论

第一节　研究背景

一　本研究的社会背景

（一）宏观层面：网络媒介改变社会结构

人际传播是人类社会赖以存在的基础。被传播学者埃弗里特·罗杰斯（Everett M. Rogers）誉为"欧洲社会科学在美国的思想登陆点"的芝加哥学派更是认为："社会不仅是由于传递、由于传播而得以存在，而且完全可以说是在传递、传播之中存在着。"①（约翰·杜威语）"既然交流（传播）的需要是如此原始和基本的人性特点，我们就不能把它看作是与思考和生存需要相分离的或是它们的附属物。"②（查尔斯·库利语）"传播显然是社会过程中根本的东西，因为物理学使传播手段的延伸和改进对社会的存在显然发挥着至关重要的作用，尤其是对理性组织起来的社会形态即所谓文明发挥着至关重要的作用。"③（罗伯特·帕克语）这就是说，一旦传播的结构发生变革，也就意味着社会的结构发生了变革。

而网络人际传播是人类人际传播史上的一座里程碑。随着计算机和网络技术的飞速发展，人类的传播结构和社会结构正在发生着巨大的改变。"几乎所有触及互联网络的人，都直觉地发现自己触及的不仅仅是技术，而是一种以信息为标识的崭新的生存方式。"④ 而且，"当互联网开始以一种传播媒

---

① Peters，J. D.（1989）. *Democracy and American mass communication theory*：*Dewey，Lippmann，Lazarsfeld. Journal Communication*，11，pp. 199 – 220. 转引自［美］埃弗里特·罗杰斯著，殷晓蓉译《传播学史：一种传记式的方法》，上海译文出版社 2005 年版，第 137 页。

② ［美］查尔斯·霍顿·库利著，包凡一等译：《人类本性和社会秩序》，华夏出版社 1999 年版，第 5 页。

③ 转引自［加］哈罗德·英尼斯，何道宽译《传播的偏向》，中国人民大学出版社 2003 年版，"麦克卢汉序言"。

④ 郭良：《网络创世纪：从阿帕网到互联网》，中国人民大学出版社 1998 年版，"编者的话"。

介的身份进入人们生活时，最早承载的形态就是人际传播"①。应当说，这是即时人际传播的形态在人类进步的历史上继电话发明之后的第二次重大变革。如果说电话的发明使得人们首次在"面对面"之外实现了远距离即时人际传播，那么计算机网络的诞生则赋予了"面对面"全新的内涵。

基于计算机网络的通信（传播）技术使得人与人之间的社会关系可以建立在一种远程的、中介的基础上，并像传统人际关系一样得以维持，从而催生了一种崭新的、依赖于技术的网状社会结构。这种网状社会结构曾在最早的网络人际传播研究文献、美国学者斯塔尔·洛克赛因·希尔茨（Starr Roxanne Hiltz）和莫雷·图洛夫（Murray Turoff）1978 年的著作《网的国度：通过计算机进行的人类传播》（*The Network Nation：Human Communication via Computer*）中得到极为生动的描述：

> 当这样的系统（指计算机化会议系统）使用越来越广泛，处于不同分散地理位置的人们之间存在的那种潜在的强传播网就会付诸现实。我们将会变成一个"网的国度"，与天各一方的同事、朋友甚至"陌生人"——但却拥有相同的兴趣爱好——进行着巨量信息和社会情感性传播的交换。最终，随着通信卫星与国际分组交换网络向遍及世界的所有城市和村落的延伸，因网络人际传播而迅速壮大的社会网将演变成为一个国际化的社会网。②

这一描述正在为无数的相关研究所证实。2002 年，著名互联网研究者詹姆斯·凯茨（James E. Katz）和罗纳德·莱斯（Ronald E. Rice）在经过大量的实证调查研究之后断言：

> 连在键盘和中央处理器上并连接着大量网络、服务器和其他构造的小小的计算机鼠标已经编织出一幅华美的织锦，描绘了所有各个国家、信仰、种族和经济阶层的人们之间的友谊、个人信息和社区。亚当·斯密将市场描述为看不见的手，与此不同，鼠标移动和键盘敲击的总量（还有一直在增长的声音和图像流）允许个人和小群体寻找共同兴趣、

---

① 彭兰：《网络传播概论》，中国人民大学出版社 2001 年版，第 265 页。

② Hiltz, S. R., & Turoff, M.（1978）. *The network nation：Human communication via computer*. Reading, MA：Addison‑Wesley. p. xxix.

进行各种形式的交换，并产生可以将他们联合起来的纽带，为他们提供关注、支持和情感。"无形的鼠标轨迹"引领了全世界，在人们和他们的软件之间产生电子和情感联系。①

虽然在互联网究竟为人类带来福祉还是祸害的问题上仍然存在着不小的争议，但有一点已经逐渐被所有人承认，那就是：计算机网络的出现，的的确确在改变着人与人之间的联系，并改变着建立在这个联系之上的整个人类社会。

（二）微观层面：网络媒介改变人的感知

凯茨和莱斯的比喻告诉我们，在计算机网络带来的社会结构改变的背后，必定也存在一只"看不见的手"在推动着这一切的发生。市场背后的"看不见的手"是市场经济的微观机制，那么，这只"看不见的手"究竟来自何方？分析社会学（analytical sociology）提出，任何特定的社会现象都有其解释的微观基础——换言之，任何特定的社会现象都可以归结为个体行动聚合于宏观层面的表现。② 因此，所谓"网的国度"这样一种宏观社会结构产生背后的微观层面的原因，必然在于网络媒介对人际传播中个体之间相互感知的影响。

媒介改变人的感知并非始于网络。在传播研究史上，这实际上是一个具有"悠久"历史的论断。早在 1922 年，著名报刊专栏作家、政论家沃尔特·李普曼（Walter Lippmann）就在其名著《舆论学》（*Public Opinion*）中提出了"拟态环境（pseudo-environment）"的概念。他认为，现代社会的规模性和复杂性以及个人直接的经验性感知有限导致了人们头脑中关于客观世界的图景主要是通过大众媒介间接形成的，是一种被媒介构造出来的"拟态环境"。拟态环境压缩和扭曲了真实环境，但我们却将其当做真实环境本身来看待并对之作出反应。不仅如此，李普曼还将原意为"铅版"的"刻板印象（stereotype）"概念引入到了社会科学研究之中，用以概括把对个体所属事物的整个类的评判简单地推论至该个体的一种特殊的类别思维，并提出大众媒介对于社会刻板印象的形成、维护和改变都有着深刻的影响。③ 在

①　［美］詹姆斯·E. 凯茨、罗纳德·E. 莱斯著，郝芳、刘长江译：《互联网使用的社会影响》，商务印书馆 2007 年版，第 4 页。

②　参见陈云松《分析社会学：寻求关于微观与宏观连接的机制性解释》，《浙江社会科学》2008 年第 5 期，第 22—29 页。

③　参见黄晓钟等主编《传播学关键术语释读》，四川大学出版社 2005 年版，第 260 页。

李普曼之后，相继又有学者提出类似的观点。如法国思想家、实验主义电影艺术大师居伊·德波（Guy Ernest Debord）在其 1967 年的代表作《景观社会》（*The Society of the Spectacle*）一书中提出："在现代生产条件无所不在的社会，生活本身展现为景观的庞大堆聚。直接存在的一切全都转化为一个表象。""在真实的世界变成纯粹影像之时，纯粹影像就变成真实的存在——为催眠行为提供直接动机的动态虚构事物。为了向我们展示人不再能直接把握这一世界，景观的工作就是利用各种各样专门化的媒介。"① 在这里，媒介所制造的景观已成为一种物化了的世界观，其本质是以影像为中介的人们之间的社会关系。另一位著名的法国思想家、哲学家让·波德里亚（Jean Baudrillard）则在其从马克思主义转向后现代主义的重要著作《象征交换与死亡》（*L'Echange symbolique et la mort*）（1976）中创造了"超真实（hyperreal）"这一概念，并在 1981 年出版的《仿真与拟像》（*Simulacres et simulation*）一书中作了进一步的阐释。波德里亚提出，仿真发展到拟像阶段，真实本身已经被瓦解，一种比真实更"真实"的状态或现实显现出来，那就是所谓的超真实，它打破了真实与想象之间的界限，甚至从根本上颠覆了真实存在的根基。也就是说，超真实不再是客观存在之物或反映之物，而是人为制造（再生产）之物或想象之物。②

不难看出，这一连串闪亮的思想结晶已经在不断地提醒我们：媒介无时无刻不在影响并改变着人们对这个世界的感知。而被改变的不仅包括人们对作为客体的物的感知，更包括了对同为认知主体的他人的感知。如果说传统的大众传播媒介更侧重于前者的话，那么计算机网络的出现不啻是后者的催化剂。与传统媒介尤为不同的是，计算机网络将为个体提供一种互动性的认知重构，而非对单向传输与展示的简单接受。这使得"网的国度"更像一个真正的社区（community）甚至社会（society），人们在其中可以感知他人并与他人建立比基于大众传媒的准社会交往（parasocial interaction）③ 关系更进一步且存在现实化可能的社会关系。

所以，网络媒介催生社会结构的变革，其最主要的根源在于网络媒介改

---

① ［法］居伊·德波著，王昭凤译：《景观社会》，南京大学出版社 2006 年版，第 3、6 页。

② 参见汪民安主编《文化研究关键词》，江苏人民出版社 2007 年版，第 26 页。

③ 准社会交往是指受众将大众传媒中的人物当做真实人物做出反应，并与之形成一种准社会关系，这一关系类似于面对面交往中建立的人际关系。See Giles, D. C.（2003）. Media Psychology. Mahwah, NJ：*Lawrence Erlbaum Associates*. p. 188. 转引自方建移、葛进平、章洁《缺陷范式抑或通用范式——准社会交往研究述评》，《新闻与传播研究》2006 年第 3 期，第 68—72 页。

变了个体对他人的感知。在计算机网络中介（computer-mediated）的环境下，个体将重构其社会认知模式。这一过程可能通过传播者有意识的学习来加以完成，但也可能依靠传播者自身在网络虚拟环境下一种无意识的自发适应。正如《网的国度：通过计算机进行的人类传播》一书所指出的那样，网的国度中"存在着一个由于人们要学习怎样参与到'电子群体生活（electronic group life）'中去而广泛存在的学习过程和社会化过程"①。个体社会认知的改变即是这一社会化过程（"网络社会化"或"电子社会化"）中最为重要的组成部分。

社会心理学和人际传播学告诉我们，人际感知是社会认知的基础，是社会交往与人际关系的前提。因此，探索网络媒介对人际感知效果的影响并对其原因和机制作出解释，毫无疑问是考察网络媒介如何改变人的感知的关键所在。

二　本研究的学术背景

（一）人际传播理论的发展

自从威尔伯·施拉姆（Wilbur Lang Schramm）创立传播学以来，大众传播学就占据了传播研究的主导地位。一个比较重要的原因在于，早期的传播研究主要集中于对广播、电视等媒介效果（media effects）的研究。其中虽然间或也有涉及一些人际传播的相关理论，如保罗·拉扎斯菲尔德（Paul F. Larzasfeld）的传播二级流动（two-step-flow of communication）理论、卡尔·霍夫兰（Carl Iver Hovland）的说服传播理论等，但都是作为媒介效果研究的副产品，并非自成体系的、专门的人际传播理论。故此，埃弗里特·罗杰斯在《传播学史——一种传记式的方法》中才遗憾地指出："我们的领域中的学术专业，诸如大众传播、人际传播、组织传播等等，都本该可在我的著作中找寻到各自的历史发展的。可是，我坚持讲述着这个一般领域的发展史话。它足够复杂的了。我将每一个专业的历史留给其他人去阐述。"

当然，也许有人会说传播学最早的源头——古希腊的修辞学（雄辩术）能够证明人际传播研究历史的源远流长。但就现代人际传播理论体系而言，与修辞学的关系已经是微乎其微，它是融合了基于心理学、社会学的传播理论和同样渗入了心理学、社会学、人类学等多学科影响的互动社会语言学

---

① Hiltz, S. R., & Turoff, M. (1978). *The network nation: Human communication via computer*. Reading, MA: Addison – Wesley. p. 76.

(interactional sociolinguistics) 二者而形成的，与大众传播学有着不同的发展脉络。然而，虽然同为传播学的分支，人际传播理论却不具有大众传播理论的显赫地位，其发展一直较为缓慢。直到计算机网络作为一种传播媒介技术的出现，才为人际传播研究带来了突破的契机。学者们开始关注技术中介 (technology-mediated) 下的人际传播，一方面加紧了对网络人际传播这一革命性的人际传播形态的研究；另一方面也注重回溯以往出现的其他形态的技术中介下的人际传播，如电话传播、书信传播等，为人际传播理论的发展拓展出一个崭新的创新空间。

（二）网络媒介研究的深入

随着 20 世纪 90 年代以来互联网构筑的电子空间（cyberspace）的飞速膨胀和相关技术的大众化，计算机网络逐渐从单纯的通信技术手段转化为人们用以联络和交流的传播媒介，从而引起了传播与媒介研究者的广泛关注，以网络媒介为主体的新媒介研究也日益成为传播学研究中的显学。

一方面，网络媒介与技术天生不可分割的紧密联系使得以哈罗德·英尼斯（Harold Innis）和马歇尔·麦克卢汉（Marshall McLuhan）为代表的多伦多学派的技术主义传播思想再次成为研究的热点。英尼斯可以被看做是第一位重要的技术主义者①，其代表性理论是以媒介技术为考察对象的"传播偏向（bias of communication）"论，认为"传播媒介的性质往往在文明中产生一种偏向，这种偏向或有利于时间观念，或有利于空间观念"②。而麦克卢汉更是通过"媒介即信息（the medium is the message）"和"媒介是人的延伸（the medium is the extension of man）"等论断把人们的目光引向媒介本身，而非传播的内容和效果。网络媒介的出现及其重大意义重新吸引了学者对媒介的研究兴趣，许多人使用技术主义的范式展开研究，相关成果也层出不穷。有学者通过对近年来国际学术会议与重要传播学核心期刊上发表的"传播与技术"专题的论文进行了统计，指出世界传播学界正在掀起一场"传播高新技术研究热"③。

然而，另一方面，对网络媒介的研究热潮却始终囿于技术主义的范畴，存在着使之单一化的危险。虽然有学者已经指出互联网兴起的意义更多地在

---

① 参见胡翼青《传播学：学科危机与范式革命》，首都师范大学出版社 2004 年版，第 172 页。

② ［加］哈罗德·英尼斯著，何道宽译：《传播的偏向》，中国人民大学出版社 2003 年版，第 53 页。

③ 参见张咏华《媒介分析：传播技术神话的解读》，复旦大学出版社 2002 年版，第 37—39 页。

于人际传播媒介的回归①，但对于网络媒介本身之于人际传播的影响和作用，目前的研究还远远不足。不少传播学领域的学者依然沿袭着大众传播研究的惯性，将网络媒介视为一种"元媒体（metamedia）"，即媒体的媒体，并因此而关注它是怎样为报纸、杂志、广播、电视等传统大众传媒提供一个统一的平台和载体，以及怎样促进后者的相互融合的。这种思维方式使得网络媒介本身需要探索的东西至少有一半被遮蔽了。既然网络媒介对于人类传播的意义绝非仅仅只有变革大众传播模式这一维度，那么我们就应该全面地、从更为基本的传播的角度对其展开研究。

（三）认知科学的兴起

认知科学（cognitive science）是一门探究人脑或心智工作机制的新兴交叉学科，其基本观点最初于 20 世纪 40—50 年代散见于一些各自分离的学科之中，60 年代以后得到了较大的发展，目前已经成为最为热门的多学科交叉领域之一。认知科学的研究对象主要涉及感知觉（包括模式识别）、注意、意识、记忆、语言、表象（意象）、思维、情感等，研究领域跨越了哲学、文学、语言学、心理学、人类学、生物学、计算机科学、系统科学等多门传统和新兴学科。之所以涉及如此多的学科，是由于认知系统的复杂性要求运用多门学科所使用的工具和方法，从多个维度进行全方位的综合研究。

传播学研究在认知科学的发展大潮中处于何种位置呢？正如前文所述，传播媒介的发展史就是一部人类对客观世界认知的变迁史。李普曼的"拟态环境"、居伊·德波的"景观社会"、波德里亚的"超真实"以及麦克卢汉的"媒介即信息"、"媒介是人的延伸"等概念和论断都极具创造性地揭示了这一点。不仅如此，从传统的媒介效果研究成果，如乔治·格伯纳（George Gerbner）的涵化理论（cultivation theory）、阿尔伯特·班杜拉（Albert Bandura）的社会学习理论（social learning theory）、菲利普·蒂奇纳（Phillip J. Tichenor）等的知沟假说（knowledge-gap hypothesis）等理论中也可以看出，人的认知是传播效果体现的主要层面之一。换言之，传播学自诞生以来就曾以认知为研究对象，其研究早与认知科学结下了不解之缘。这说明，传播学研究有可能而且也应该为认知科学的发展贡献自己的力量。所以，研究媒介对人的认知尤其是社会认知（如印象形成）的影响和作用，既有利于传播理论大厦的建构，也有利于认知科学的发展和完善。

---

① 参见罗春明《人际传播媒介论——对一种蓬勃兴起的传播媒介的评说》，《西南师范大学学报》（哲学社会科学版）1998 年第 5 期，第 77—81 页。

（四）中国传播学研究的不足

中国的传播学研究起步较晚，虽然发展迅速，也涌现了许多优秀的研究成果，但仍然存在一些不足。其中最为突出的是传播学各研究分支发展的不平衡和研究方法的单一。

众所周知，传播学研究一般可分为人际传播、组织传播、大众传播等几个主要研究分支，但国内研究的情况却是绝大多数研究都集中于大众传播领域，人际传播、组织传播等其他分支的研究论文寥寥可数。相反，从历年召开的国际传播学会（International Communication Association，ICA）学术年会的议题来看，研究成果都较为全面和均衡。而人际传播作为人类传播最早、最基本的形式，其重要性自不待言。因此，推动和发展国内人际传播领域的研究，加强与国际同行的对话，帮助实现传播学在中国的全面、均衡发展，是当今国内传播学者应当努力的方向之一。

此外，从统计数据来看，国内的传播学研究方法也存在较为单一的问题。有学者使用文献计量法对 1995—2007 年间的《新闻与传播研究》、《现代传播》、《国际新闻界》、《新闻大学》四种期刊所刊载的论文进行研究，结果表明采用实证研究方法的仅占 5.6%（其中抽样调查占 4.2%、控制实验占 0.1%、内容分析占 0.9%、实地观察占 0.4%），而传统的思辨论证方法就占了全部论文的 65.4% 之多，再加上 21.8% 使用二手资料法的研究，有近 90% 都是间接研究①得到的成果。② 逐步扩大直接研究所占的比例，促进研究方法的多元化，已成国内传播学界的当务之急。

第二节　研究目的

一　本研究的学术目的

第一，比较全面、客观地展现网络人际传播研究的发展历程。自从 20 世纪 70 年代末网络人际传播研究发轫以来，迄今已走过 30 年的历程，相关的研究也越来越多，研究焦点也从笼统的网络人际传播效果研究中先后发展出了网络人际传播中的情感/情绪表达、网上去抑制行为、网络人际印象

---

① 即克雷格·特朗博（Craig W. Trumbo）所说的 "二手资料研究"，一般也称为广义的二手资料研究。

② 李彪：《新闻传播学研究方法的构造：对 1995—2007 年我国四种主要学术期刊的考察》，《国际新闻界》2008 年第 1 期，第 26—29 页。

形成等研究分支。尽管国外传播学界在网络人际传播研究方面不断发展，但国内在这一领域的研究依然很不充分，更不必说实现本土化的网络人际传播研究了。对于该领域，目前国内学界主要仍是以引介为主，探讨内容偏旧，对方法的关注较少，造成了国内相关研究与国际学界研究之间的脱节。对此，本研究拟从各种可能的渠道尽可能地收集国际上主要的传播学期刊中关于网络人际传播研究的重要资料，努力厘清网络人际传播30年来的发展脉络。

第二，深入探索网络人际传播中印象形成的影响因素、机制与效果，基于主要变量抽象出相对较为完整的过程模型。模型是用图像形式对某一客观现象进行有意简化的描述，它试图表明结构或过程的主要组成部分以及这些部分之间的相互关系。① 现有的网络人际印象研究虽然对人际印象效果测量指标、线索及身份因素以及印象效果对人际关系发展的影响等各方面都进行了研究，但却没有一个研究能够把所有的因素综合到一起，建立一个包含主要变量并反映网络人际传播中印象形成机制与效果的完整模型。基于这一原因，本研究力争在一系列相关实证研究的基础上，整合研究结论，提出一个相对完整的、兼具描述功能和解释功能的网络人际印象形成过程的结构性模型。

第三，将网络人际传播中线索讯息的传播效果研究深入到知觉信息加工的层面。传播效果研究是传播学研究的传统领域，所谓的"效果"是指对人产生的影响，故也称"影响研究"。可见，效果必然作用于人的心理层面。那么，对于传播效果的分析显然就有必要借助于对人的心理研究最为专业、最为深入的学科——心理学。当代新兴的心理学研究进路——认知心理学将人的心理过程视为对外界信息进行加工处理的过程，而感知（知觉）作为一个古老的心理学研究对象，在认知心理学中占有极其重要的地位。认知心理学将感知看做是感觉信息的组织和解释，亦即获得感觉信息的意义的过程。② 这一过程是由一系列连续阶段的信息加工过程构成的，并依赖于过去的知识和经验。认知（信息加工）的视角不仅影响了当代社会心理学，促进了社会认知研究的进步，更影响了传播学尤其是人际传播学的发展路向，使得人际传播研究越来越重视对社会知觉信息加工机制的研究。在人际

---

① 参见［英］丹尼斯·麦奎尔、［瑞典］斯文·温德尔著，祝建华译《大众传播模式论》（第2版），上海译文出版社2008年版，第2页。

② 王甦、汪安圣：《认知心理学》，北京大学出版社2006年版，第20页。

传播中，线索是特定信息通道所载有的特定讯息，为人的认知提供依据，其本质是知觉信息。传播参与者对线索的接收和处理实际上不但是一个知觉信息加工的过程，而且是一个社会知觉信息加工过程（social perceptual processing）。本研究拟在这一基础上，将研究放在更为广阔的视野下展开，充分利用社会心理学和认知心理学目前已有的方法和理论成果，推动网络人际传播效果研究进入一个较深的层次。

　　第四，在线索分析框架的基础上，从认知图式加工（schematic processing）的视角对网络人际传播参与者之间的印象形成机制加以解释。目前国际上的相关研究成果虽然绝大多数已经采用了控制实验方法，但实际上对于实验结果的解释还缺乏应有的深度。同时，由于传播的社会属性，大多数研究更偏重于社会心理学的解释角度，而尚未重视认知心理学的现有理论体系对传播的解释效果。而图式是认知心理学中的重要概念，是过去经验中形成的关于个人、群体、角色或事件等的一套有组织的认知系统或架构。当我们接触外界事物时，常在记忆中检索那些与输入信息最符合的图式与之对照，加以理解与解释，这个过程被称为图式加工（schematic processing）。[1] 人的认知过程中存在大量的图式加工。如果将传播参与者对线索的接收和处理看做是社会知觉信息加工过程，显然图式加工就有可能成为网络人际印象形成机制最为有力的解释之一。因此，本研究拟在这一方面作出可能有益的尝试。

　　第五，结合经验研究与逻辑思辨，强化研究结果的体系性与理论性，建构出兼具实证基础、解释力和预测力的理论。从前面对现有研究成果的分析可以看出，"典型"的经验研究由于其本来的自然科学导向，注重变量、因素之间关系的静态测量，往往显得过于刻板、机械。如果能将多样化的实证研究方法与适当的思辨推理相结合，取长补短且相得益彰，则有可能在理论的建构上取得前所未有的突破。具体而言，无论是提出印象评判的全面度指标和鲜明度指标，还是测定频次因素和持续时间因素对印象形成效果的影响，其研究结论都更像是"只言片语"，在理论性和体系性上都有所欠缺。所以，本研究对于网络人际传播中印象形成的考察不再停留在变量之间的关系测定上，而是在定量分析的基础上进行充分的定性思考，力求展现出一个既有实证基础，又不乏解释力和预测力的理论化的过程机制全景。

　　第六，推动传播学研究与心理学、社会学等基础社会科学从方法到理论

---

① 章志光主编、金盛华副主编：《社会心理学》，人民教育出版社 1996 年版，第 116 页。

上的进一步融合。作为社会科学新兴学科之一的传播学，从创立伊始就吸收了其他社会科学的大量养分，甚至学科的"四大奠基人"都来自心理学、社会学、政治学等学科领域。随着社会科学的发展，下属各学科之间的联系越来越紧密，无论是从方法上还是理论上看，都有相互借鉴、相互融合的趋势。一方面，传播学研究大量采用心理学、社会学、人类学的代表性研究方法（分别为控制实验、抽样调查、实地考察）；另一方面，传播学也为整个社会科学贡献了自己独有的研究方法——内容分析。理论上，传播学与其他社会科学也出现交叉融合的趋势：如美国学者理查德·佩蒂（Richard E. Petty）和约翰·卡西欧珀（John T. Cacioppo）提出的说服传播的精细加工可能性模型（elaboration likelihood model of persuasion），既是传播学理论，又是心理学理论。拉扎斯菲尔德提出的经典理论模型"传播二级流动（two-step-flow of communication）"，则既是传播学理论，也是社会学理论。如今的传播学研究，越来越需要多学科交叉的知识背景。所以，本研究力争在推动社会科学的整体融合方面体现出一定的价值。

二　本研究的现实目的

第一，对网络人际传播技术作一个发展史的纵向回顾和传播功能的横向比较，增强人们对网络交流的了解和认识。从历史的角度来看，网络人际传播具体形态的发展演变始终伴随着网络信息技术的更新。20 世纪 60 年代末 70 年代初电子邮件的诞生揭开了网络人际传播舞台的大幕，网络游戏、电子公告牌、计算机协同工作、聊天室、博客和即时通讯等技术平台相继出现，使网络人际传播得到了空前的普及。而从传播的角度来看，不同的网络人际传播技术平台会塑造出不同的传播模式，并且在功能上具有差异性和互补性的特点。因此，本研究拟尽量全面地对上述技术的出现和发展历程进行梳理，同时对各种不同的网络人际传播平台的传播模式特点进行比较，以把网络人际传播技术近 40 年来的变迁和当前的分布格局较为清晰地呈现出来。

第二，考察技术中介条件下人际传播中印象形成的规律，把握媒介技术进步给人的认知机制带来的影响，为将来媒介技术发展的政策制定和人文调控提供相对精确的科学依据。随着媒介技术的发展，现代传媒成为包括都市和乡村在内的绝大多数人日常生活的构成要素之一，其在人的认知结构中的作用日趋明显。它促进了人们精神生活方面的变化并使人们形成了一种新的生活方式，实质上相当于重构了人类的精神意识活动。这意味着现代人的精神意识已与媒介进入一种共生的状态，人们对客观世界和相互之间的认知中的大部分将不可避免地由媒介来提供并最终反映在媒介文化之中。但由此也带来了一些难以回避的问题：首先，通过媒介呈现出的"现实"可能只是关于现实或脱离现实的虚拟镜像/影像，甚至是感知者完全的想象；其次，在媒介环境中，人们的各种需要可能不必通过现实行动就能获得替代性满足，由此而导致行动力下降，其中媒介卷入度（media involvement）较高的人更是常常混淆现实与虚拟的界线。面对诸如此类的问题，本研究力争通过实证方法对相关现象和规律进行探究，提高对媒介特性的认识和把握水平，为相关措施、政策的采取和制定打下坚实的基础。

第三节　研究框架与内容

一　本研究的基本框架

本研究采用社会科学经验主义范式，以实证研究为主体，包含一个质性预调查研究和三个前后承继的实验研究。

二　本研究的内容安排

本书各章内容安排如下：

第一章是对相关研究文献进行一个相对全面的综述。首先，对网络人际传播研究的历史脉络作一个全面的梳理和回顾，并归纳出基本的理论框架和研究进路；其次，梳理和解析所搜集到的关于网络人际印象形成的研究报告，对其中所涉及的理论要点加以归纳；最后，对中国的研究现状和相关文献进行考察。

第二章总结出了网络人际传播相关研究所涉及的研究范式和研究方法，并确定本研究所使用的研究方法。

第三章对网络人际传播进行界定并对其技术形态作一个发展史的纵向回顾和传播模式的横向比较。

第四章主要通过无结构式个人访谈的方法针对网络人际传播中的印象形成完成一个质性的预调查研究，以便初步把握网络人际传播过程中影响印象形成的主要因素，为后面的实验研究提供参考。

第五章使用控制实验的方法对网络人际传播和面对面人际传播两种传播条件下的印象形成效果进行比较。实验采用单因素设计，以传播媒介（CMC/FtF）为自变量因素，然后通过独立样本 t 检验的统计分析方法比较两种传播媒介情况下的人际印象形成效果是否具有显著差异，同时验证印象效果的鲜明度、全面度、好感度和失真度等测量指标的有效性。

第六章采用析因设计的控制实验对资料线索、语言线索和内容线索三种主要类型的交际线索对网络人际传播条件下印象形成的影响进行研究。实验采用 $2 \times 2 \times 2$ 的多因素设计，以资料线索（呈现/缺失）、语言线索（呈现/缺失）和内容线索（呈现/缺失）为自变量因素进行匹配，然后通过方差分析的统计分析方法比较三个因素对网络人际印象形成的影响是否具有显著差异。

第七章仍然使用析因设计的控制实验研究了认知图式（通过启动激活）对网络人际传播条件下印象形成的影响。实验采用 2×2 的二因素二价析因设计，以认知启动（强/弱）和线索讯息水平（强/弱）为自变量因素进行匹配，然后通过方差分析和独立样本 t 检验的统计分析方法探明两个因素对网络人际印象形成产生了何种影响。

第八章在实验研究结论的基础上对网络人际传播条件下印象形成的过程机制和影响因素进行综合，并建构出能够反映网络人际传播中印象形成过程、要素、效果的理论模型。

第一章　研究文献综述

第一节　网络人际传播研究的历史脉络与基本理论框架

网络人际传播（computer-mediated communication，CMC）① 研究发轫于20世纪70年代末期，至今已有30年的历史。

这一研究领域的诞生和发展催生了多种相关专业学术刊物的诞生。如问世于1982年的《计算机社会科学》（*Social Science Computer Review*），1985年创刊的《计算机与人类行为》（*Computers in Human Behavior*），1991年创刊的《组织信息化学刊》（*Journal of Organizational Computing*）以及创办于1995年并于2004年成为国际传播学会（ICA）主办刊物的在线学术期刊《网络人际传播学刊》（*Journal of Computer-Mediated Communication*），等等，它们均已成为网络人际传播研究的重镇。近年来，国际传播学会旗下的传播学传统学术期刊《人类传播研究》（*Human Communication Research*）和《传播学刊》（*Journal of Communication*）中也刊载了大量网络人际传播研究成果。

目前国际上就本研究相关主题展开研究的主要有美国学者、英国学者和荷兰学者。

---

① computer‑mediated communication（CMC）的原意为"计算机（网络）中介下的传播"，这一名称是在技术对人际传播的中介作用引起众多学者关注之后产生的，属于技术中介下的传播（technology‑mediated communication）形态中的一种。纵观西方 CMC 相关研究文献可以发现，这一术语并没有将网络新闻、网络广告等网络大众传播包含在内。其原因有二：第一，在传播学专业英语中，communication 除了指涵盖所有传播形态的"传播"之外，时常还用于特指广义的人际传播；第二，大众传播总是以媒介技术为基础的，谈不上什么技术对传播的"中介"作用。因此，computer‑mediated communication 的"communication"仅指广义的人际传播，而不应当包括以网络为传播平台的大众传播。此外，这一术语强调的是计算机网络对人际传播的中介性（mediation），mediated 在这里是作为动词的分词形式，故不能翻译为名词"媒介"，整个术语也就不宜译为国内一些文献所说的"以计算机为媒介的传播"，更不能将之直接等同于"网络传播"。考虑到汉语的用词习惯，同时也为了避免歧义，这里按照其基本内涵译为"网络人际传播"。关于人际传播中介性的讨论，可参见 Burgoon，J. K.，Bonito，J. A.，Ramirez，A.，Jr.，Dunbar，N. E.，Kam，K.，& Fischer，J.（2002）. Testing the interactivity principle：Effects of mediation，propinquity，and verbal and nonverbal modalities in interpersonal interaction. *Journal of Communication*，52，pp. 657 –677.

其中美国学者的研究以先后任教于康奈尔大学、伦斯勒理工学院、密歇根州立大学传播学系的约瑟夫·瓦尔特（Joseph B. Walther）教授和亚利桑那大学信息管理研究中心的朱迪·柏古恩（Judee K. Burgoon）教授、卡耐基－梅隆大学社会科学与决策科学系的莎拉·基斯勒（Sara Kiesler）教授、纽约大学斯特恩商学院的丽·斯普劳尔（Lee S. Sproull）教授、加利福尼亚大学圣巴巴拉分校传播学系的罗纳德·莱斯（Ronald E. Rice）教授、乔治敦大学麦克多诺商学院的玛丽·卡尔南（Mary J. Culnan）教授、新泽西理工学院信息系统科学系的斯塔尔·洛克赛因·希尔茨（Starr Roxanne Hiltz）教授和康奈尔大学计算科学与信息科学学院的杰弗里·汉科克（Jeffrey T. Hancock）助理教授等人的课题组最为有名。

英国的研究则以曼彻斯特大学心理科学学院高级讲师马丁·里（Martin Lea）、卡迪夫大学心理学院教授拉塞尔·思皮尔斯（Russell Spears）和埃克塞特大学心理学院教授汤姆·珀斯特默斯（Tom Postmes）等学者的研究为代表。

荷兰学者的研究则与英国的数位学者的课题组常有合作，其代表人物是荷兰开放大学心理学院教授达恩特·德克斯（Daantje Derks）、阿姆斯特丹大学社会心理学系教授昂内塔·费希尔（Agneta H. Fischer）、鹿特丹大学心理学研究所助理教授阿扬·博斯（Arjan E. R. Bos）以及阿姆斯特丹自由大学社会科学学院传播科学系助理教授马丁·塔尼斯（Martin Tanis）等。

30 年中，学者们数度对这一领域的研究发展及成果进行梳理和展望，如约翰·纽哈根（John E. Newhagen）和谢扎夫·拉斐利（Sheizaf Rafaeli）于 1996 年发表的《为什么传播研究者应当研究互联网：一次对话》[①]，以及约瑟夫·瓦尔特、格里·盖伊（Geri Gay）和杰弗里·汉科克发表于 2005 年的《传播与技术研究者怎样研究互联网？》[②]。纵观其研究的源流演变，大致可以以 10 年为一个周期，划分为 1978—1987 年、1988—1997 年、1998—2007 年三个发展阶段。

一 第一个十年：基本研究进路线索消除论的形成

1976 年，英国学者约翰·肖特（John Short）、埃德林·威廉姆斯

---

① See Newhagen, J. E., & Rafaeli, S. (1996). Why communication researchers should study the Internet：A dialogue. *Journal of Communication*, 46 (1), pp. 4 – 13.

② See Walther, J. B., Gay, G., and Hancock, J. T. (2005). How do communication and technology researchers study the Internet. *Journal of Communication*, 55 (3), pp. 632 – 657.

（Ederyn Williams）和布鲁斯·克里斯蒂（Bruce Christie）共同出版了《远程通信中的社会心理学》（*The Social Psychology of Telecommunication*）一书，首次针对以技术为中介的人类传播（technology-mediated communication）提出了一种用以解释其与面对面传播之间差异的理论——交际在场理论（social presence theory）①。这一理论的核心概念是"交际在场（social presence）"，约翰·肖特等将其定义为"经中介的传播中他人的凸显程度以及由此而形成的人际互动的凸显程度"②，并认为交际在场是表明"使用者态度的一个维度，以及指向媒介的心理集合"，而且是"传播媒介的一个主观性质"③。这就意味着，所谓的"交际在场"并非指一种客观的状态，而是一种互动者自身的主观体验和意识，即交际在场感。根据传播参与者交际在场感的强弱，可以判别媒介的传播性能（capacity）。

　　1978 年，美国学者斯塔尔·洛克赛因·希尔茨和莫雷·图洛夫的著作《网的国度：通过计算机进行的人类传播》④正式宣告了网络人际传播研究的问世。书中主要探讨了一种新出现的传播形式——被定义为"使用计算机作为人与人之间传播中介的系统"⑤ 的计算机化会议（computerized conferencing）。作者从这一传播形式的产生和发展开始，先后论述了其中的社会过程与心理过程及其在各种领域的应用，并提出了对技术发展可能带来的负面影响的忧思。值得注意的是，书中将传播信道分为听觉信道（包括语言内

---

　　① 这一理论名称的翻译有"社会在场理论"、"社会临场理论"、"交往在场理论"等，笔者认为关键在于"social"一词的翻译。"social"在英文中除了"社会"的意思之外，还有"交际"的含义。根据书中原意，译为"交际在场"要好于"社会在场"，也更符合汉语的表达习惯。See Short, J., Williams, E., & Christie, B.（1976）. *The social psychology of telecommunication*. London：Wiley.

　　② 原文为"degree of sailence of the other person in a mediated communication and the consequent sailence of their interpersonal interaction"（p. 65），See Short, J., Williams, E., & Christie, B.（1976）. *The social psychology of telecommunication*. London：Wiley.

　　③ 原文为"attitudinal dimension of the user, a 'mental set' towards the medium"，以及"subjective quality of the communication medium"（p. 65），See Short, J., Williams, E., & Christie, B.（1976）. *The social psychology of telecommunication*. London：Wiley.

　　④ See Hiltz, S. R., & Turoff, M.（1978）. *The network nation：Human communication via computer*. Reading, MA：Addison-Wesley.

　　⑤ 原文为"any system that uses the computer to mediate communication among human beings"（p. xviii），See Hiltz, S. R., & Turoff, M.（1978）. *The network nation：Human communication via computer*. Reading, MA：Addison-Wesley.

容和语音）和视觉信道（包括面部表情、衣着以及其他显示社会地位的外表特征、身体动作、心理生理反应等）两大类进行分析，从而首次明确提出了网络人际传播具有传播信道窄化（the narrowing of communication channels）的特点及去人际化（impersonality）的属性。可以说，这部著作关于传播信道与线索（cue）讯息的分析开创了此后网络人际传播研究的基本框架——社会心理学的研究取向和线索/信道分析的研究视角。直至今日，这一基本框架在网络人际传播研究领域仍然占有绝对的主导地位，约有数百篇相关论文在国际期刊和一些学术集刊上先后发表。其中对本研究有较大参考价值的文献约有70余条，因数目较多，在此就不一一列举，可参见本研究的参考文献英文部分。

此后，随着希尔茨等人的著作《贝尔斯问题解决实验在计算机化会议条件下的重复：一个初步研究》（Replicating Bales' Problem Solving Experiments on a Computerized Conference: A Pilot Study）（1978）和罗纳德·莱斯等人发表于国际传播学会（ICA）刊物《传播学刊》第33卷第4期的论文《高校电子信息系统：使用与效用的描述》①（1983）将交际在场理论引入网络人际传播研究中来，再加上1986年"信息丰度理论/媒介丰度理论"和"交际情境线索缺失假说"的提出，在以线索体系和媒介信道性能为核心的基本框架基础上产生了网络人际传播研究的线索消除进路。

信息丰度理论（information richness theory），或曰媒介丰度理论（media richness theory），是以美国学者理查德·达夫特（Richard L. Daft）和罗伯特·兰杰尔（Robert H. Lengel）为首的课题组在对组织中信息传递的过程与机制进行研究之后提出的理论。1984年，两人就在《信息丰度：管理信息加工与组织设计的新进路》一文中提出了"信息丰度（information richness）"这一概念。②"丰度（richness）"一词原本是化学术语，指某一元素的相对含量。此处借用这一术语，意在描述通过某一媒介传输的信息按照不同信道分布的情况。在1986年的另一篇论文中，两人正式提出了媒介的信

①　See Rice, R. E., & Case, D. (1983). Electronic message systems in the university: A description of use and utility. *Journal of Communication*, 33 (1), pp. 131 – 152.

②　See Daft, R. L., & Lengel, R. H. (1984). Information richness: A new approach to managerial information processing and organizational design. In L. L. Cummings & B. M. Staw (Eds.), *Research in organizational behavior* (pp. 191 – 234). Greenwich, CT: JAI Press.

息丰度理论。① 该理论认为，所有的传播媒介都可以根据信道传输性能的不同划归富足媒介（rich media）或者贫乏媒介（lean media），信息丰度越高的媒介，越能维持传播的进行。但使用者选择媒介的依据主要是媒介信息的丰度是否满足任务完成的需要，并非一味追求媒介的高丰度。信息丰度理论把不同媒介条件下交际在场感的强弱区分归因于媒介的自身性能，即该媒介能够传递的信息含量如何，而信息含量的衡量又直接指向线索体系的构成。约瑟夫·瓦尔特等人在其著名的研究评论文章中将这一性能称为传输带宽（bandwidth）。② 这一理论的提出实际上等于告诉其他研究者，所谓交际在场感的区分只是一种表象，其背后有着更深层次的决定因素。

　　无独有偶，1986 年发表的另一篇论文所提出的理论也不约而同地表示了相似的看法。美国学者丽·斯普劳尔和莎拉·基斯勒的《削弱的交际情境线索：组织传播中的电子邮件》一文提出了交际情境线索缺失假说（hypothesis of lack of social context cues）。③ 该假说认为，网络人际传播缺乏能够确定传播参与者个人特征及社会地位的交际情境线索（social context clues）。这些交际情境线索主要包含三个重要方面：第一，地理位置（geographic location）；第二，身份地位（orgnizational position）；第三，所处情景（situation）。这一假说虽然主要侧重于情境线索的探讨，但仍然能够看出其与交际在场理论之间的内在联系。假说中界定的交际情境线索的三个方面，无一不是交际在场理论中"场"的结构性要素。因此，与信息丰度理论类似，交际情境线索缺失也是对网络人际传播条件下传播参与者交际在场感削弱的解释。

　　1987 年，玛丽·卡尔南和利恩·马科斯（M. Lynne Markus）在总结交际在场理论、交际情境线索缺失假说和信息丰度理论的基础上提出网络人际传播的线索消除理论（clues filtered-out theory）④，标志着这一研究进路的最

① See Daft, R. L., & Lengel, R. H. (1986). Organizational information requirement, media richness and structural determinants. *Management Science*, 32, pp. 554 – 571.

② See Walther, J. B., Gay, G., & Hancock, J. T. (2005). How Do Communication and Technology Researchers Study the Internet? *Journal of Communication*, 55 (3), pp. 632 – 657.

③ See Sproull, L., & Kiesler, S. (1986). Reducing social context cues: Electronic mail in organizational communication. *Management Science*, 32, pp. 1492 – 1512.

④ See Culnan, M. J., & Markus, M. L. (1987). Information technologies: Electronic media and interorganizational communication. In F. M. Jablin, L. L. Putnam, K. H. Roberts, & L. W. Porter (Eds.), *Handbook of organizational communication: An interdisciplinary perspective* (pp. 420 – 443). Newbury Park, CA: Sage.

终形成。

总体而言，建立在线索消除进路基础上的理论具有以下一些基本观点：第一，传播参与者之间的交流包含着不同信道所传输的交际线索讯息，如视觉线索、听觉线索、情境线索等，这些线索讯息是传播参与者借以判断他人的各种特征，从而削减交际中的不确定性的主要依据。第二，以传播媒介作为中介进行的传播，会造成传播信道的减少，导致交际线索讯息的缺失，而后者是致使传播参与者交际在场感削弱的直接原因，面对面条件下（即零中介）的传播是信道和相应的线索最为齐全的传播方式。第三，网络人际传播是基于文本（text-based）的传播方式，其他视觉线索、听觉线索和情境线索在经过计算机媒介的中介之后都被消除掉了。

线索消除进路形成的直接后果是网络人际传播去人际效果（impersonal effects）论的提出。这一论断认为，网络人际传播是任务导向性（task-oriented）的传播方式，"它慢慢去除了人的情感成分，着重于传播的实质而尽量减少人际交往的影响力"[1]。许多研究为其提供了支持，除了前文涉及的之外，还有莎拉·基斯勒 1986 年的论文《计算机网络中的隐藏讯息》，文中提到"缺少非语言行为线索，发送者很难通过讯息表达某种情绪、展示个性、实时控制或显现出感召力，互动者享有更多的自由却较少得知对方的个性"[2]；乔治·莫里斯·菲利普斯（George Morris Philips）和杰拉德·桑托罗（Gerald M. Santoro）则得出了"计算机化传播（computing communication）使得使用者不再考虑不相干的人际关系以及纯理论上的问题，而是专注于解决问题的过程和实质"的结论；罗纳德·莱斯和盖尔·洛夫（Gail Love）的一篇论文将去人际效果论总结为："网络人际传播由于缺少音频和视频信道而被认为是去人际性的，无法像通常一样进行交流和反馈，所以缺少交际因素和个人情感的相互交流。"[3]

---

[1] Dubrovsky, V. (1985). Real-time computer-mediated conferencing versus electronic mail. *In Proceedings of the human factors society* (Vol. 29, pp. 380-384). Santa Monica, Ca: Human Factors Society.

[2] Kiesler, S. (1986). The hidden messages in computer nerwork. *Harvard Business Review*, 64, pp. 46-54, 58-60.

[3] Rice, R. E., & Love, G. (1987). Electronic emotion: Socioemotional content in a computer-mediated network. *Communication Research*, 14, pp. 85-108.

二　第二个十年：超人际模型与 SIDE 模型两大理论框架的提出

但在随后第二个十年的研究中，却发现了不少与去人际效果论相悖的研究结果，如网上结识的好友①、网上举办的虚拟婚礼②、网上的在线爱心组织③，等等；定量研究也表明，一些计算机会议和 BBS 中存在大量交际性的人际互动④。这使得网络人际传播研究的基本理论立场陡然转向，在社会信息加工理论的过渡之后，迅速出现了至今仍在发展中的两大主要研究理论框架：超人际模型与去个性化效果下的社会认同模型。

社会信息加工理论（social information processing，SIP）⑤ 是由美国学者约瑟夫·瓦尔特在1992年的一篇论文《网络人际互动中的人际效果：一个关系的视角》中提出的。⑥ 该理论的提出是为了解决研究中出现的关于网络人际传播在人际传播中体现出何种属性的分歧，其基本观点是：网络人际传播的使用者与面对面情况下一样有建立和发展人际关系的强烈愿望，只要时间充足，网络人际传播通过自身特有的交流方式完全可以达到与面对面同等水平的人际传播效果。而约瑟夫·瓦尔特在之前就已经通过一些对网络人际交流基础上印象发展进行探索的论文⑦解析了网络条件下如何达到人际效果的具体过程：网络人际传播使用者一开始通过信息的传递与对方结识并形成简单的印象，此后在长期的持续联系之中不断加深对对方的了解以检验他们的最初印象，最终凭借不断

---

① See Jones, S. G. （1995）. Understanding community in the information age. In S. G. Jones （Ed.）, *CyberSociety：computer – mediated communication* （pp. 10 – 35）. Thousand Oaks，CA：Sage.

② See Reid, E. （1995）. Virtual worlds：culture and imagination. In S. G. Jones （Ed.）, *CyberSociety：computer – mediated communication* （pp. 164 – 183）. Thousand Oaks，CA：Sage.

③ See Rheingold, H. （1993）. The virtual community：Homesteading on the electronic frontier. Reading，MA：Addison – Wesley.

④ See Walther, J. B., Anderson, J. F., & Park, D. W. （1994）. Interpersonal effects in computer – mediated interaction：A meta – analysis of social and antisocial communication. *Communication Research*，21（4），pp. 460 – 487.

⑤ 据作者解释，该名称来源于社会心理学领域对 social information processing 一词一贯使用的意义，指个体对具有社会性意义的信息进行加工。

⑥ See Walther, J. B. （1992）. Interpersonal effects in computer – mediated interaction：A relational perspective. *Communication Research*，19（1），pp. 52 – 90.

⑦ See Walther, J. B. （1992）. Interpersonal effects in computer – mediated interaction：A relational perspective. *Communication Research*，19（1），pp. 52 – 90. Walther, J. B. （1993）. Impression development in computer – mediated interaction. *Western Journal of Communication*，57，pp. 381 – 398.

积累的人际了解来促进双方关系的发展。[①] SIP 理论正是在这些实证研究的基础上提炼出来的, 带有一种明显的关系视角 (relational perspective)。这种关系视角随着相关研究的进展一直延伸到了后来提出的一些理论和模型之中。

就在以人际关系为视角的 SIP 理论提出的同时, 另一个有影响力的理论模型将注意力放在了网络人际传播的线索缺失对网络群体行为的影响上。这就是被称为去个性化效果下的社会认同模型 (social identity model of de-individuation effects, SIDE) 的理论模型, 由英国学者马丁·里和拉塞尔·思皮尔斯于 1992 年提出。[②] 这一理论模型是在社会心理学领域的社会认同与自我归类理论 (social identity/self-categorization theory)[③] 的基础上发展而来的, 同时又吸取了由法国社会心理学家古斯塔夫·勒庞 (Gustave Le Bon) 提出[④]、由美国心理学者莱昂·费斯廷格 (Leon Festinger) 和菲利普·津巴多 (Philip G. Zimbado) 展开深入研究的去个性化 (de-individuation) 概念的核心成分。模型着重强调了网络人际传播中的线索在视觉遮蔽 (visual anonymity) 条件下对于社会认同的作用, 提出线索的缺乏可能导致完全相反的两种去个性化效果: 第一, 在群体身份 (group identity) 得到强化的情况下, 会形成比 FtF 情况下更为强烈的群体认同; 第二, 在个人身份 (individual identity) 得到强化的情况下, 个体会从社会规范或群体规范的约束中解放出来, 形成去抑制行为 (uninhibited behavior)。SIDE 将这一现象称为 "传播参与者身份认同极化效应 (polarization of communicators' identity)"。这一模型采用与 SIP 理论完全不同的视角, 促进了对在线

---

① Walther, J. B. (1996). Computer – mediated communication: Impersonal, interpersonal and hyperpersonal interaction. *Communication Research*, 23 (1), pp. 3 – 43.

② See Lea, M., & Spears, R. (1992). Paralanguage and social perception in computer – mediated communication. *Journal of Organizational Computing*, 2, pp. 321 – 341. Spears, R., & Lea, M. (1992). Social influence and the influence of the "social" in computer – mediated communication. In M. Lea (Ed.), *Contexts of computer – mediated communication* (pp. 30 – 65). Hemel – Hempstead: Harvester – Wheatsheaf.

③ See Turner, J. C, Hogg, M. A., Oakes, P. J., Reicher, S. D., & Wetherell, M. S. (1987). *Rediscovering the social group: A self – categorization theory*. Oxford, UK: Blackwell. Tajfel, H. and Turner, J. C. (1986). The social identity theory of inter – group behavior. In S. Worchel and L. W. Austin (eds.), *Psychology of Intergroup Relations* (pp. 7 – 24). Chigago: Nelson – Hall.

④ 参见 [法] 古斯塔夫·勒庞著, 冯克利译《乌合之众: 大众心理研究》, 中央编译出版社 2005 年版。

群体认同以及群体行为规范形成的一系列深入研究。①

　　约瑟夫·瓦尔特非常敏锐地注意到了 SIDE 模型的可取之处。他在保留关系视角的前提下，将 SIDE 模型的核心成分整合到自己的 SIP 理论之中，使后者发展成为网络人际传播的超人际模型（hyperpersonal model）。在其 1996 年的《网络人际传播：去人际互动、人际互动与超人际互动》一文中，瓦尔特用以下一段话陈述了"超人际互动"一词的由来："与面对面的互动行为相比，网络人际传播在某些情况下超越了人际互动中的正常情感范畴。这种现象不仅仅发生在如 BBS、在线游戏、聊天室等以社会交际或娱乐活动为主要功能的电子媒介系统中，而且也发生在群体决策和商务情境中。我们将这一现象称为'超人际互动（hyperpersonal interaction）'。"② 除此之外，作者还进一步在注释中作了以下说明："虽然'hyper'这一词缀在与各种不同的词语组合的时候有着变化的内涵，但这里所使用的是与其字典意义一致的基本含义。因此，'hyperpersonal'或者说超人际一词是表示比通常情况下更有交际愿望以及更具私人属性的意思。" 超人际模型的功能主要是探索网络条件下的传播参与者如何形成超越普通人际互动情感和关系的效果，并将其形成机制聚焦于四个传播过程的结构性要素：讯息发送者（senders）、传播信道（channel）、讯息接收者（receivers）以及反馈（feedback），认为正是线索讯息的缺失与以上四个要素的相互作用导致了超人际效果的形成。具体而言：第一，当视觉线索缺失之时，讯息发送者可通过选择性自我展示（selective self-presentation）进行印象管理（impression management），侧重表现自己好的一面。第二，以文本为主导的传播信道有利于传播速率和节奏的控制，十分便于讯息的精心整饰。第三，由于可供判断的线索单一，讯息接收者很容易将对方理想化（idealization），造成对吸引力的过度归因（overattribution）。第四，接收者由于

---

　　① See Rogers, P., & Lea, M. (2005). Social presence in distributed group environments: The role of social identity. *Behavior & Information Technology*, 24 (2), pp. 151 – 158. Lea, M., Spears, R., & de Groot, D. (2001). Knowing me, knowing you: Anonymity effects on social identity processes within groups. *Personality & Social Psychology Bulletin*, 27, pp. 526 – 537. Lea, M., Rogers, P., & Postmes, T. (2002). SIDE – VIEW: Evaluation of a system to develop team players and improve productivity in Internet collaborative groups. *British Journal of Educational Technology*, 33 (1), pp. 53 – 64. etc.

　　② Walther, J. B. (1996). Computer – mediated communication: Impersonal, interpersonal and hyperpersonal interaction. *Communication Research*, 23 (1), pp. 3 – 43.

理想化而发出的积极反馈促进了交流的持续进行，形成了"行为上的确认"和"认知夸大"的循环。① 可以看出，一方面超人际模型延续了SIP 理论的关系传播视角，以网络传播的人际关系效果作为考察的最终目标；另一方面，超人际模型还吸收了 SIDE 模型对于网络传播刻板化与夸张效果的论断，并将之体现在超人际效果形成的各个环节之中。特别具有突破性的是，超人际模型还将线索消除理论与网络传播的人际效果之间的冲突有效地转化为高度的关联性，有力地解释了计算机网络中介对人际传播过程的影响。

迄今为止，以线索消除理论为基础的 SIDE 模型和超人际模型仍在进一步的研究和不断完善之中，成为网络人际传播研究中最为主流的两大理论框架。

三　第三个十年：分支研究的延伸发展

在网络人际传播研究的第三个十年中，各种网络人际传播的分支研究在超人际模型和 SIDE 模型两大理论框架下发展延伸，其中比较突出的有网络人际传播情感/情绪表达（expression of emotion）研究②、网络人际传播中的电子副语言（electronic paralanguage）研究③、网络人际传

---

① See Walther, J. B. (1996). Computer - mediated communication: Impersonal, interpersonal and hyperpersonal interaction. *Communication Research*, 23 (1), pp. 3 – 43.

② See Derks, D., Fischer, A. H., & Bos, A. E. R. (2008). The Role of emotion in computer - mediated communication: A review. *Computers in Human Behavior*, 24, pp. 766 – 785.

③ See Sanderson, D. W. (1993). *Smileys*. Sebastopol, CA: O' Reilly. Huffaker, D. A., & Calvert, S. L. (2005). Gender, identity, and language use in teenage blogs. *Journal of Computer - Mediated Communication*, 10 (2), http://jcmc. indiana. edu/vol10/issue2/hu. aker. html. Constantin, C., Kalyanaraman, S., Stavrositu, C., & Wagoner, N. (2002). To be or not to be emotional: Impression formation effects of emoticons in moderated chatrooms. Paper presented at the Communication Technology and Policy Division at the 85th annual convention of the Association for Education in Journalism and Mass Communication (AEJMC), Miama, Fl, August. http://www. psu. edu/dept/medialab/research/AEJMC. htm. Wolf, A. (2000). Emotional expression online: Gender differences in emotion use. *CyberPsychology and Behavior*, 3 (5), pp. 827 – 833. Witmer, D. F., & Katzman, S. L. (1997). On - line smilies: Does gender make a difference in the use of graphic accents? *Journal of Computer - Mediated Communication*, 2 (4), http://jcmc. indiana. edu/vol2/issue4/witmer1. html. Lee, C. (2003). *How does instant messaging affect interaction between the genders?* Stanford, CA: The Mercury Project for Instant Messaging Studies at Stanford University. http://www. stanford. edu/class/pwr3 - 25/group2/projects/lee. html.

播互动性（interactivity）研究①等。由于传播参与者相互之间的印象形成在两大理论中都是一个关键性的要素（超人际模型中的讯息发送者印象理想化和 SIDE 中基于身份归类的社会刻板印象），一些学者也在这一时期逐渐展开了对网络传播条件下人际印象形成的专门探索。

第二节　网络人际传播中的印象形成研究

印象形成研究是一个源于社会心理学领域的"古老"课题。从1946 年美国心理学家所罗门·阿希（Solomon E. Asch）的著名实验得到人际印象的中心特质（central trait）理论②以来，至今已有 60 余年历史。在印象形成研究的发展历程中，先后得到了印象形成中的特殊效应（首因效应、近因效应等）、印象形成的评价过程及机制（印象信息整合法则等）、印象形成的信息加工机制（印象形成双重加工模型③、连续印象形成模型④等）等显著的理论成果。当然，这些研究大多是在心理学的背景下展开的，但其与传播学的联系之紧密也是不言而喻的。这恰如早期大众传播学的诞生与发展是源于心理学背景下的媒介效果研究

---

① See Rafaeli, S.（1988）. Interactivity: From new media to communication. In R. P. Hawkins, J. M. Wiemann, & S. Pingree（Eds.）, *Sage Annual Review of Communication Research: Advancing Communication Science: Merging Mass and Interpersonal Processes*, 16, pp. 110 – 134. Beverly Hills: Sage. Burgoon, J. K., Bonito, J. A., Bengtsson, B., Ramirez, A., Jr., Dunbar, N., & Miczo, N.（2000）. Testing the interactivity model: Communication processes, partner assessments, and the quality of collaborative work. *Journal of Management Information Systems*, 16, pp. 35 – 38. Burgoon, J. K., Bonito, J. A., Ramirez, A., Jr., Dunbar, N. E., Kam, K., & Fischer, J.（2002）. Testing the interactivity principle: Effects of mediation, propinquity, and verbal and nonverbal modalities in interpersonal interaction. *Journal of Communication*, 52, pp. 657 – 677.

② See Asch, S. E.（1946）. Forming impressions of personality. *Journal of Abnormal and Social Psychology*, 41, pp. 258 – 290.

③ See Brewer, M. B.（1988）. A dual process model of impression formation. In T. K. Srull & R. S. Wyer, Jr.（Eds.）, *Advances in social cognition*（Vol. 1, pp. 1 – 36）. Hillsdale, NJ: Erlbaum.

④ See Fiske, S. T., & Neuberg, S. L.（1990）. A continuum of impression formation, from category – based to individuating processes: Influences of information and motivation of attention and interpretation. In M. P. Zanna（Ed.）, *Advances in experimental social psychology*（Vol. 23, pp. 1 – 73）. New York: Academic Press.

或称大众传播效果研究一样，印象形成的有关研究同时也可以归入人际传播
效果研究。

正当人际印象形成研究处于一个波澜不惊的前进过程中时，计算机网
络的出现为这一传统的研究课题提出了一个时代性的问题域。计算机网络
对传播（交流）的中介性（mediation）带来了新形态的人际交往，在这
样的交往模式下，以往的印象形成研究结论是否还能适用？其中的印象形
成又是否具有新的特点和过程机制？这些都是值得探究的问题。目前主要
在这一研究方向上努力的既有心理学者也有传播学者，有的甚至既是心理
学者也是传播学者。但总体而言，相关研究数量不多，以下是一些值得关
注的焦点。

一　网络人际印象的测量工具

采用何种测量工具及指标体系对人际印象进行测量，这是一个前提性的
问题。一旦人际印象作为研究对象，在绝大多数情况下都会成为函数的因变
量，因而需要一个相对统一的测量工具和测量标准。

1993 年约瑟夫·瓦尔特发表于《南方传播学刊》（*Southern Communi-
cation Journal*）第 59 卷第 1 期的《印象发展定量测评的构造与检验》是
这一问题的一篇奠基性文献，文中回顾了已有的各类印象测量工具，在对
1979 年格兰·克拉特巴克（Glen W. Clatterbuck）提出的 CLUES 量表的优
势与缺点作出总结的基础上，构建了一个新的印象发展测评体系——印象
发展评定量表（Impression Development Scale）。[1] 量表包含 14 个形容词题
项[2]，每个题项的选项为 4 级（four-interval）态度和 1 个附加选项（don't
know，DK）。

尽管瓦尔特的论文已经提出了一个具有一定效度和信度的测量工具，
但在涉及网络传播中人际印象的研究中，印象测量工具的使用仍然是各自
为政。如 1992 年连载于《组织信息化学刊》第 2 卷第 3—4 期的马丁·里
和拉塞尔·思皮尔斯所著的论文《网络人际传播中的副语言与社会感知》

---

① See Walther, J. B.（1993）. Construction and validation of a quantitative measure of impression
development. *Southern Communication Journal*, 59, pp. 27 – 33.

② 14 个形容词分别是诚实（honest）、愚钝（unintelligent）、懒惰（lazy）、合群（sociable）、
有趣（interesting）、不善言辞（unpersuasive）、不友善（unfriendly）、富有攻击性（aggressive）、
浪漫（romantic）、保守（conservative）、随和（easygoing）、思维严密（serious minded）、自觉
（compulsive）、严谨（religious）。

中就使用了一个自编的 16 题项单极 7 点量表①,包括 14 个个性特征指标②(各 1 个题项)和 1 个态度指标(2 个题项);2003 年荷兰学者马丁·塔尼斯和英国学者汤姆·珀斯特默斯发表的《网络人际传播中的交际线索与印象形成》使用的同样也是自编量表,但只含有 4 个印象测量题项,其中 2 个题项用于测量印象的模糊度(ambiguity of impression),另 2个题项用于测量印象的正面度(positivity of impression),选项设置为双极 7 点。③2001 年杰弗里·汉科克与菲利普·邓汉姆(Philip J. Dunham)发表于《传播研究》(Communication Research)第 28 卷第 3 期的《再论网络人际传播中的印象形成:印象全面度与印象鲜明度分析》一文则使用了人格测量中常用的 NEO 五因素量表(NEO Five-Factors Inventory, NEO-FFI)④来测量网络传播中形成的人际印象。⑤只有 1993 年约瑟夫·瓦尔特发表于《传播西部学刊》(Western Journal of Communication)的论文《网络人际互动中的印象发展》中对人际印象随时间变化的测量⑥和 2002 年华人学者刘余良等发表于《计算机社会科学》第 20 卷第 1 期的《网络人际传播中信息发送频次与持续时间对印象形成的影响探析》一文在测量传播频次

① See Lea, M., & Spears, R. (1992). Paralanguage and social perception in computer – mediated communication. *Journal of Organizational Computing*, 2, pp. 321 – 341.

② 14 个个性指标分别是:热情度(warmth)、聪明度(intelligence)、自我中心度(dominance)、圆滑度(flexibility)、竞争力(competence)、创造力(originality)、活泼性(liveliness)、自信度(self – confidence)、口才(verbal fluency)、责任感(responsibility)、决断力(assertiveness)、放纵性(uninhibited)、意志力(inner strength)、吸引力(attractiveness)。

③ See Tanis, M., & Postmes, T. (2003). Social cues and impression formation in CMC. *Journal of Communication*, 53, pp. 676 – 693.

④ NEO 五因素量表系 NEO 人格量表修订版(Revised NEO Personality Inventory, NEO – PI – R)的简化版本,包括 5 个维度,每个维度 12 个题项,共 60 个题项。后者则包括 5 个维度,每个维度下又分别设置 6 个特质分量表,每个分量表 8 个题项,共 240 个题项。See Costa, P. T., Jr., & McCrae, R. R. (1992). *Revised NEO Personality Inventory (NEO – PI – R) and NEO Five – Factors Inventory (NEO – FFI) Professional Manual*. Odessa, FL: Psychological Assessment Resources. Costa, P. T., Jr., & McCrae, R. R. (1998). The Revised NEO Personality Inventory (NEO – PI – R). In S. R. Briggs, J. M. Cheek, & E. M. Donahue (Eds.), *Handbook of adult personality inventories*. New York: Plenum.

⑤ See Hancock, J. T., & Dunham, P. J. (2001). Impression formation in computer – mediated communication revisited: An analysis of the breadth and intensity of impressions. *Communication Research*, 28 (3), pp. 325 – 347.

⑥ See Walther, J. B. (1993). Impression development in computer – mediated interaction. *Western Journal of Communication*, 57, pp. 381 – 398.

和传播持续时间两个因素对网络人际印象形成影响的时候,① 才使用了约瑟夫·瓦尔特的印象发展评定量表。

总的来看,网络人际印象的测量工具主要有三种:一是使用专门的印象测评量表,如约瑟夫·瓦尔特的印象发展评定量表;二是借鉴较为成熟的常用人格量表,如 NEO-FFI;三是完全自编的简易量表。

二 网络人际印象评价的指标体系

由于网络传播条件下的印象形成效果与 FtF 有一定的差异,因此用什么样的指标体系来衡量印象效果,就是一个很重要的问题。现有的研究大致提出了如下一些反映网络传播条件下人际印象特征的指标。

首先是印象的鲜明度/模糊度(intensity/ambiguity)。印象的鲜明度(intensity of impression)是指印象中各特征的突出程度(the magnitude of the attributions),见于前述 2001 年杰弗里·汉科克等人所著的文献;② 印象的模糊度(ambiguity of impression)则在马丁·塔尼斯和汤姆·珀斯特默斯 2003 年的文献中涉及,作者明确指出这一概念来源于印象鲜明度,是后者的反向指标。③

其次是印象的全面度(breadth of impression),是指印象的综合程度(the comprehensiveness of the impression),用可评价特征的个数来加以衡量。这是 2001 年杰弗里·汉科克等人的文献通过实证研究和论证专门提出的一个测量指标。该文作者认为,这一指标是印象鲜明度的有效补充,两者共用才能全面衡量网络传播条件下人际印象的特征。④

再次是印象的好感度/正负效价/正面度(likeability/valence/positivity),

---

① See Liu, Y. L., Ginther, D., & Zelhart, P. (2002). An Exploratory Study of the Effects of Frequency and Duration of Messaging on Impression Development in Computer - Mediated Communication. *Social Science Computer Review*, 20 (1), pp. 73 – 80.

② See Hancock, J. T., & Dunham, P. J. (2001). Impression formation in computer - mediated communication revisited: An analysis of the breadth and intensity of impressions. *Communication Research*, 28 (3), pp. 325 – 347.

③ See Tanis, M., & Postmes, T. (2003). Social cues and impression formation in CMC. *Journal of Communication*, 53, pp. 676 – 693.

④ See Hancock, J. T., & Dunham, P. J. (2001). Impression formation in computer - mediated communication revisited: An analysis of the breadth and intensity of impressions. *Communication Research*, 28 (3), pp. 325 – 347.

是指所形成的印象在感知者心目中的好坏评价。这一指标在网络人际印象研究中最早见于马丁·里和拉塞尔·思皮尔斯1992年的《网络人际传播中的副语言与社会感知》，被称为好感度（likeability），[①] 后为帕特里克·马奇（Patrick M. Markey）与香农·威尔斯（Shannon M. Wells）在2002年的《网络聊天室中的人际感知》一文所沿用。[②] 而在马丁·塔尼斯和汤姆·珀斯特默斯2003年的文献中，这一指标被称为印象的正面度（positivity of impression），[③] 在2007年小阿特米奥·拉米雷斯（Artemio Ramirez, Jr.）发表于《传播学》（Communication Studies）第58卷第1期的《网络关系传播中将来互动预期与初始印象效价的作用》一文中被称为印象的正负效价（valence of impression）。[④]

最后是印象的自我判断与他人判断的一致性（self-other agreement），是指印象目标对自身特征的判断与他人对其特征的判断相吻合的程度。实际上，这就是印象的准确性（accuracy）。这一概念在网络人际传播研究中仅见于帕特里克·马奇与香农·威尔斯2002年的研究报告之中。[⑤]

以上评价指标都能够在一定程度上反映网络传播条件下人际印象的特征，但由于总体上相关研究尚不够全面和深入，可能会有其他能够准确反映其特点的指标未能列入，因此离最终完善的指标体系还有相当的距离。

三　网络人际印象形成的影响因素

对于网络传播条件下人际印象形成的相关因素进行研究一直是网络人际传播研究的重要课题。但从数量有限的相关文献来看，研究的结果尚显凌乱，涉及到的影响因素主要有以下这些：

---

① See Lea, M., & Spears, R. (1992). Paralanguage and social perception in computer – mediated communication. *Journal of Organizational Computing*, 2, pp. 321 – 341.

② See Markey, P. M., & Wells, S. M. (2002). Interpersonal perception in Internet chat rooms. *Journal of Research in Personality*, 36, pp. 134 – 146.

③ See Tanis, M., & Postmes, T. (2003). Social cues and impression formation in CMC. *Journal of Communication*, 53, pp. 676 – 693.

④ See Ramirez, Jr., Artemio. (2007). The effect of anticipated future interaction and initial impression valence on relational communication in computer – mediated interaction. *Communication Studies*, 58 (1), pp. 53 – 70.

⑤ See Markey, P. M., & Wells, S. M. (2002). Interpersonal perception in Internet chat rooms. *Journal of Research in Personality*, 36, pp. 134 – 146.

传播媒介（communication medium）。1992 年 SIP 理论提出之前，大量的实验研究结果都表明网络人际传播是任务导向性的传播方式，计算机网络是适用于任务工作的传播媒介，因而研究者们普遍把传播媒介作为影响网络传播条件下人际印象形成的唯一主导因素，认为其与面对面条件下的印象形成差异是网络人际传播的固有性质。这一观点后被称为网络人际传播固有效果观（static-effects views of CMC）。①

时间（time）。约瑟夫·瓦尔特在 SIP 理论中指出，互动时间应当是网络传播条件下人际印象形成的关键影响因素之一。② 随后，他对此进行了实验验证，并将结果发表于 1993 年的一篇论文中。相关的实验研究结果显示，随着时间的延长，网络传播条件下的人际印象呈线性增长式发展。③

原型（prototype）。1999 年戴维·雅各布森（David Jacobson）发表于《网络人际传播学刊》第 5 卷第 1 期的《网络空间的印象形成：文本虚拟社区中的在线预期与线下体验》，以田野考察的方法对影响在线印象形成的因素进行了探索性研究，提出了感知者固有的人物原型是网络空间印象形成的主要影响因素。

讯息频次（frequency of messaging）。2002 年刘余良等人的研究以网络人际传播的交流持续时间和讯息发送频次作为自变量，测量了人际印象效果的变化，发现了二者均与印象发展的程度呈正相关，不仅支持了交流时间的长短是影响因素之一的结论，还把讯息频次也列入了影响因素之中。④

线索（cue）。自线索消除进路形成以来，交际线索就已经隐隐成为网络人际传播特性背后的主要决定因素，但直到近年来，才有学者进行相关的实证研究。2002 年丽莎·科林斯·蒂德维尔（Lisa Collins Tidwell）与约瑟夫·瓦尔特在 ICA 的《人类传播研究》第 28 卷第 3 期发表了《网络人际传播中的表露、印象及人际评价：一次相互了解一点点》一文。这一研究借

---

① See for review Walther, J. B. (1992). Interpersonal effects in computer – mediated interaction: A relational perspective. *Communication Research*, 19 (1), pp. 52 – 90.

② See Walther, J. B. (1992). Interpersonal effects in computer – mediated interaction: A relational perspective. *Communication Research*, 19 (1), pp. 52 – 90.

③ See Walther, J. B. (1993). *Impression development in computer – mediated interaction. Western Journal of Communication*, 57, pp. 381 – 398.

④ See Liu, Y. L., Ginther, D., & Zelhart, P. (2002). An Exploratory Study of the Effects of Frequency and Duration of Messaging on Impression Development in Computer – Mediated Communication. *Social Science Computer Review*, 20 (1), pp. 73 – 80.

助普通人际传播中的不确定性削减理论（uncertainty reduction theory,
URT)[1] 的研究框架，提出了关于网络人际传播印象信息获取方式和效果的
四个研究假设和两个研究问题，并在重点考虑传播时间因素的前提下采用控
制实验的组间设计、会话分析、内容分析等方法进行了验证和回答，其中，
各类线索对于不确定性降低的作用则使用了多元回归的分析方法。[2] 2003
年，马丁·塔尼斯和汤姆·珀斯特默斯也以照片和个人资料信息为例，用控
制实验的方法初步验证了不同的交际线索讯息对印象模糊度和印象效价的
影响。[3]

社会认同（social identity）。SIDE 模型提出，网络人际传播中不同的社
会认同会导致社会归类的不同，最终形成群体凝聚力增强和脱离于群体之外
的身份极化效果。[4] 马丁·塔尼斯和汤姆·珀斯特默斯抓住了这一点，在
2003 年的同一篇论文中以 SIDE 模型为基础通过另一个实验提出了社会身份
认同在一定的条件下也会成为人际印象形成的重要影响因素。[5]

到目前为止的研究至少存在两点不足。第一，还有其他可能的影响因素
有待发现和验证；第二，尚未对已经发现的印象形成影响因素之间可能存在
的不同层次关系展开研究。

四 网络人际印象对网络人际关系的影响

除了将网络人际印象作为因变量加以研究之外，也有将其作为影响网络
人际关系的自变量进行考察的研究。

2002 年约瑟夫·瓦尔特提出 SIP 理论的经典文献《网络互动中的人际

---

[1] See Berger, C. R., & Calabrese, R. J. (1975). Some explorations in initial interaction and be-
yond: Toward a developmental theory of interpersonal communication. *Human Communication Research*, 1,
pp. 99 – 112.

[2] See Tidwell, L. C, & Walther, J. B. (2002). Computer – mediated communication effects on
disclosure, impressions, and interpersonal evaluations: Getting to know one another a bit at a time. *Human
Communication Research*, 28 (3), pp. 317 – 348.

[3] See Tanis, M., & Postmes, T. (2003). Social clues and impression formation in CMC. *Journal
of Communication*, 53, pp. 676 – 693.

[4] See Lea, M., & Spears, R. (1992). Paralanguage and social perception in computer – mediated
communication. *Journal of Organizational Computing*, 2, pp. 321 – 341. Spears, R., & Lea, M. (1992).
Social influence and the influence of the "social" in computer – mediated communication. In M. Lea (Ed.),
Contexts of computer – mediated communication (pp. 30 – 65). Hemel – Hempstead: Harvester – Wheatsheaf.

[5] See Tanis, M., & Postmes, T. (2003). Social clues and impression formation in CMC. *Journal
of Communication*, 53, pp. 676 – 693.

效果：一个关系的视角》已经涉及网络人际传播中印象形成与发展同人际关系之间的相互作用，但未能进行更深入的研究。①

2007 年，小阿特米奥·拉米雷斯在《传播学》第 58 卷第 1 期上发表了《网络关系传播中将来互动预期与初始印象效价的作用》，在回顾网络人际传播的去人际效果、人际效果以及超人际效果的基础上，将 SIP 理论和人际关系研究中的获利预期（predicted outcome value，POV）理论②加以比较，指出了将来互动预期（AFI）在 SIP 理论中的关键性，并提出把初始印象对网络人际关系发展的作用纳入 SIP 的理论框架之中，使之更加完善。③

由于这一论题中，网络人际印象只是作为影响网上人际关系发展的自变量因素，并未考察其影响因素和形成机制，因而与本研究的关系不大，此处就不再进一步展开分析。

第三节　相关研究在中国

一　国内研究现状概述

自从计算机网络在国内逐渐普及以来，关于网络媒介的研究论著如雨后春笋般纷纷出现，作者中既有来自传播学学科的学者，也有来自哲学、伦理学、政治学、心理学、社会学、语言学、文学等学科的学者。根据杜骏飞在《我们研究了什么？——1994 年以来中国大陆网络传播领域学术进展与趋势分析》一文中的统计，仅 2006 年一年就发表各类网络相关人文社科研究论文 1753 篇④，其发展不可谓不迅速。然而，以传播学的学科视角对网络人际传播展开研究的论著却为数不多。

国内传播学界⑤最早开始关注人际传播媒介的论文是罗春明发表于《西南师范大学学报》（哲学社会科学版）1998 年第 5 期的《人际传播媒介

---

① See for review Walther, J. B. (1992). Interpersonal effects in computer – mediated interaction: A relational perspective. *Communication Research*, 19 (1), pp. 52 – 90.

② See Sunnafrank, M. (1986). Predicted outcome value during initial interactions: A reformulation of uncertainty reduction theory. *Human Communication Research*, 13 (1), pp. 3 – 33.

③ See Ramirez, Jr., Artemio. (2007). The effect of anticipated future interaction and initial impression valence on relational communication in computer – mediated interaction. *Communication Studies*, 58 (1), pp. 53 – 70.

④ 参见杜骏飞《我们研究了什么？——1994 年以来中国大陆网络传播领域学术进展与趋势分析》；杜骏飞、黄煜主编《中国网络传播研究》（总第 1 卷第 1 辑），复旦大学出版社 2007 年版，第 3—32 页。

⑤ 主要指我国大陆学者以及在大陆学术刊物上发表相关论文的部分港台学者组成的学术圈。

论——对一种蓬勃兴起的传播媒介的评说》。虽然该文的侧重点在于对整个人际传播媒介发展史的梳理和论述，但毫无疑问也引起了人们对网络这一当时的新兴人际传播媒介的重视。2000 年，《国际新闻界》第 3 期刊载了茅丽娜的一篇对网络人际传播进行考察和分析的论文——《从传统人际传播角度观瞻 CMC 人际传播》，当数国内第一篇专门的网络人际传播研究论文。一年后，彭兰在《国际新闻界》第 3 期上发表的《网络中的人际传播》一文进一步吸引了国内传播学者对网络人际传播的关注。此后在新闻传播类刊物上每年都会刊载一些关于网络人际传播的研究。根据我们在中国期刊全文数据库新闻传播类学科中对"网络人际传播"、"网络交流"、"网络交际"、"网络交往"和"网络互动"等主题词的搜索和筛选结果，2000—2008 年近 10 年间传播学者共发表相关论文 50 余篇。

这些研究中的大多数由于出发点和研究进路的不同，显得较为散乱，方法以传统的思辨论证为主，且多为描述性研究，对本研究的参考价值较为有限。而且不能忽略的是，由于网络媒介研究本身所具有的多学科交叉属性，在心理学、社会学等领域中也有少数对本研究具有参考价值的论文或研究报告。

总的来看，与本研究相关度较高的论文大致可以分为两类：其一是一些对国外网络人际传播研究成果进行梳理和引介的论文（见表 1 – 1）。

表 1 – 1　　　　　　国内对国外网络人际传播研究进行引介的论文

作者	论著题名	期刊（出版机构）	时间
茅丽娜	从传统人际传播角度观瞻 CMC 人际传播	《国际新闻界》	2000 年第 3 期
李宏利 雷 雳	计算机为中介的人际沟通研究进展	《首都师范大学学报》（社会科学版）	2003 年第 4 期
王德芳 余 林	虚拟社会关系的心理学研究及展望	《心理科学进展》	2006 年第 3 期
胡春阳	西方人际传播研究的问题系及其由来	《新闻大学》	2007 年第 2 期
丁道群 伍 艳	国外有关互联网去抑制行为的研究	《国外社会科学》	2007 年第 3 期
王 静 师家升 余秋梅	导致网络去抑制行为的原因理论综述	《哈尔滨学院学报》	2007 年第 7 期
吴筱玫	计算机中介传播：理论与回顾	《中国网络传播研究》（复旦大学出版社）	2007 年总第 1 卷第 1 辑

其二是近年来出现的一些采用实证性的量化研究方法的相关论文（见表 1 – 2）。其中的部分研究思路和研究设计是值得本研究加以分析和借鉴的。

表1-2　　近年来国内使用量化研究方法对网络人际传播进行研究的论文

作者	论著题目	期刊（出版机构）	时 间
白淑英	基于BBS的网络交往特征	《哈尔滨工业大学学报》（社会科学版）	2002年第3期
阳志平陈 猛	虚拟与现实的互动：对CSSN的初步研究	《思想理论教育》	2003年第1期
陈秋珠	赛博空间的人际交往——大学生网络交往与心理健康关系的研究	吉林大学博士学位论文	2006年
周玉黍	Blog使用对人际友情的影响研究	《新闻与传播研究》	2007年第2期
唐蕴玉孔克敏宋 怡	网络论坛情境中的人际知觉准确性及影响因素	《心理科学》	2007年第4期
陈锡钧	网络即时传播软件使用者需求研究	复旦大学博士学位论文	2007年
汤允一吴孟轩	博客书写之自我揭露行为对网络人际关系之影响	《中国网络传播研究》（复旦大学出版社）	2008年总第1卷第1辑

专著方面，在众多的互联网研究著作中，近年来也陆续出版了一些涉及网络人际传播的研究作品（见表1-3）。这些著作的作者既有传播学者，也有社会学者和文艺学者，其中的一些观点和见解不乏亮点，不过遗憾的是，这其中尚未有涉及量化研究的作品。

表1-3　　　　近年来国内出版的网络人际传播研究相关学术专著

作者	论著题目	期刊（出版机构）	时 间
黄少华陈文江	重塑自我的游戏——网络空间的人际交往	兰州大学出版社	2002年
童星等	网络与社会交往	贵州人民出版社	2002年
鲁兴虎	网络信任：虚拟与现实之间的挑战	东南大学出版社	2003年
匡文波	网民分析——新技术环境下的受众研究	北京大学出版社	2003年
孟 威	网络互动：意义诠释与规则探讨①	经济管理出版社	2004年
蒋原伦陈华芳	我聊故我在：IM，人际传播的革命	广西师范大学出版社	2006年
刘 津	博客传播②	清华大学出版社	2008年
雷建军	视频互动媒介③	清华大学出版社	2008年

---

①　此著作系在其同名博士论文（中国社会科学院，2002年）基础上修改而成。

②　此著作系在其博士论文《"自媒体"与虚拟空间社会生活的公共化——博客传播研究》（中国人民大学，2006年）基础上修改而成。

③　此著作系在其博士论文《从人机互动到人际互动：整合过程中的视频互动媒介研究》（清华大学，2006年）基础上修改而成。

从以上大致的梳理可以看出，相比美、英、荷兰等国而言，我国的网络人际传播研究起步较晚，微观的、细致的研究还很欠缺，在研究方法上侧重于单一的逻辑思辨，经验性的实证研究较为缺乏，尚未形成独具特色的研究进路和理论框架。

二　国内相关研究文献分析

首先需要介绍的是关于国外网络人际传播研究的引介性文献综述。

2000 年，发表于《国际新闻界》第 3 期的茅丽娜的《从传统人际传播角度观瞻 CMC 人际传播》一文中引用了一部分西方该领域的经典理论和研究报告，从人际传播理论框架的角度对网络人际传播的各种要素进行了简要的评述。①

2003 年，李宏利、雷雳发表于《首都师范大学学报》（社会科学版）第 4 期的文献综述《计算机为中介的人际沟通研究进展》则在初步归纳了CMC（网络人际传播）的主要特点及其影响的基础上，对社会认知结构模型（the social cognitive framework model）、CMC 能力模型、纯人际关系理论（pure relationship theory）、策略性认同理论（strategic identity theory）等相关理论模型进行了介绍，并展望了未来研究的发展方向。②

而发表于《心理科学进展》2006 年第 3 期的文献综述《虚拟社会关系的心理学研究及展望》，从心理学的角度对虚拟交往的动机、影响虚拟关系发展的因素及"虚拟"与"现实"的关系等进行了阐述。其中，本研究的主题——印象形成被列为影响虚拟关系发展的重要因素之一。文中所介绍的吸引力与印象形成研究、印象误差研究等均对本研究有着一定的参考价值。③

胡春阳的《西方人际传播研究的问题系及其由来》则比较特殊，是一篇对西方人际传播研究的发展源流及演变作出全面梳理和回顾的文献，但在"当代新议题"部分中将"CM 人际传播"（网络人际传播）作为"当代显题"进行了专门的介绍，归纳了持消极影响论、积极影响论、去价值论等

---

① 参见茅丽娜《从传统人际传播角度观瞻 CMC 人际传播》，《国际新闻界》2000 年第 3 期。

② 参见李宏利、雷雳《计算机为中介的人际沟通研究进展》，《首都师范大学学报》（社会科学版）2003 年第 4 期，第 107—110 页。

③ 参见王德芳、余林《虚拟社会关系的心理学研究及展望》，《心理科学进展》2006 年第 14 卷第 3 期，第 462—467 页。

不同基本立场的研究阵营。①

另一篇较有影响的研究综述是刊载于论文辑刊《中国网络传播研究》总第 1 卷第 1 辑的吴筱玫的《计算机中介传播：理论与回顾》，较为全面地介绍了网络人际传播研究在国外的发展历程。具体而言，该文以传播模型中的传播者、信道、反馈、受传者和效果等变量为基础，将计算机中介传播（网络人际传播）分为三个大类：计算机网络的媒介特质研究、计算机中介下的互动性研究，以及计算机中介下参与互动的个体研究。② 但诚如前文所言，由于这一研究领域发展至今日，所覆盖的范围已经越来越大，分支研究越来越多，所以该文没有，也不可能对其涵盖的所有方向作出详尽的介绍和梳理。尽管如此，该文仍然是进行网络人际传播研究不可多得的中文参考资料。

丁道群、伍艳的《国外有关互联网去抑制行为的研究》以及王静、师家升、余秋梅的《导致网络去抑制行为的原因理论综述》都是针对去抑制行为研究的国外文献综述，虽然与本研究拥有相同的学术渊源和基本理论框架，但由于主题相关性不大，在此就不赘述。

此外，前文述及的几项相关的实证研究也有必要在此进行简要的介绍。

2002 年社会学者白淑英发表于《哈尔滨工业大学学报》（社会科学版）第 4 卷第 3 期的研究报告《基于 BBS 的网络交往特征》采用了社会关系矩阵法对 BBS 中的人际交往特征进行了测量。具体的测量指标包括密度、凝聚度、点出度、点入度、连接度等，数据的收集采用内容分析方法，抽取了哈尔滨工业大学紫丁香 BBS 站的 8 个讨论版面进行量化分析，最终样本为552 名作者的 4068 份帖子。③ 这一研究具有明显的社会关系取向。

心理学者阳志平、陈猛 2003 年发表于《思想理论教育》的研究报告《虚拟与现实的互动：对 CSSN 的初步研究》也是国内较早采用量化方法对网络人际传播进行实证探索的研究之一。与白淑英的研究相近，这一研究也从关系视角入手，采用问卷调查和深度访谈相结合的方法，以 43 名被试为调查对象，对计算机网络支持下的社会网（computer-supported social net-

---

① 参见胡春阳《西方人际传播研究的问题系及其由来》，《新闻大学》2007 年第 2 期，第61—69 页。

② 参见吴筱玫《计算机中介传播：理论与回顾》，杜骏飞、黄煜主编《中国网络传播研究》总第 1 卷第 1 辑，复旦大学出版社 2007 年版，第 35—61 页。

③ 参见白淑英《基于 BBS 的网络交往特征》，《哈尔滨工业大学学报》（社会科学版）2002 年第 4 卷第 3 期，第 89—96 页。

works，CSSN）进行了探索性研究。①

　　2006年，陈秋珠的博士论文《赛博空间的人际交往——大学生网络交往与心理健康关系的研究》（吉林大学）从社会心理学的角度采用抽样调查方法完成了关于网络人际传播的一系列原创性实证研究。这一研究借助若干个具有较高信度的心理量表（如在线认知量表、一般问题性互联网使用量表、互联网行为量表、社会支持评定量表、孤独量表、人际信任量表、卡特尔16种人格因素量表等）对网络交往影响下的大学生个体人格进行了测量，并根据需要对调查数据使用了包括因素分析、方差分析、相关分析、回归分析在内的多种分析方法。此外，研究还在对个体展开深度访谈的基础上就一个典型案例进行了具体而深入的挖掘。② 该论文是国内网络人际传播研究中较为突出的成果，对于本课题具有较大的参考价值。

　　2007年周玉黍发表于《新闻与传播研究》第14卷第2期的《Blog使用对人际友情的影响研究》则是国内极少有的原创性网络人际传播实证研究期刊论文之一。该论文与前述陈秋珠的博士论文一样，主要采用抽样调查的研究方法，并且使用了米勒社会亲密感量表（Miller Social Intimacy Scale，MSIS）等心理量表进行测量，用皮尔逊积距相关法（Pearson product-moment correlation）检验了因变量数据与自变量数据之间的相关性。③ 与之主题相关的一篇论文是在同年出版的学术论文辑刊《中国网络传播研究》总第1卷第1辑中收入的我国台湾学者汤允一、吴孟轩的原创论文《博客书写之自我揭露行为对网络人际关系之影响》，研究思路、方案设计和分析方法与前述周玉黍的《Blog使用对人际友情的影响研究》相仿。④

　　复旦大学陈锡钧的博士学位论文《网络即时传播软件使用者需求研究》（2007）也涉及网络人际传播参与者动机与人格的实证研究，但主要从使用与满足进路（uses and gratification approach）和创新扩散模型（diffusion of innovations model）入手进行分析。⑤

---

　　① 参见阳志平、陈猛《虚拟与现实的互动：对CSSN的初步研究》，《思想理论教育》2003年第1期，第49—53页。

　　② 参见陈秋珠《赛博空间的人际交往——大学生网络交往与心理健康关系的研究》，吉林大学博士学位论文，2006年。

　　③ 参见周玉黍《Blog使用对人际友情的影响研究》，《新闻与传播研究》2007年第14卷第2期，第50—57页。

　　④ 参见汤允一、吴孟轩《博客书写之自我揭露行为对网络人际关系之影响》，杜骏飞、黄煜主编《中国网络传播研究》总第1卷第1辑，复旦大学出版社2007年版，第147—172页。

　　⑤ 参见陈锡钧《网络即时传播软件使用者需求研究》，复旦大学博士学位论文，2007年。

　　而与本研究的研究对象——网络人际印象形成直接相关的研究，国内仅有 1 篇，即唐蕴玉等发表于《心理科学》2007 年第 4 期的《网络论坛情境中的人际知觉准确性及影响因素》。该研究采用了现场实验（field experiment）的研究设计，使用迈尔斯－布雷格斯人格类型量表（Myers-Briggs Type Indicator，MBTI）作为测量工具，对 48 名志愿者被试进行了测量，并对结果数据进行了相关分析和 Logisitic 回归分析。研究中对于准确性的操作定义为使用 MBTI 自评与他评结果的一致性程度。研究获得了以下发现：首先，在 MBTI 所涉及的 4 个测量维度中，超过 3/4（76.7%）的感知者在 2—3 个维度上的他评与其自评一致；其次，就心理机能的感知而言，一致性比率（35.7%）低于不一致的比率（64.3%），感知的准确性较低；再次，4 个维度中，思维－情感（F-T）维度的一致性（71.4%）最高，判断－感知（J-P）维度的一致性（64.3%）次之，而感觉－直觉（S-N）维度（46.4%）和外倾－内倾（E-I）维度（41.1%）的一致性都较低；最后，影响人际感知的因素主要来自四个方面：感知者、感知者的判断、感知对象、感知者与感知对象的相似性。[①] 这篇论文虽然借鉴了帕特里克·马奇和香农·威尔斯 2002 年的研究《网络聊天室中的人际感知》的部分研究思路和设计[②]，但对于本研究仍然有着较大的参考价值：第一，准确性及其相应的操作定义作为考察网络人际感知的重要指标之一，进入了后者的测量体系；第二，MBTI 被运用于感知效果的评价，增加了测量工具的选择范围；第三，通过实证发现了一系列可能影响网络人际感知准确性的因素，为后来的研究提供了一定的参照。

_____

　　① 参见唐蕴玉、孔克勤、宋怡《网络论坛情境中的人际知觉准确性及影响因素》，《心理科学》2007 年第 4 期，第 948—951 页。

　　② See Markey, P. M., & Wells, S. M.（2002）. Interpersonal perception in Internet chat rooms. *Journal of Research in Personality*, 36, pp. 134–146.

第二章　研究范式与研究方法

第一节　研究范式

一　范式：学术研究中的“潜规则”

范式（paradigm）是科学哲学家托马斯·库恩（Thomas Samuel Kuhn）在其著作《科学革命的结构》（*The Structure of Scientific Revolutions*）（1962，1970）中提出的一个核心概念。这一概念是指“某些实际科学实践的公认范例——它们包括定律、理论、应用和仪器在一起——为特定的连贯的科学研究的传统提供模型”①。简言之，范式就是科学共同体所共有的信念、理论观点、模型、范例。② 按照传播学者刘海龙的概括，范式的特点表现在三个方面：第一，它是指导一个学术群体中大部分成员的范例和前提假设，它指导人们发现问题、解决问题。第二，范式是一个学术共同体（community）公认并共享的世界观。第三，不同学术共同体之间的范式是不可通约的（incompatible），它们互相矛盾、针锋相对。③

社会科学研究中历来存在着不同的研究范式。作为威尔伯·施拉姆（Wilbur Lang Schramm）所说的“众多学科交汇的十字路口”的传播学，更是聚集了来自不同学术传统学者的不同研究范式。其中最为学界所熟知和公认的是经验主义（empiricism）范式与批判理论（critical theory）范式的二元之争。前者源于法国哲学家孔德（Auguste Comte）的实证主义（positivism）哲学，并由三大古典社会学家之一的埃米尔·涂尔干（Emile Durkheim）加以实现和发扬；后者的基本认识论和价值观来源于三大古典社会学家中的另一位——卡尔·马克思（Karl Marx），由法兰克福学派的代表

---

① ［美］托马斯·库恩著，金吾伦、胡新和译：《科学革命的结构》，北京大学出版社 2003 年版，第 9 页。

② 林德宏：《科技哲学十五讲》，北京大学出版社 2004 年版，第 141 页。

③ 刘海龙：《大众传播理论：范式与流派》，中国人民大学出版社 2008 年版，第 76 页。

人物马克斯·霍克海默（Max Horkheimer）所创立。① 经验主义范式的传播研究流行于美国，主要包括社会心理学和控制论（信息论）两个传统②；而批判理论范式的传播研究则主要见于德国、英国等欧洲国家，体现了哲学、文学、艺术学等传统人文学科的研究色彩。近年来，也有学者提出不同的看法，如胡翼青认为以哈罗德·英尼斯、马歇尔·麦克卢汉、约书亚·梅洛维茨（Joshua Meylowitz）等人为代表的多伦多学派创造了技术主义这一传统两学派之外的第三种传播研究范式③；刘海龙则提出经验主义范式应当进一步划分为客观经验主义和诠释④经验主义两种范式。⑤ 不过，无论学者认为传播学的发展史上有过多少种范式，这些不同的范式之间曾经，并且在将来仍然可能发生冲突，这已是学者间的共识。⑥ 传播学作为一个学科（discipline）而存在的合法性（legitimacy）争议，也正是自此而起。当然，这一问题并非三言两语就能厘清，但对于任何一项传播学研究而言，确定和说明所使用的研究范式便有了足够的必要性。

二 网络人际传播研究的基本范式与多学科传统

网络人际传播研究同样也面临研究范式的问题。由于发展历史较为短暂，学术队伍的来源较为单一，这一研究领域呈现出一种基本范式、多种学科传统的格局。

（一）网络人际传播研究的基本范式

所谓一种基本范式，是指经验主义（客观经验主义）的研究范式。纵览前后 30 年的相关研究文献可以发现，网络人际传播研究的绝大多数文献

① 参见黎民、张小山主编《西方社会学理论》，华中科技大学出版社 2005 年版，第 238 页。

② 参见［美］埃弗里特·罗杰斯著，殷晓蓉译《传播学史——一种传记式的方法》，上海译文出版社 2005 年版。

③ 参见胡翼青《传播学：学科危机与范式革命》，首都师范大学出版社 2004 年版，第 39 页。

④ 诠释（interpretation）也译为解释，是三大古典社会学家之一的马克斯·韦伯（Max Weber）创立的社会学方法论的核心概念，是指为了达至对社会行动意义的把握并揭示其因果关系而对其进行的一种理解。参见黎民、张小山主编《西方社会学理论》，华中科技大学出版社 2005 年版，第 74—75 页。

⑤ 参见刘海龙《大众传播理论：范式与流派》，中国人民大学出版社 2008 年版，第 80 页。

⑥ 参见殷晓蓉《传播学方法论的第一次冲突及其后果》，《新闻与传播研究》2002 年第 4 期；梅琼林《架筑传播学方法论的桥梁——浅析拉扎斯菲尔德的经验主义研究》，《青年记者》2004 年第 11 期；常昌富、李依倩编《大众传播学：影响研究范式》，中国社会科学出版社 2000 年版，编者序；胡翼青《传播学：学科危机与范式革命》，首都师范大学出版社 2004 年版，第 31—39 页。

具有以下特征：

第一，承认网络人际传播具有规律性，并希图通过研究发现其中蕴涵的客观规律。经验主义认为，世界存在着规律，规律是客观的，我们可以通过特殊的测量方法认识这些规律。① 网络人际传播研究一开始就提出了这样的问题：计算机网络作为传播的中介怎样改变人际传播？它使得人际传播具有了哪些属性？这样的改变在社会维度和心理维度可能形成什么效果？② 等等。研究者都希图通过解答这些问题对现象背后具有普遍性的规律作出一定程度的概括，因而交际在场理论、信息丰度理论、交际情境线索缺失假说、线索消除理论、SIP 理论、SIDE 模型、超人际模型等接踵而来。研究者在提出这些相关理论来解释网络人际传播这一客观事物的同时，也期望对相同或类似情况下可能发生的现象作出预测，以使得人们能够更好地认识和把握这一事物。

第二，采用科学的方法（如控制实验、量表测量、统计分析）来确定关于网络人际传播的可靠知识。从前文对网络人际传播研究重要文献的回顾可以看出，除极个别文献之外，几乎所有的研究都使用了控制实验的方法来进行设计，采用 NEO-FFI③、RCS④ 等量表对印象效果、人际关系等进行测量来获取实证数据，并通过独立样本 t 检验、方差分析、多元回归分析，甚至巴特利球体检验（Bartlett's test of sphericity）等各种不同的统计分析方法来对数据进行分析。以上这些具有科学属性的实证方法无不体现了经验主义的认识论：大部分现象是可以测量的，我们可以用数学的逻辑来表示人类行为。⑤

第三，对网络人际传播加以研究所获得的知识可通过研究程序的重复而得到检验，而检验的过程是一个证伪的过程。科学哲学家卡尔·波普尔（Karl Raimund Popper）认为"应当把理论系统的可反驳性或可证伪性作为

---

① 刘海龙：《大众传播理论：范式与流派》，中国人民大学出版社 2008 年版，第 78 页。

② See Hiltz, S. R., & Turoff, M. (1978). *The network nation: Human communication via computer.* Reading, MA: Addison – Wesley.

③ NEO Five – Factors Inventory, see Costa P. T., Jr., & McCrae, R. R. (1992). *Revised NEO Personality Inventory (NEO – PI – R) and NEO Five – Factor Inventory (NEO – FFI) professional manual.* Odessa, FL: Psychological Assessment Resources.

④ Relational Communication Scale, see Burgoon, J. K., & Hale, J. L. (1987). Validation and measurement of the fundamental themes of relational communication. *Communication Monographs*, 54, pp. 19 – 41.

⑤ 刘海龙：《大众传播理论：范式与流派》，中国人民大学出版社 2008 年版，第 79 页。

（科学与形而上学的）分界标准"①。网络人际传播研究中，去人际效果论被超人际模型所代表的超人际效果论所取代就非常充分地体现了这一点。前者本来建立在信息丰度理论、交际情境线索缺失假说、线索消除理论等理论的基础上，是经过多次研究的重复检验才建立起来的，但与其概括和预测相悖的一些实证发现（如网上交友、虚拟婚礼、在线爱心组织以及一些计算机会议和 BBS 中存在大量交际性的人际互动）将其证伪，从而启动了新的研究思路，并最终形成替代性的超人际效果论。现在学者们又在进行着对超人际效果论的重复检验工作，试图将其证伪。

第四，重视网络人际传播参与者研究或者说网络互动者个体研究和小群体研究，希图发现传播过程中客观存在的结构和相应的功能。网络人际传播研究最初的交际在场理论的核心概念——交际在场感就是对个体经验的描述，包含信息丰度理论、交际情境线索缺失假说等在内的整个线索消除进路也是围绕着个体对交际线索的感知（perception）而建立起来的对网络人际传播过程中线索缺失这一结构性特征以及由此而带来的传播功能限制的认识。SIDE 模型及相关理论则代表了网络人际传播的小群体研究，它们通过聚焦于小群体的结构要素之一——成员身份归属而对网络互动使个体行为产生两极化的功能性现象提出了较为合理的解释。印象形成研究的目标也是如此，期望找到网络人际传播条件下个体印象形成的特殊性（功能）及达至这一效果背后的作用机制（结构）。

第五，追求价值中立，认为网络人际传播现象及其背后的运作规律是独立于研究者主观认识的客观存在。价值中立是经验主义研究独有的价值立场。经验主义源于孔德的实证主义，而实证主义本身就是按照自然科学的研究方式来进行建构的，自然也秉持着科学研究一贯的价值立场，即科学研究的目的就是解释世界，是一种价值中立（value-free）的活动。② 价值中立意味着任何研究者，不管他们属于哪个阶级、哪个党派，信仰哪一宗教，只要他们采用同样的科学方法，就能够得出同样的研究结论。③ 从网络人际传播研究的众多文献中可以看出，学者们一直在尽量按照规范的研究程序和共同的研究方法、评价标准来进行着研究并实现相互检验的目的。这无疑是一种

---

① ［英］卡尔·波普尔著，傅季重等译：《猜想与反驳：科学知识的增长》，上海译文出版社 2005 年版，第 367 页。

② 刘海龙著：《大众传播理论：范式与流派》，中国人民大学出版社 2008 年版，第 79 页。

③ 袁方主编：《社会研究方法教程》，北京大学出版社 1997 年版，第 16—17 页。

价值中立观的体现。

（二）网络人际传播研究的多学科传统

虽然网络人际传播研究以经验主义为基本研究范式，但由于传播学研究自诞生以来就一直存在着的学科交叉性，其经验主义范式具体又表现为多学科的研究传统。

首先，最为主流的是心理学的研究传统。作为五大基础社会科学①之一的心理学发展时间不长，因此其分支和学派众多，而对传播学形成影响的主要是早期的社会心理学和后期的认知心理学。可以说，传播学的诞生与社会心理学紧紧联系在一起并非偶然。② 埃弗里特·罗杰斯所记述的传播学发展史也表明心理学是与传播研究血缘最为亲近的学科之一。所谓的传播学四大先驱无不与心理学有着或多或少的联系：哈罗德·拉斯韦尔（Harold D. Lasswell）开创了政治心理学领域；保罗·拉扎斯菲尔德常常称自己为社会心理学家，而在中年以后他干脆认为自己就是一个心理学家；库尔特·勒温（Kurt Lewin）则是一位著名的实验心理学家，是社会心理学的主要奠基人之一；卡尔·霍夫兰也是当时最令人敬重的实验心理学家之一。③ 而随着近年来认知心理学的兴盛，传播学研究受其影响也越来越大，信息加工的观点在传播研究文献中随处可见。在传播学多分支领域齐头并进的今天，只要翻开《传播学刊》、《人类传播研究》、《传播研究》等著名的传播学国际刊物，就能感受到强烈的心理学色彩。网络人际传播作为传播学的一个当代分支，同样也在相当大的程度上继承了心理学的研究传统，在大多数研究文献中都能看到心理学的术语（如感知、信息加工、去个性化、社会认同等）和研究方法（如控制实验、相关性测量等）。

其次，语言学的研究传统也占有一席之地。与大众传播不同，人际传播研究一方面有着心理学"血统"④，一方面又有着互动社会语言学的渊源。互动社会语言学（interactional sociolinguistics）又称交际社会语言学，是西

---

① 分别为经济学、心理学、人类学、政治学、社会学，参见［美］埃弗里特·罗杰斯著，殷晓蓉译《传播学史——一种传记式的方法》，上海译文出版社 2005 年版，第 127 页。

② 参见黄旦、李洁《消失的登陆点：社会心理学视野下的符号互动论与传播研究》，《新闻与传播研究》2006 年第 3 期，第 14—19 页。

③ 参见［美］埃弗里特·罗杰斯著，殷晓蓉译《传播学史——一种传记式的方法》，上海译文出版社 2005 年版，第 182、217、278、286、314 页。

④ 卡尔·霍夫兰在 20 世纪 40—50 年代的理论方法激励了人际传播的分支领域，参见［美］埃弗里特·罗杰斯著，殷晓蓉译《传播学史——一种传记式的方法》，上海译文出版社 2005 年版，第 315 页。

方语言学界在 20 世纪 70—80 年代兴起的一个语言学流派，其主要任务是研究语言知识和非语言知识在会话过程中的作用以及说话人的社会文化背景如何跟这些知识相互影响。简言之，就是用语言学的知识解释人际交流的过程和结果。① 线索（cues）是网络人际传播研究中的一个核心要素，而这一概念正是互动社会语言学奠基人之一的约翰·甘柏兹（John Gumperz）提出的语境化线索（contextualization cues）的基础。因此，对线索本身的研究就带有较强的语言学色彩，如朱迪·柏古恩 1985 年的《语言代码与非语言代码之关系论》② 和 1994 年的《非语言信号》③ 两篇论文。此外，互动社会语言学的研究方法也时常见诸网络人际传播研究，其中较有代表性的是丽莎·科林斯·蒂德维尔和约瑟夫·瓦尔特在《网络人际传播中的表露、印象及人际评价：一次相互了解一点点》（《人类传播研究》2002 年第 3 期）一文中使用的会话分析（conversation analysis）。④

　　在这两种主要的学科传统之外，人类学也开始进入网络人际传播研究领域。美国布兰迪斯大学（Brandeis University）人类学系学者戴维·雅各布森 1999 年在《网络人际传播学刊》第 5 卷第 1 期发表了《网络空间的印象形成：文本虚拟社区中的在线预期与线下体验》一文。⑤ 该研究采用人类学的田野考察（fieldwork）研究方法，对 4 个 MOO（面向对象的多人在线互动游戏）的 38 名游戏者进行了访谈，并在个案分析的基础上运用原型理论（prototype theory）对网络人际印象形成加以解释。2001 年，戴维·雅各布森又在《网络心理学与行为》（*CyberPsychology & Behavior*）第 4 卷第 6 期上发表了类似的研究论文《再论在场感：文本虚拟世界中的想象

---

①　参见陶红印《总序》，载［英］亚当·肯顿著，张凯译《行为互动：小范围相遇中的行为模式》，社会科学文献出版社 2001 年版。

②　See Burgoon, J. K.（1985）. The relationship of verbal and nonverbal codes. In B. Dervin & M. J. Voight（Eds.）, *Progress in communication sciences*, Vol. 6（pp. 263 – 298）. Norwood, NJ: Ablex Publishing.

③　See Burgoon, J. K.（1994）. Nonverbal signals. In M. L. Knapp & G. R. Miller（Eds.）, *Handbook of interpersonal communication*（pp. 344 – 390）. Beverly Hills, CA: Sage.

④　See Tidwell, L. C, & Walther, J. B.（2002）. Computer – mediated communication effects on disclosure, impressions, and interpersonal evaluations: Getting to know one another a bit at a time. *Human Communication Research*, 28（3）, pp. 317 – 348.

⑤　See Jacobson, D.（1999）. Impression formation in cyberspace: Online expectations and offline experiences in text – based virtual communities. *Journal of Computer – Mediated Communication*, 5（1）, http://jcmc. indiana. edu/vol5/issue1/jacobson. html.

力、能力与能动性》，再次使用了田野考察的方法研究了 MOO 社区中参与者的想象力（imagination）、能力（competence）与能动性（activity）等个体因素对其在场感（sense of presence）的影响。[①] 虽然这不啻是一种开拓性的尝试，但也应该注意到，由于文化人类学研究更多地面向社会群体，其研究对象具有一定的宏观性，因而建立在田野考察基础上的个案分析主要依靠对象的自我陈述（self-report），就把握个体对象的心理与行为而言，其效度与信度都不如量表测量的结果，因而影响了研究结论的质量。正是因为这一先天性的不足，网络人际传播的人类学研究还只是一个尝试，尚未能与心理学和语言学比肩。

总而言之，网络人际传播研究目前以经验主义为其基本范式，包含心理学、语言学和人类学等多种研究传统。诚然，形成这样的格局有其历史沿革的原因，但最终起决定性作用的仍然是其研究对象的特性，即人际传播自身与人类心理、行为、文化的紧密联系。因此，在相当长的一段时期内，网络人际传播研究还将继续保持现有的研究范式。

第二节　研究方法

一　控制实验法的功能及其缺陷

前文已经述及，网络人际传播研究以经验主义为基本范式，主要沿袭了心理学和社会语言学的研究传统，作为心理学和社会学基本研究方法之一的控制实验法在其中占有主导地位。

所谓控制实验（controlled experiment）是指在对外部变量[②]（extraneous variable）进行最大控制的条件下，对因果关系进行测试的实验程序。这种实验程序通过对外部变量的控制，使得研究者可以检测到一个变量对另一个变量的影响效果（或者是检验两个变量对第三个变量的共同作用）。[③] 这一方法是探索因果关系的有效工具。因此，从 20 世纪 20 年代的瑟斯顿（Louis L. Thurstone）到 40 年代的霍夫兰，一些对传播学有兴趣的心理学家把这

---

① See Jacobson, D. （2001）. Presence revisited: Imagination, competence, and activity in text - based virtual worlds. *CyberPsychology & Behavior*, 4 （6）. pp. 653 - 673.

② 更为准确的译法是"额外变量"，此处保留引文原文。

③ ［美］布鲁斯·H. 韦斯特利（Bruce H. Westley），曾琳佳译：《控制实验》，常昌富、李依倩编选：《大众传播学：影响研究范式》，中国社会科学出版社 2000 年版，第 518 页。

种方法引入传播学，并借此发现了一系列传播效果的定律，控制实验方法也成了传播学研究的重要方法。[1]

（一）控制实验法的功能

美国心理学家罗伯特·普拉奇克（Robert Plutchik）曾经指出，所有实验研究追求的目的是增进我们对所研究事件的理解以及控制与预测事件的能力。[2] 以下我们将以网络人际传播研究为例阐明控制实验法的具体功能。[3]

第一，确定变量之间的关系。实验研究的目的是建立变量间的因果关系。通常研究者预先提出一种因果关系的尝试性的假设，然后通过实验操作来进行检验。[4] 在网络人际印象形成研究中，利用控制实验对可能的影响因素（自变量）对人际印象形成效果的影响进行检验的研究模式时常见诸文献。如2003年马丁·塔尼斯与汤姆·珀斯特默斯的研究中就包含了三个控制实验，其中实验1采用了$2 \times 2 \times 2$的因素设计（即三因素二价设计），三个自变量因素分别为群体归属（内群体/外群体）、肖像照片（有/无）和个人简介（有/无），因变量为网络人际传播印象形成的模糊度（ambiguity）和正面性（positivity）。在使用方差分析对数据进行分析之后发现，群体身份归属与印象模糊度和正面度之间都不存在主效应；而肖像照片和个人简介都存在与因变量之间的主效应。[5] 该实验因此证明了肖像照片、个人简介两种交际线索对于印象模糊度和正面度的关系。

第二，检验理论。控制实验法本身所蕴涵的是演绎逻辑，所以在进行方案设计之前通常需要一个待检验的假设，而假设往往来源于某一理论框架。这就是说，实际上控制实验更多地是一种用于验证的方法。因此，它常用于对现有理论的检验。但这种检验并非直接的，而是通过对理论框架所演绎出的研究假设（往往是一个简单命题）进行检验而完成的间接检验。网络人际传播研究中，作为基本理论框架之一的线索消除理论就是通

---

① 戴元光、苗正民编著：《大众传播学的定量研究方法》，上海交通大学出版社2000年版，第80页。

② Plutchik，R.（1983）. *Foundations of experimental research*（3rd ed.）Cambridge，MA：Harper and Row.

③ 四个主要功能的提出参见朱滢主编《心理实验研究基础》，北京大学出版社2006年版，第5—6页。

④ 袁方主编：《社会研究方法教程》，北京大学出版社1997年版，第363页。

⑤ See Tanis，M.，& Postmes，T.（2003）. Social cues and impression formation in CMC. *Journal of Communication*，53，pp. 676 – 693.

过实验检验而确立起来的——这其中包括对交际在场感的实验检验、对信息丰度的实验检验以及对交际情境线索缺失的实验检验等。此外，SIDE模型和超人际模型自从1992年和1996年提出之后，也不断处在一次又一次实验的检验之中。如前述马丁·塔尼斯与汤姆·珀斯特默斯的研究，使用一个包含群体归属（内群体/外群体）变量的实验设计检验了从SIDE模型中演绎而出的命题：基于社会认同的群体归属会影响传播参与者的印象形成。

　　第三，增强研究结论的信度。控制实验是一种依赖于重复（replication，包括原条件重复和扩展条件重复）来提高研究结论信度（reliability）的研究方法。美国科学哲学家休·高奇（Hugh G. Gauch）在一篇文献中曾经指出，按照统计学的规律，重复5次的平均结果有73.2%的把握，这比一次测量的结果更准确。要增加重复成功的比率到90%，需重复40次。① 所以，与其他研究方法不同，使用控制实验对某一个问题进行研究的时候，在新的研究中对既有的实验进行部分重复乃至全部重复都是必要的。前文提到的2002年刘余良等人的文献就是对约瑟夫·瓦尔特1993年实验研究的一种扩展条件下的重复，重复的结果是不但发现了讯息交换频次这一新的影响因素，而且增加了约瑟夫·瓦尔特研究所得到的结论（即时间是影响印象发展的因素之一）的可信程度。当然，由于网络人际传播研究产生与发展的时间还不太长，所以许多研究结论都还在持续的重复检验之中。

　　第四，扩展变量研究的范围。控制实验法的控制（操纵）条件局限了研究结论的外部效度（external validity），因此，研究者往往能够在既有实验的基础上对相关变量进行扩展，从而发展出新的研究假设和实验设计。如在网络人际传播的去人际效果论时期，诸多的研究在实验设计中并未将时间考虑进去（将时间作为额外变量加以控制）。而1993年约瑟夫·瓦尔特的研究则在以往实验设计的基础上改进了这一点，将时间作为一个可能影响印象发展水平的自变量体现在实验方案中，设置了网络人际互动的三个时间水平进行组内测量，提出了在网络传播条件下互动者对他

---

① See Gauch, H. G. （2006）. *Winning the accuracy game. American Scientist*, 94, pp. 135 – 143. 转引自朱滢主编《心理实验研究基础》，北京大学出版社2006年版，第5—6页。

人的印象会逐渐发展并达到与FtF条件下相接近的水平的新论断。[1] 2002年刘余良等人则在约瑟夫·瓦尔特的实验基础上进一步将讯息交换频次（即讯息交换量）和互动时间同时视为自变量进行测量，发现了前者对网络人际传播条件下印象发展水平的影响。[2]

（二）控制实验法的缺陷

虽然控制实验法具有自身特有的长处，但也有一些很难弥补的缺陷，这些缺陷在网络人际传播研究中同样有所体现。

第一，效度困境。效度困境问题在控制实验法中由来已久，并且成为一直为人所诟病的固有缺陷。控制实验法的关键在于"控制"，只有严格控制额外变量，才能增加实验结论对于所检验的研究假设的有效性，即提高实验的内部效度（internal validity）。但如此一来实验环境的人工属性就可能过强，导致其不具有现实意义，从而降低实验的外部效度（external validity）。如果反其道行之，提高实验情境的真实性和样本的异质性使之更接近社会现实，虽然外部效度有所提高，但却使得额外变量的控制非常难以达到严格的标准，降低了实验的内部效度。简而言之，即实验的内部效度和外部效度是一对难以兼顾的矛盾，这被称为控制实验方法的效度困境。这一"永恒的问题"在网络人际传播的实验研究中也不能避免，被试之间利用网络人际传播进行的交往是否符合现实中的真实情况并达到相同的水平是很难完全控制的，但如果完全制造一个"逼真"的网络交际，又缺乏控制其他额外变量的有效手段。所以一般多用控制实验来对个体或小群体进行研究，对较为宏观、复杂的研究对象就无能为力了。

第二，过度简化。在研究中，常常会用到控制实验的析因设计（factional design），或称因子设计，但囿于目前的数据分析技术和解释水平，一般最多只能够考虑三个自变量因素。[3] 这对于由不同人口特征和人格特征的多样化个体构成的复杂社会系统而言实在是太过于简化

---

① See Walther, J. B. (1993). Impression development in computer – mediated interaction. *Western Journal of Communication*, 57, pp. 381–398.

② See Liu, Y. L., Ginther, D., & Zelhart, P. (2002). An Exploratory Study of the Effects of Frequency and Duration of Messaging on Impression Development in Computer – Mediated Communication. *Social Science Computer Review*, 20 (1), pp. 73–80.

③ 金志成、何艳茹编著：《心理实验设计及其数据处理》，广东高等教育出版社2005年版，第166页。

了。也正因如此，控制实验法通常只能直接检验一些较为简单的命题。如 2002 年朱迪·柏古恩等的研究中所检验的假设有如下三个：假设一：中介性互动（mediated interaction）与非中介性互动（nonmediated interaction）在传播过程的质量和结果上存在差异；假设二：近身互动（proximal interaction）的过程和结果优于远程互动（distal interaction）；假设三：面对面传播与基于声音渠道的传播其过程和结果优于基于文本与视觉渠道的传播。[①]可以看出，上述假设都是较为简单、直接的陈述性命题，只是从极其复杂的社会情景中抽取出来的一个理想化的近似侧面。这种理想化的抽取对于机械的物理世界而言不啻是一种卓有成效的探索方法，但对于复杂性与差异性远远高于物理世界的人类社会来说，就略有捉襟见肘的嫌疑。

总而言之，控制实验是一种用变量来观察与解释世界，力图寻找社会世界中存在的模式与秩序[②]的方法。因此，一方面既要充分发挥控制实验法的长处，另一方面又要有效规避其缺陷，比较可取的办法就是用其他研究方法对其进行补充和完善。

二 本研究的方法：量化分析与质性研究相结合的经验研究

本研究仍然沿袭经验主义的基本范式，但在具体研究方法上，将结合质性研究与量化研究，即采用个人访谈方法在控制实验实施之前进行一个预调查研究，作为量化研究的补充，以兼顾社会现实的复杂性和理论模型的概括性。

个人访谈（individual interview），也称个人访问、个人采访，是最古老、最普遍的资料收集方法，也是社会研究中最重要的调查方法之一。它主要以研究者自身为研究工具[③]，通过研究者与被访者的互动来获取资料，并希图用丰富的细节与描述来探索事物发生的社会环境和事物所传递

---

① Burgoon, J. K., Bonito, J. A., Ramirez, A., Jr., Dunbar, N. E., Kam, K., & Fischer, J. (2002). Testing the interactivity principle: Effects of mediation, propinquity, and verbal and nonverbal modalities in interpersonal interaction. *Journal of Communication*, 52, pp. 657 – 677.

② 唐盛明：《社会科学研究方法新解》，上海社会科学院出版社 2003 年版，第 78 页。

③ 其实所有质性研究均具有这一特征，其方法论基础为马克斯·韦伯（Max Weber）的解释性研究。See Wimmer, R. D., & Dominick, J. R. (2003). *Mass media research: An introduction* (7th edition). Belmont: Wadsworth. p. 107.

的社会意义。因此，它是典型的质性研究（qualitative research）①　方法。

按照对访谈过程的控制程度进行的分类，个人访谈分为结构式访谈和无结构式访谈两种。结构式访谈由于需要对访谈过程保持较高的控制水平，所以通常必须按照统一的标准和方法选取被访者，并对所有被访者按照同样的次序和同样的方式提同样的问题，再以同样的方式记录下来。显然，结构式访谈实际上比较接近于问卷调查，其目的是为了便于对访谈结果进行量化分析。鉴于本研究采用访谈法进行资料收集的目的在于为量化的实验方法提供有效的质性资料补充，再选择结构式访谈对量化进行强化并无必要，所以我们决定采用非标准化的无结构式访谈，事先不预定问卷、表格或是提问的标准程序，仅为被访者提供一个大致的访谈主题，由研究者和被访者围绕该主题自由交谈。研究者只需准备一个较为粗略的访谈指南或访谈大纲，然后在访谈中根据访谈的即时进展随时按指南或大纲提出问题或是对不清楚的细节进行追问即可。

无结构式访谈是一种有利于研究者全面、深入地对所关心的问题进行了解和把握的方法，常常用于深入了解只按表面程式抓不住的复杂事实，以取得对个人动机、态度、价值观念、思想等无法直接观察的问题的把握。②　前文曾经提到的美国布兰迪斯大学人类学系学者戴维·雅各布森1999年发表的《网络空间的印象形成：文本虚拟社区中的在线预期与线下体验》一文就采用无结构式访谈对4个MOO社区的38名游戏者就感知对象的印象问题进行了调查。该研究将访谈分为两组：第一组采用在线访谈（online interview）方式完成，被访者通过为期2周的网络招募而获得，共计15人，每人访谈时间为1—2小时，并在其许可的前提下将访谈记录保留下来。特殊情况下部分被访者还通过社区邮件补充一些资料。第二组则采用面对面的传统访谈方式，被访者为选修课程的23名大学生。这些大学生均在作为考察

---

① "qualitative research" 一词一般译为定性研究或质化研究，但社会研究方法论学者陈向明提出，由于 qualitative research 以实证资料的收集为基础，强调自然情境下对研究对象的整体性探究，与国内一般意义上使用的以思辨为主的"定性研究"在内涵上有明显的差异，因而将其译为"质性研究"更为恰当。此处采此说。参见陈向明《质性研究的理论范式与功能定位》，陈向明主编：《质性研究：反思与评论》，重庆大学出版社2008年版，第1—11页。而"质化研究"的译法主要对应"量化研究"，但是"化"字具有从一个状态到另一个状态的含义，因此"量化"是将本身不具有数量特征的事物经过一定的处理之后变为能够用数字加以衡量的状态，此时使用"化"字是合理的；相反，对事物进行质的研究却不存在这样一个处理的过程，所以"化"字的使用就不甚恰当。故我们认为"质性研究"的译法比"质化研究"更为准确。

② 参见袁方主编《社会研究方法教程》，北京大学出版社1997年版，第272页。

地的 4 个 MOO 社区与感知对象有过一定程度的观察和互动。① 而戴维·雅各布森于 2001 年发表的同类研究论文《再论在场感：文本虚拟世界中的想象力、能力与能动性》，再次使用无结构式访谈对 61 名被访者实施了调查。与前一次研究相同，61 名被访者来自不同的两个分组：其中第一组的 36 名大学生来自课堂，他们分别被安排进入名为 RuthMOO 的虚拟大学 MOO 社区和名为 LambdaMOO 的虚拟社会 MOO 社区，通过面对面的方式完成访谈；第二组的 25 名被访者则通过在 LambdaMOO 社区的招募而来，同时采用观察其与他人的对话记录和研究者直接提问的方式进行调查。② 可以看出，前一项研究的研究对象为虚拟社区中参与者对他人的感知；后一项研究为虚拟社区中参与者的在场感，两者都是内在的、主观性的。在这样的情况下使用无结构式访谈的方法实施调查，是非常具有针对性的。

然而，个人访谈法也有其缺陷，那就是较为依赖被访者的自我陈述。这就意味着，当被访者的主观感受和自我认知出现偏差的时候，将会影响到访谈所获取资料的效度，当然也就会对研究结果造成不利的影响。而控制实验法中的心理测量所采用的投射（projection）原理和统计分析则恰恰能够较为有效地避免主观性偏差带来的误差，所以，本研究拟采用二者结合的研究方法，首先使用个人访谈法对一定数量的被访者进行调查，通过调查获取的质性资料归纳出网络人际传播中影响印象形成的关键因素，再根据这些关键因素设计相应的实验进行量化分析，对被调查对象主观上反映出来的因素加以验证。

---

① See Jacobson, D. (1999). Impression formation in cyberspace: Online expectations and offline experiences in text - based virtual communities. *Journal of Computer - Mediated Communication*, 5 (1), http: //jcmc. indiana. edu/vol5/issue1/jacobson. html.

② See Jacobson, D. (2001). Presence revisited: Imagination, competence, and activity in text - based virtual worlds. *CyberPsychology & Behavior*, 4 (6). pp. 653 – 673.

第三章　网络人际传播的发展及现状

第一节　网络人际传播的界定

一　网络人际传播的定义

网络人际传播，是指借助计算机网络进行的人与人之间的互动传播。在传播学理论中，人际传播（interpersonal communication）有广义和狭义之分，广义的人际传播就是人与人之间的信息交流，主要包括一对一传播（dyadic communication）、小群体传播（small group communication）和公众传播（public communication），而狭义的人际传播仅指一对一传播。① 网络人际传播则是在广义上使用"人际传播"一词的，因此包含所有的人与人之间通过网络进行的互动性信息传递和交流活动。

二　网络人际传播的特征

相比面对面（face to face，FtF）人际传播，网络人际传播具有以下几个特征：

第一，参与者处于身体隔离的地理位置，相互之间身体不在场（physical absence）。使用网络进行人际传播的人往往在物理空间上距离较远，互相无法直接看到对方，也不存在一个共同的现实交际情境（social context）。

第二，以计算机网络为传播媒介。计算机网络（computer network）是用通信网络连接起来的自治计算机的集合。② 网络人际传播的参与者由于互相之间的空间关系不满足面对面传播的条件，而借助计算机网络完成信息的传递。在面对面传播中，参与者的感官介入度非常高，人体全部感觉器官都可能参与进来接收信息和传递信息。相比之下，网络信息传输的信道要少得

---

① 参见董天策《传播学导论》，四川大学出版社 1993 年版，第 98 页。

② 张基温编著：《计算机网络基础》，中国人民大学出版社 2002 年版，第 2 页。

多，而且通常以文本为主（text-based），感官的介入程度不如面对面情形。

第三，信息传递以文本为基本方式。虽然随着计算机多媒体技术的发展，视觉信道（如摄像头）和语音信道（如 IP 电话）已经为不少人所熟悉和使用，但一方面，多重信道之间在一定程度上是割裂的，视觉、听觉、文字等无法形成一个联动的整体而达到与面对面情况下同等的传播效果；另一方面，文本传输仍然是网络人际传播的主导性方式，大多数人还是使用电子邮件和文字聊天在互联网上进行交流①。

第四，同时具有异步、准同步、同步的双向性和互动性，信息反馈可延缓。网络人际传播与面对面人际传播一样而与大众传播不同的是传播过程具有双向性和互动性。但网络条件下的互动性仍然具有自身的特色，即可同时实现异步互动（asynchronous interaction）、准同步互动（quasi-synchronous interaction）和完全同步互动（synchronous interaction）。在异步互动中（如电子邮件），交流双方的信息反馈可以根据现实情况和需要加以延缓，讯息交换频率远低于面对面传播；在准同步互动中（如聊天室、即时通讯），讯息交换的频率可以接近同步的水平或稍有延迟；在完全同步互动中（如语音视频聊天），讯息交换频率又可以完全达到与面对面同等的水平。而在传统的面对面情境下，异步互动是不可能存在的。

第二节　网络人际传播的技术形态及其模式演变

一　网络人际传播的主要技术形态

从技术的角度来看，网络人际传播具体形态的发展演变始终伴随着网络信息技术的更新。具体而言，网络人际传播的迅速普及主要依赖于电子邮件、网络游戏、电子公告牌、计算机协同工作、聊天室、博客和即时通讯等几项网络信息技术的先后出现。

（一）电子邮件②

电子邮件（electronic mail，e-mail）最早萌芽于何时目前学界认为已无

① Walther, J. B., Gay, G., & Hancock, J. T.（2005）. How do communication and technology researchers study the Internet? *Journal of Communication*, 55, pp. 632－657.

② 资料来源：刘本军、魏文胜：《历史回顾：究竟谁是 E－mail 之父》，《中国电脑教育报》2005 年第 19 期；李刚：《电子邮件发展史》，《中国计算机报》2005 年第 66 期；中国科学院邮件系统帮助中心：《电子邮件简述》，http：//mail. cstnet. cn/cstnet/help/mail_information. html。

法稽考，但至少有三个重要事件奠定了电子邮件发展的基础。一是 1969 年 10 月，互联网关键技术——分组交换（pachet switching）技术的发明者、美国加利福尼亚大学洛杉矶分校计算机科学教授伦纳德·克兰罗克（Leonard Kleinrock）通过联网的计算机发给他同事一条简短的讯息，内容只有两个字母——"LO"。二是 1971 年秋季，在美国马萨诸塞州坎布里奇受雇于美国国防部研制阿帕（ARPA）网的博尔特·贝拉尼克·纽曼研究公司（Bolt Beranek & Newman，BBN），一个高级工程师瑞·汤姆林森（Ray Tomlinson）博士把一个可以在不同的计算机网络之间进行文件拷贝的程序和一个仅用于单机的通信程序进行了功能合并，研制出一套可用计算机网络发送和接收讯息的新程序 SNDMSG（即 Send Message 的简写），并确立了用@符号作为邮箱地址分隔符这一事实上的标准。三是专门从事阿帕网研究的工程师戴维·克罗克（David H. Crocker）在 20 世纪 80 年代发明了两项国家电子邮件系统，并因此获得了 IEEE（美国电气电子工程师协会）颁发的互联网贡献奖。这三人都被称为"电子邮件之父"。1988 年，美国伊利诺伊大学学生斯蒂夫·道纳尔（Steve Dorner）编写了一个名叫 Euroda 的程序，由于它是第一个有图形界面的电子邮件管理程序，很快就成为各公司和大学校园内主要使用的电子邮件程序，电子邮件也从此开始在计算机爱好者以及大学生中广泛传播开来。到了 20 世纪 90 年代中期，互联网浏览器诞生，全球网民人数激增，电子邮件被广泛使用。

电子邮件是异步网络人际传播形式的代表，在本质上是一种用电子手段提供讯息交换的通信方式，其出现主要是为了满足大量存在的人与人之间进行快速（几秒钟之内可以发送到世界上任何指定的目的地）、低成本（不管发送到哪里，都只需负担电话费或网络费即可）通信的需求。由于电子邮件的功能主要是替代传统邮政，因而其传播方式和特征更接近书信，而非用来进行即时交流的工具。早期的电子邮件仅仅限于文字表达，但如今已经扩展到文字、图像、声音的多渠道联合传播。不过，异步性作为其标志性特征，迄今为止从未改变。除异步性之外，私密性也是电子邮件的一个鲜明特色。与 BBS、聊天室等网络人际传播方式不同，电子邮件的内容在形式意义上仅限于交流双方知晓。当然，有可能存在多人共同使用一个电子邮箱的情形，但从计算机或网络技术的专业角度来看，只要是同一用户名（username）和密码（password），都只看作一名用户。因此，电子邮件是典型的私密性一对一异步网络传播工具。

（二）网络游戏①

网络游戏（online game）最早可追溯至 1969 年瑞克·布罗米（Rick Blomme）以美国伊利诺伊大学的远程教学系统 PLATO（Programmed Logic for Automatic Teaching Operations）为平台编写的一款名为《太空大战》（*Space War*）的支持两人联网的游戏。此后的 10 年中，出现了更多为 PLATO 系统编写的游戏，如根据《星际迷航》（*Star Trek*）改编的 32 人联网游戏《帝国》（*Empire*，1972 年出品）。但最早真正具有社会互动性质的网络游戏当数 1973 年基于 PLATO 的飞行类模拟游戏《空战》（*Air Fight*）。游戏中，人们相互之间可以通过模仿虚拟人物来打交道。尽管游戏只是 PLATO 的附属功能，但共享内存区、标准化终端、高端图像处理能力和中央处理能力、迅速的反应能力等特点令 PLATO 能够出色地支持网络游戏的运行，因此 PLATO 成了早期网络游戏的温床。1978 年，罗伊·图鲁布肖（Roy Trubshaw）和理查德·巴特尔（Richard Bartle）在英国的艾塞克斯大学（Essex University）完成了运行在 PDP-10 上的一个多人游戏系统《MUD1》，即之后被称为多人在线龙与地下城（泥巴）（multi-user dungeon，MUD）游戏的第一个版本。《MUD1》是第一款真正意义上的实时多人交互网络游戏，它有两个特征确立了它的里程碑意义：第一，它可以保证整个虚拟世界的持续发展。尽管这套系统每天都会重启若干次，但重启后游戏中的场景、怪物和谜题仍保持不变，这使得玩家所扮演的角色可以获得持续的发展。第二，它可以在全世界任何一台 PDP-10 计算机上运行，而不局限于埃塞克斯大学的内部系统。此后，泥巴游戏迅速发展，并从最初的纯文字形态演变成为今天诸如《传奇》（*The Legend of Mir*）、《魔兽世界》（*World of Warcraft*）式的集文字、图像、声音为一体并可数十万人同时在线的大众化多人网络角色扮演游戏（massively multiplayer online role playing games，MMORPG）。

网络游戏是最能体现虚拟社区（virtual community）形态的网络人际传播平台之一，包括策略类（strategy game，SLG，如《星际争霸》，*StarCraft*）、动作类（action game，ACT，如《反恐精英》，*Counter-Strike*）和角色扮演类（role playing game，RPG，如《魔兽世界》）等多种类型，其主要功能是提供娱乐。这一网络人际传播形式从早期到现今已经历了较大的变

---

① 资料来源：［美］马科斯·弗里德里著，陈宗斌译：《在线游戏互动性理论》，清华大学出版社 2006 年版，第 2—9 页；硅谷动力：《世界网络游戏发展历程》，http：//www. enet. com. cn/article/2005/0720/A20050720436487. shtml。

化。早期网络游戏以射击类（shooting game，STG）为主，虽然具有一定的同在感（copresence），但由于游戏的内在设定相对较为固定，游戏者可支配的空间不大，因此互动性并不强烈，严格来说甚至还不能算是作为网络人际传播平台的网络游戏；而后期的网络游戏以角色扮演类为代表，画面生动，可控性高，参与者在进入游戏之后能够在真实身份隐匿的情况下扮演虚拟角色，并发生自由度相对较高的互动，特别是能够直接进行虚拟的语言交流，是不折不扣的网络人际传播平台。网络游戏通常是一个有偿使用的开放性系统，任何人只要注册账号和密码并缴纳一定的费用就可以使用，其传播特点类似于 BBS 系统，既包含一对一的人际传播，也包含小群体传播和组织传播，以及以系统公告方式出现的大众传播，但随着多媒体技术的发展，网络游戏中的具体交流形式已经逐渐从单一的文本交流变为文本交换与语音对话相结合的交流方式。不过无论如何演变，网络游戏中的互动均以同步传播的方式为主，参与者不仅可以在其中通过印象管理进行选择性自我展示，也可以持续发展与现实生活中类似的虚拟人际关系。

（三）电子公告牌系统①

1978 年，美国芝加哥诞生了世界上最早的电子公告牌系统（bulletin board system，BBS）——基于 8080 芯片的 CBBS/Chicago（Computerized Bulletin Board System/Chicago）。证券公司使用这套 BBS 系统公布股市价格，以便股民们能方便、及时地了解股市行情。之后随着苹果机的问世，开发出了基于苹果机的公告牌系统（Bulletin Board System）和大众讯息系统（People's Message System）两种 BBS 系统。早期的 BBS 功能与一般街头或校园内的公告牌几乎没什么区别，而且只能在苹果计算机上运行。1981 年个人计算机出现之后的第二年，巴斯·雷恩（Buss Lane）用 Basic 语言编写了 BBS 的原型程序，并经过 Capital PC User Group（CPCUG）的"通信特别兴趣小组（Communication Special Interest Group）"成员的努力于 1983 年改写成为 PC 版本。这一版本由托马斯·马赫（Thomas Mach）整理后，终于形成了 PC 的第 1 版 BBS 系统——RBBS-PC。由于其源程序全部公开，因此后来的 BBS 绝大多数以此为框架。1984 年美国的汤姆·琼宁（Tom Jonning）开发了一套具有电子功能的 BBS 程序 FIDO，该软件具有站际连线和自动互传讯息的功能，站际间彼此可以在一个共同的预定时间传送电子邮件，使得

---

① 资料来源：周军荣：《互联网上的电子公告牌》，《电脑》1997 年第 4 期，第 31—33 页；徐志刚：《走进 BBS》，《微电脑世界》2000 年第 12 期，第 53—54 页。

BBS 初步实现了网络化。

　　BBS 是一个由有兴趣的使用者共同组成的以计算机为基础的交互式传播系统，主要用于成员之间的信息交流与网络通信。现在通常也将之称为"网络论坛"或"在线论坛"。BBS 使用者可以在版面上留言，等待其他成员的回复，也可以与同时在线的成员在版面上进行准同步互动（俗称"版聊"），或者利用系统自带的即时通讯工具在在线成员之间进行完全同步的实时交流。此外，BBS 版面的信息对于所有使用者而言是完全开放的，每一条主帖和回帖在未被管理员删除的情况下都会保留在版面上供每个使用者查阅，不具有私密性。同时，在 BBS 系统中，既可以进行一对一的交流，也可以进行一对多和多对多的群体交流，还可以以站务组公告的方式进行大众传播。不仅如此，现今的 BBS 还集成了电子邮件和即时通讯的功能，成为了一个复合性的网络交流平台。可见，与电子邮件不同，BBS 是一种集合了多种传播时位、多种传播形态的开放性网络传播工具，它的出现和发展成熟，使计算机网络中首次出现了具有社区（community）意义的虚拟群体。

　　（四）计算机协同工作[①]

　　计算机协同工作的全称是"计算机支持下的协同工作（computer-supported cooperative work，CSCW）"，是指在计算机支持的环境中，一个群体协同工作完成一项共同的任务。它的基本内涵是计算机支持下的通信、合作和协调。这个概念是 1984 年美国麻省理工学院（MIT）的伊瑞恩·格雷夫（Irene Greif）和 DEC 公司的保罗·卡什曼（Paul Cashman）等人在讲述他们所组织的有关如何用计算机支持来自不同领域与学科的人们共同工作时提出的。CSCW 包括群体工作方式研究和支持群体工作的相关技术研究、应用系统的开发等部分，其主要目的是通过建立协同工作的环境，改善人们进行信息交流的方式，消除或减少人们在时间和空间上相互分隔的障碍，从而节省工作人员的时间和精力，提高群体工作质量和效率。网络人际传播最初的研究对象——计算机会议系统（computer-conferencing system）以及群体决策支持系统（group decision-making support system，GDSS），都是 CSCW 的应用形式。CSCW 是一个覆盖面很大的技术体系，在科研、教育、医疗、商务、行政等领域都有广泛的运用，其具体实现技术和分支至今仍在蓬勃发展

---

　　① 资料来源：黄荣怀编著：《信息技术与教育》，北京师范大学出版社 2002 年版，第七章第一节；陈敏、罗会棣：《分布式协同虚拟学习环境的交互技术》，《第六届全球华人计算机教育应用大会论文集》，2002 年。

之中。

从 CSCW 的设计宗旨可以看出，这是一种任务导向性（task-oriented）的网络人际传播形态，并不用作情感导向性（emotion-oriented）的社会交往，因而其中体现的情感因素或是人的因素几近于无。这是 CSCW 区别于其他网络人际传播形态最大的不同点。通常在协同任务完成的过程中，使用者利用 CSCW 可以进行一对一传播，也可以进行组织传播，交流的时位特征是互动完全同步。实际上，时位同步只是 CSCW 发挥作用的基本功能设定，绝大多数协同系统还要或宽松或严格地实现共享互动，甚至达到"你见即我见（What You See Is What I See，WYSIWIS）"① 的标准。CSCW 平台下的所谓"互动"也不仅仅限于语言交流，而是包括了各种计算机专业色彩浓厚的非语言互动形式（如按键式对话、共同编辑某一对象等）。因此，CSCW 具有比其他网络人际传播形式多得多的机械性。

（五）聊天室②

聊天室的正式译名是"互联网中继聊天（internet relay chat，IRC）"，中文俗称"网络聊天室"。它是由芬兰人雅可·奥卡宁（Jarkko Oikarinen）于 1988 年 8 月在芬兰奥卢大学（University of Oulu）信息处理科学院参加一个计算机编程的暑期实习项目时首创的一种网络聊天协议。在不到一年的时间里，IRC 传到世界各地，并架设了 40 余个服务器。1991 年海湾战争爆发，由于伊拉克的入侵，科威特的广播和电视信号大面积中断，网友利用 IRC 向外界发布最新的消息，有时甚至超过了主流新闻媒体的速度，IRC 一时间声名大噪并迅速流行开来。

IRC 采用客户机/服务器（client/server，C/S）模式，能实现 Internet 用户之间的实时会话（real-time conversation）。每个用户通过客户端程序与远程主机建立连接，远程主机接受多个来自客户端程序的连接。IRC 的特点是速度非常之快，聊天时几乎没有延迟的现象，并且只占用很小的带宽资源。所有用户可以在一个被称为频道（channel）的特定界面中使用对应的昵称（nickname）进行公开交谈或私密交谈。在前一种情形下任何一名用户的发言都是公开显示在频道界面上的，在这一频道内的用户都可以看到；在后一种情形下，发言内容只分别显示在会话双方的终端界面上，除了会话参与者

---

① 一种表示级通信共享方式，其要求是：对于公共信息区的同一信息为用户提供统一的显示输出方式。当显示内容改变时，所有协作成员的显示屏幕都要随之改变。

② 资料来源：Mutton，P.（2005）. IRC hacks. Cambridge，MA：O'Reilly.

以外的其他本频道用户都无法看到。如果说电子邮件重在联络功能、网络游戏重在娱乐功能、BBS 重在话题发布与评论功能的话，IRC 则重在社会交际功能。使用者进入 IRC 频道就如同进入了现实中的一个交际会所或沙龙，可以结识来来往往的许多陌生人。相比电子邮件、网络游戏、BBS 等形式的网络人际传播，IRC 受多媒体技术发展的影响较小，虽然界面已不似最初那样单调，但至今仍是以文字交流为主。从基本框架上来看，IRC 以话题区分频道、一对一传播与群体传播、组织传播相结合等特点都与 BBS 较为相似，所以不妨看做实时版的 BBS。不过 IRC 的信息流量较大，一般不能像 BBS 那样持续保存，以致若不是在熟识的会话者之间发生的谈话，往往都停留在相互寒暄和客套的层面，更谈不上什么讨论的深度了。

（六）博客①

博客（blog）起源于个人主页，可追溯到 1994 年贾斯汀·霍尔（Justin Hall）用 HTML 语言手动编写的网页"Justin Hall's Link"，这个网页带有鲜明的私人化风格和非正式色彩，充斥着日常生活记录。此后出现的博客大都集中在 IT 专业技术领域，属于极少数技术爱好者的自留地。1997 年，Userland 公司 CEO 戴夫·温纳（Dave Winner）开发出具有博客功能的脚本程序，创建了 Scripting News 网站，迈出了博客从手动走向自动的第一步。虽然如此，但当时的博客数量仍然少得可怜。同年 12 月，博客使用者佐恩·巴格尔（Jorn Barger）运行的博客主页"Robot Wisdom Weblog"第一次使用了"weblog（网页日志）"的说法。1999 年春，另一位博客使用者彼得·墨霍尔兹（Peter Merholz）将之简称为"blog（博客）"，博客这一名称才正式问世。也正是这一年，博客网站 Infosift 的编辑杰西·加勒特（Jesse J. Garrett）把收集到的博客地址制作了一份博客名单放在互联网上，吸引了很多人的注意，并由此而形成了一个博客社区。同年 8 月，Pitas 公司和 Pyra 公司发布了基于服务器的博客运行系统 Blogger 和 GrokSoup，博客开始呈爆发式的增长。今天，互联网上的博客数量已经今非昔比，并且还有继续增长的趋势。

博客实际上是本文提到的几种网络人际传播工具中最不具有典型人际互动色彩的一种形态。博客使用者借助专门的博客工具创作个人主页，并将日志按照逆时间顺序进行排列并定期更新，使博客成为个人思想和生活的"活的历史"，也成为个体自身丰富性的写照。在此种意义上看，与其将博

---

① 资料来源：刘津：《博客传播》，清华大学出版社 2008 年版，第 27—44 页；方兴东、王俊秀：《博客：E 时代的盗火者》，中国方正出版社 2003 年版，第二章。

客归入网络交流工具，不如称之为网络个人表达工具。基于博客的互动一般而言是异步的（访问者留言或评论，博主回复），但也可以实现博主与访问者或是访问者之间的准同步互动（类似于 BBS 的"版聊"）。除了用密码限制访问的少数博客之外，绝大多数博客都是开放性的个人空间，但其传播对象的数量是不确定的，既可能只有像普通博主的亲友那样的寥寥数人，也有可能像名人博客那样广纳各方网友而多不胜数。再者，博主与访问者之间的人际互动是明显不对称的，博主拥有大量访问者所不具有的特权，这也是博客区别于其他形态的网络人际传播工具的一个鲜明特色。而与其他网络互动工具相同的是，博客的传播符号也经历了从文字为主到图文并茂再到如今文字、图片、视频、音乐多样化的变迁——当然，大多数权限都仅限于博主享有。

（七）即时通讯①

1996 年夏，以色列的四个刚刚服完兵役的年轻人——26 岁的高德芬格（Yair Goldfinger）、27 岁的瓦尔迪（Arik Vardi）、25 岁的维吉泽（Sefi Vigiser）和 24 岁的阿默尔（Amnon Amir）聚在一起，决定充分利用互联网的通信优势开发一种软件来实现人与人之间的快速交流，以方便几个人在网上即时联系。这就是 ICQ（I Seek You）网络寻呼软件的最早版本，也是最早出现的即时通讯（instant messaging, IM）工具。几个月后，他们将 ICQ 软件放到网上供人们免费下载使用，短短半年下载人数就突破了百万。结果，ICQ 很快就演变成一种交友聊天工具。1998 年，ICQ 注册用户数达到了1200 万，被美国在线（AOL）收购。至 2001 年 5 月为止，注册用户数已经突破 1 亿大关，平均每天有 1000 万用户在线，每个用户平均在线时间为 3小时。② 继 ICQ 之后，各种类似的网络寻呼软件雨后春笋般在世界各地疯长，到 2006 年年底全球使用者人数达 4.32 亿，注册账户数达 11.5 亿。目前，IM 的功能日益丰富，已不再是一个单纯的聊天工具，而是发展成为了集交流、资讯、娱乐、搜索、电子商务、办公协作和企业客户服务等为一体的综合化信息平台。

---

① 资料来源：姜伟、武金刚：《即时通信 风雨十年》，《电脑报》2005 年 8 月 8 日第 31 期；王瑞斌：《明天我们将怎样聊天：IM2.0 的魅力和狂迷》，载王瑞斌的 blog——IdeaNext，http://blog.sina.com.cn/s/blog_53f36050010006s9.html；陈锡钧：《网络即时传播软件使用者需求研究》，复旦大学博士学位论文，2007 年。

② 参见梁爽《腾讯 QQ 你做得太绝了》，计算机世界网：http://chengdu.ccw.com.cn/it/08/06_20_3.asp。

如果说电子邮件是异步网络人际传播的代表形式，那么 IM 就是典型的同步网络人际传播的代表形式。它将电子邮件的讯息交换手段从异步变成了即时，大幅度提升了交流的效率，进一步满足了人与人之间在地理位置分散（distributed）的情况下进行快速、低成本的联络和交流的需求。IM 与电子邮件的功能完全不同，主要用于即时的互动交流，不仅可以实现一对一的即时互动，也可以通过组建群组或临时聊天室的方式进行一对多或多对多的即时互动。但与电子邮件相似的是，随着多媒体技术的发展，IM 已从早期的纯文字交流扩展到如今的文字、视频、语音的多渠道传播，功能上也逐渐集成了电子邮件（如 QQ 邮箱）、博客（如 QQ 空间）、游戏（如 QQ 在线游戏）、音乐、电视和搜索引擎等。不过，IM 作为一种交流方式仍然是私密性的，其内容在形式意义上仅限于参与交流的各方知晓。总体而言，IM 是一种集一对一传播、小组会议式的群体传播或组织传播于一身的私密性同步网络人际传播形态。

二　网络人际传播模式的演变趋势

以上对重要的七种网络人际传播技术形态进行了回顾和梳理，为了进一步形成一个较为清晰的对比，我们不妨从传播模式的角度对它们加以归纳和总结。一般而言，传播模式包含以下几个方面的指标：（1）公开性/私密性；（2）传播形态；（3）传播时位；（4）互动对称性；（5）传播符号；（6）主要传播功能。七种网络人际传播技术的传播特点如表 3 - 1 所示：

表 3 - 1　　　　　　七种网络人际传播技术形态的传播模式特点

	公开/私密性	传播形态	传播时位	互动对称性	传播符号	主要传播功能
e-mail	私密	一对一一对多	异步	对称	文字、图片	联络
网络游戏	公开	均可	同步	对称	文字、视频、音频	娱乐
BBS	公开	均可	准同步	对称	文字为主	消息发布
CSCW	公开	均可	同步	对称	文字、图片、视频、音频	任务
IRC	均可	均可	同步	对称	文字	社交
blog	公开	一对多一对一	准同步	非对称	文字、图片、视频、音频	自我表达
IM	私密	均可	同步	对称	文字、图片、视频、音频	联络、社交

从中我们可以尝试归纳出网络人际传播模式发展演变的几大趋势：

第一，公开/私密，以及同步/准同步/异步的网络人际传播技术并行不悖、齐头并进。这一趋势所描述的情形是指，具有公开性的网络人际传播技术在发展演变的过程中，没有逐渐为私密性的技术所代替；反之亦然。从使用与满足进路（uses and gratification approach）的角度来看，其背后的动力非常明显，就是传播技术的使用者既有与他人或群体公开交流的需要，也有私下交流的需要。只有能达到不同私密性程度的多样性网络人际传播技术的同时存在，才能更好地满足这样的需要。对于传播时位而言也是如此。如果说曾经存在过"同步传播优于异步传播"的论断的话，那么这一论断已经被网络人际传播技术的历史发展所证伪。类似于传播的公开性与私密性，传播技术异步、准同步、完全同步等多样化的时位特征在发展演变的过程中并没有消弭或统一，而是各自按照自身的轨道前进：电子邮件历经近 40 年发展历程仍然采用异步方式；网络游戏走过的岁月与电子邮件相差无几，虽然界面、显示、场景、人物形象等一变再变，当年的 2D 画面也已经被 3D 所替代，但同样也保持了同步传播的形态；BBS 和博客，发展历史一长一短，然而准同步传播始终是准同步传播。显然，这样的特征沿革也是基于网络人际传播技术使用者需要的多元化：异步传播侧重于内容存储的便利性和提取时间的灵活性，便于使用者在方便的时候查看；同步传播则可以强化使用者的会话感，提高交流的效率；准同步传播的内容则介于异步与同步之间，既具有前者的优点，也能够在一定程度上提高交流的效率。可以预见，无论网络传播技术在未来怎样发展，公开性与私密性以及不同传播时位的差异一定会继续存在下去。

第二，一对一传播、群体传播与组织传播乃至大众传播等各种传播形态相互集成。这是一个相对较为明显的趋势，除电子邮件依然"保持"一对一传播的形态之外，其他传播技术都逐渐走向了多种传播形态的相互集成。出现这一趋势的主要原因在于，现实生活中的面对面传播，总是可以根据需要进行一对一传播、群体传播或者组织传播的，甚至可以使用媒介进行大众传播，无论是何种网络传播技术，其发展方向都是无限逼近面对面传播这一所谓的"最佳"传播状态，直至最终实现像现实生活中的传播一样可以根据需要切换选择特定的传播形态。这实际上也从侧面凸显了网络媒介技术仿真现实的发展趋势。而且，看上去唯一的一对一传播技术——电子邮件，所表现出来的传播形态也只是表象而已。由于电子邮件传输的异步性，当使用者用其进行群体传播和组织传播的时候，把其中的每一条传播线路孤立起来看，都表现出一种表面上的一对一形态。而一旦将多条一对一的传播线路综合在一起从宏观的角度加以审视，便会发现它们其实只是某个群体传播或是组织传播的一个组成部分。不仅如此，电子邮箱的服务供应商（一般是一些门户网站）通常还利用运营之便，向用户的电子邮箱中发送各种新闻链接，从而使电子邮箱涉及了大众传播的传播形态。这就说明，所有的网络传播技术都在朝着集成并能自由切换各种传播形态的方向发展。

第三，以对称互动为主流，非对称互动为补充。归纳以上传播技术的对称性特征可以发现，除博客之外，其他网络人际传播技术在互动对称性方面的特点都是对称互动。从这一现象中，我们可以尝试提炼出以下几点：首先，正如我们在论述上一个演变趋势的时候所提到的，网络传播技术的发展都是向着仿真现实这一目标前进的。由于网络人际传播技术存在的初衷是为人际传播打破物理上的空间隔离提供可能，因而主要是仿真现实中的人际传播（包括一对一传播、群体传播和组织传播）形态。而现实中人际传播的最大特点就是对称互动，这一点与大众传播形态不同，后者是非对称的，虽然也存在信息的反馈，但反馈的渠道与主传播的渠道是不一致的，信息量也不在同一个水平上。因此，绝大多数网络传播技术都是人际传播的工具，其实现的互动都是对称的。其次，博客是一种非常特殊的网络人际传播技术。虽然它可以通过访问者留言、博主回复的方式实现准对称互动，但究其本质而言，与其称之为网络人际传播的平台，不如说它更多地属于一种"自媒体（we media）"。"自媒体"一词最早就是针对博客提出的，它所强调的是一种不同于专业媒体的个人媒体及其新闻信息生产机制。然而，尽管自媒体和传统的专业媒体在新闻生产的运作上存在一定的差异，但它毕竟是媒体的一种。这就意味着博客的主要传播形态其实是大众传播。既然是大众传播，非对称互动自然就是其中的应有之义了。可见，将博客归入网络人际传播技术，实际上只是一个"偶然现象"，形象一点来说，它可谓是"兼职"的网络人际传播平台和"专职"的大众传播媒体。明晰了这一点，就可以看清网络人际传播技术发展的趋势必然以对称互动为主流，以非对称互动为补充。

第四，从单一的文字符号体系向文字为主、图片、视频、音频相结合的多元传播符号体系演变。由于早期计算机操作系统（operating system，OS）界面（interface）都非常简陋，故只能以英文单词和一些符号作为传播符号，称之为字符（character）。过于简单的传播符号体系很难传达人的情感，也很难进行社会性的交际互动，给人以机械化的、冷冰冰的感觉，因而主要用于达到任务导向性的目的。但这样是不能满足人的固有需要的，人本主义心理学家马斯洛（Graham Maslow）认为，人作为"人"始终都有"爱与归属的需要（love and belongingness need）"，而无论是爱的表达还是群体的融入都需要情感的表达（emotional expression），这就必然促使网络人际传播的方式向能够满足人们交际需要的方向发展。因此，计算机的传播符号系统就一直处于一种不断多元化、仿真化的演进之中，从最初的单一文字符号，到文字、图形（figure）符号结合，再到各种视频（video）与音频（audio）格式的出现，最终形成一个更加直观且更容易为使用者所掌控的多元并行的传播符号体系。用计算机科学与技术的专业术语来说，就是"界面越来越友好"。而多媒体技术就成为当今信息技术领域发展最快、最活跃的技术，成为新一代电子技术发展和竞争的焦点。不过就目前多媒体技术的发展水平而言，虽然实现了历史的飞跃，但仍然以视听符号为主，尚未达到能充分调动人类全部感官功能的完全模拟仿真水平。可以预见，在强大的需求推动下，多媒体技术还将发展得更快、更远。

第五，传播功能的不断细化与相互融合。一方面，各种网络人际传播技术的主要功能越来越呈现出差异化的趋势。电子邮件可以低成本、低耗时传输文本和其他文件，凸显出通信联络的功能；网络游戏让使用者体验到越来越多的乐趣，显现出的是娱乐功能；BBS既便于保存讯息，又能实现准同步互动，是讯息公开发布、评论和探讨的最佳平台；CSCW能够促进使用者的业务合作，使需要多个分布式参与者完成的大规模协作任务的完成达到更高的效率；IRC则是通过互联网结识陌生人的理想渠道，仿佛一个俱乐部充斥着来来往往的各色人物，社交是其最主要的功能；博客又是一个自我表达的空间，让使用者充分享受到"我的地盘我做主"的待遇；IM可以让使用者与远在千里之外的朋友保持联系，并在需要的情况下随时聊上几句，真正实现了古人"海内存知己，天涯若比邻"的愿望。可见，这些传播技术都有一个自身最为侧重的功能，而且这一功能是其他传播技术所无法替代的。从最开始最基本的通信联络功能，再到自我表达功能、完全同步的即时交流功能，实现的特定功能越来越多，但仍然远远赶不上人们的需求。随着网络传播技术的进一步发展，可实现的传播功能将呈现分化的趋势，会针对具体的需要越来越细致。而另一方面，各种网络传播技术之间又出现了相互融合的趋势。例如，现今的BBS绝大多数都同时兼有IM的功能，ID之间可以通过BBS附带的IM工具进行即时交流；而专门的IM服务大多数也绑定了电子邮箱和博客空间，使用户能够在即时交流之余接收他人发来的信件和拥有自己的"个人媒体"。但特别需要注意的是，这样的融合其实并非一种从内在结构上发轫的有机融合，而只是能实现不同功能的各种传播技术之间的互相绑定和集成。因此，对于某一种网络传播技术而言，功能呈现出细化的趋势；但对于具体的网络传播系统、软件或服务而言，功能又呈现出融合的趋势。

第四章 预调查：网络人际印象
形成的影响因素

第一节 预调查的方法与设计

一 方法：个人访谈与持续比较

本预调查研究属于探索性研究，为了保证研究结果更加接近现实生活中的真实情况，采用质性研究（qualitative research）方法更为适宜。从研究的具体情况来看，人际传播中的印象形成属于个体主观感知的范畴，由于个人访谈在获得调查对象的观点、价值观、动机、记忆、经验以及情感等方面的信息上具有突出的优势①，因此，笔者拟采用无结构式个人访谈（individual interview）和持续比较相结合的研究方法，即选择一定数量的符合研究条件的网络互动参与者分别实施个人访谈，并在此基础上采用持续比较法进行相应的归纳与分析，以期发现影响网络人际传播中印象形成的主要因素。

（一）资料收集方法：无结构式个人访谈

正如第二章中所提到的，无结构式个人访谈是非标准化的，事先不制作问卷、表格或是提问程序，研究者只需准备一个较为粗略的访谈指南或访谈大纲，未尽事宜在访谈中可以根据被访者的应答情况随时予以调整。无结构式个人访谈的基本步骤如下：

第一步：确定研究主题。

第二步：设计访谈大纲。

第三步：确定参访条件并征集被访者。

第四步：实施访谈。

第五步：整理所获取的资料。

第六步：根据整理出的资料情况进行必要的回访。

---

① Wimmer, R. D., & Dominick, J. R.（2003）. *Mass media research：An introduction*（7th edition）. Belmont：Wadsworth. p. 124.

第七步：重复第五、六步直至获取到足够的资料。

一般而言，无结构式个人访谈的优势在于能够提供丰富的细节信息，但缺点在于研究结论的普适性不够充分。一个主要的原因在于其访谈对象使用的是非随机样本，不能严格保证样本的代表性。尽管如此，仍可以在抽样时根据常用的人口因素指标（如性别、年龄、职业、受教育程度等）来确保被访者之间的差异性，使得被访者的选取尽量涵盖不同特征的人群，从而在一定程度上提高样本的代表性。此外，由于访谈是一个访谈者与被访者之间的互动过程，因而访谈结果也可能受到研究者主观偏见的影响。鉴于本预调查研究的后续研究将采用相对客观的控制实验法对预调查的结论进行基于统计分析的验证，故在本次预调查研究中不对研究结论的效度作过高的要求。

（二）资料分析方法：持续比较法

持续比较法（the constant comparative method）是质性资料最重要的两种分析技术①之一，是由巴尼·格拉泽（Barney G. Glaser）和安瑟尔姆·斯特劳斯（Anselm L. Strauss）于 1967 年提出②并由伊冯娜·林肯（Yvonna S. Lincoln）和埃贡·古贝（Egon G. Guba）在 1985 年加以改进③的质性研究资料分析方法。这一分析方法主要包括四个步骤：

第一步：通过比较把事件分解为不同的分类（categories）。

第二步：对各个分类进行详细的描述和修正。

第三步：发掘各个分类之间的关系以及其中蕴涵的主题（themes）。

第四步：简化资料并将其整合为具有内在一致性的理论框架（coherent theoretical structure）。④

归根结底，其主要操作关键就在于不断地比较：首先，在资料中找出关键的要点（key issues），然后不断地比较加以归类；其次，不断地比较同一分类中的要点是否相似，若不相似则考虑改归于其他分类或是建立一个新的分类；再次，不断地比较不同分类间的差异性是否足够显著，如不够显著则考虑归并。正是通过这样不断地循环比对、分析，并随时对照资料进行检

①　分别为持续比较法和分析归纳法（the analytical induction method）。

②　See Glaser, B. G., & Strauss, A. L. (1967). *The discovery of grounded theory: Strategies for qualitative research.* Chicago: Aldine.

③　See Lincoln, Y. S., & Guba, E. G. (1985). *Naturalistic inquiry.* Beverly Hills, CA: Sage.

④　See Wimmer, R. D., & Dominick, J. R. (2003). *Mass media research: An introduction* (7th edition). Belmont: Wadsworth. p. 107.

验，从而达到从中提炼出核心主题要素的目的。

从本质上而言，持续比较法实际上是归属于案例研究方法的分析技巧。案例研究是为人类学、社会学、法学、心理学、医学等多门学科的研究者所广泛运用的经典研究方法，能从个案的详细描述与分析中，发现影响事物的主要因素（变量）及其作用，从而导致假设的形成，并找出群体或类型的详细资料。① 而持续比较法是在多个案例研究的基础上进行分析和整合，所得到的结论比单个案例研究更具有普遍性（即更高的外部效度）。

二　设计：访谈的实施方案

（一）访谈目的

通过对各类网络人际传播参与者的个人访谈，了解网络环境下被访者对他人的感知过程及特点，以期发现影响网络人际印象形成的主要因素。

（二）访谈内容

访谈将围绕以下几个焦点问题展开：（1）你认为××（印象目标的网名）在外表和个性等方面是怎样的一个人？（2）你为什么觉得他（她）在这些方面是这样的？（3）你认为网上哪些信息有助于你了解对方？除以上三个问题外，访谈人还将根据被访者的回答情况酌情进行一定范围和深度的追问，以获取必要的分析资料。

（三）访谈对象

由于网络使用人群主要集中在18—35岁这一年龄段②，故被访者将主要从该年龄段选取。被访者需要满足以下条件：第一，是经常性的网络互动参与者。设定标准为从第一次登录虚拟社区（包括聊天室、BBS、网络游戏等）或使用即时通讯工具③起迄今至少一年以上，且平均使用频度至少每周一次。第二，在注册有ID的虚拟社区或IM通讯列表中有至少一名在网上结识的人，以作为印象形成目标。第三，未接触过任何有关印象目标的真实的情境讯息，以保证印象形成完全建立在网络人际传播条件下仅有的交际线索讯息上。具体而言，即未与印象目标有过线下见面、语音或视频聊天等经

① 袁方主编：《社会研究方法教程》，北京大学出版社1997年版，第279页。

② 参见中国互联网络信息中心（CNNIC）《第21次中国互联网络发展状况统计报告》，2008年1月，第16页。

③ 之所以将计算机协同工作和博客排除在外，是因为前者过于专业化，其用户多为计算机或相关专业人员，通过其获得的资料极有可能不具普遍性；而后者除少数名人博客之外，大多数博客都属私人博客，仅限于亲朋好友间的交流之用，相互间在现实中的熟悉程度较高，不符合考察条件。

历，且未看过其真人照片。第四，与印象目标有一定次数和持续时间的网上同步或非同步交流，确保至少达到最为初步的印象水平。

最终，在兼顾性别、学历、专业、职业等媒介研究中常用的人口因素指标差异性的情况下，通过目的抽样（purposive sampling）筛选出符合条件的被访者12人，其基本情况如表4-1所示。

表4-1　　　　　　　　　　12 名被访者的基本情况

网名	性别	年龄	学历/专业	职业	网龄	过去3个月内每天上网时间	使用平台
水仙 baby	女	23	本科/法学	法务咨询	11 年	3 小时以上	BBS
宁静雪	女	19	专科/艺术学	学生	7 年	3 小时以上	BBS
Salina	女	21	本科/医学	学生	9 年	3 小时以上	BBS
小森	男	26	硕研/医学	临床医师	9 年	1—3 小时	IM
Dragonfly	女	22	本科/传播学	广告调查	6 年	3 小时以上	IM
Shawn	男	31	博研/政治学	高校教师	8 年	1—3 小时	IM
Daffodil	女	18	本科/文学	学生	5 年	3 小时以上	网游
奔奔熊	男	28	硕研/工学	工程研发	8 年	3 小时以上	网游
三寸日光	女	25	硕研/社会学	信息咨询	10 年	3 小时以上	BBS
a 风和日丽	女	29	硕研/法学	公务员	8 年	3 小时以上	BBS
！听雨~	女	23	硕研/心理学	学生	4 年	1—3 小时	BBS
蔷薇的笑	女	27	本科/工学	人力管理	10 年	1—3 小时	IRC

（四）访谈程序

与被访者分别约定专门时间进行一对一访谈。访谈采用在线方式，主要理由如下：（1）由于话题涉及被访者的私人经历和体验，网络的私密性能够尽量保证被访者袒露真实的内心感受；（2）在线访谈可以远程进行，成本较低，更利于进行多次访谈，以弥补遗漏信息以及临时决定了解的其他信息；（3）系统拥有自动记录功能，可保证交流顺畅，并留下完整的原始记录，便于整理归纳。每人访谈时间设定为1小时左右，实际时间由访谈人根据访谈情况灵活掌控。此外，为保证研究信度，仅在经被访者本人许可的情况下，方在本书中采用其在相关虚拟社区或 IM 中的网名，否则使用化名。

第二节　预调查的资料分析

一　访谈资料的持续比较结果

本预调查研究以被访者对印象目标的感知内容为主要材料来分析影响网络人际传播中印象形成的主要因素。在对所有 12 名被访者的访谈记录进行分解并按照内容单元区分、归类之后，形成了一系列互斥的分类，并将之标记为二级主题（sub-themes）。在若干二级主题的基础上，经过进一步的比较和归并，最终形成一级主题（themes）。

通过分析，我们共发现两个一级主题，结合前人的研究和相关理论，将其分别命名为交际线索（social cue）和认知图式（schema）。主题一主要涉及能够为网络人际传播中感知者提供了解感知对象并对其形成印象的相关讯息；主题二主要涉及存在于网络人际传播中的感知者自身存储的知识之中并能对可获取的讯息进行补充的信息。

以下对上述主题进行详细的阐述。

（一）主题一：交际线索

在通过访谈获取的资料中，大面积地涉及能够给感知者了解印象目标提供有效信息的讯息，即交际线索。这一主题包含了七个二级主题：网名（ID 或昵称）、虚拟形象（头像或虚拟人物形象）、在线个人资料、个性签名、语言风格、电子副语言、语言内容。以下分别结合访谈记录进行分析。

1. 网名（ID 或昵称）

网名是每个网络互动参与者的身份符号，是网络世界一个人区别于他人的标志。虽然网名也有重名的情况，不过总的来说较少。当然，有极少数人没有网名，但"不取网名"这一事实本身就蕴涵着一定的信息，因而实际上这也是一种网名。访谈材料显示，网名往往是首先触发印象形成的线索。

以下是一些被访者的陈述：

> ……感觉（橙小妖）是个身材娇小的、长相比较可爱得（的）女生。小妖这个词，看到以后首先想起得（的）是《聊斋》里得（的）女鬼之类，而不是《西游记》里得（的）喽啰吧。而那种女鬼一般是长得可爱得（的），像聂小倩那种，所以总是女孩子用得多。而且是有点自恋得（的）感觉，可能跟之前认识得（的）一个昵称叫妖精得

（的）女孩子是那种性格有关。橙让人感觉是比较活跃得（的）颜色。年龄很大或者性格很冷得（的）人，应该不会用这个字吧。（水仙 baby，某 BT 下载社区成员）

……（无双华）不论从 nick（注：昵称）中的"双"还是"华"字来看，我想都无法叫她学长吧。对，就是女的。（Salina，某校园 BBS 成员）

……我觉得一个人选的头像和名字都是根据性格来的。她的名字（西窗剪竹）让我感觉像是一个比较内敛的女孩子。嗯，就是比较"宅"（注：不爱出门的意思）的感觉，深居简出的感觉。（小森，某 IM 软件用户）

……"河洛"这个名字。。。开始不懂是什么东西。。。后来他解释河洛就是河图洛书。。。就感觉他是个喜欢传统文化的人。。应该比较有文化气质。。。（Dragonfly，某占星群组成员）

2. 虚拟形象（头像或虚拟人物形象）

除了网名之外，大多数网络互动参与者在不同的网络人际传播平台都有特定的虚拟形象。通常的各种网络论坛以及 IM 通讯列表上都设有成员头像，而各类在线 RPG 游戏则大多允许用户为自己指定一个全身的虚拟人物形象。不过也有部分网络社区没有虚拟形象的设置，如传统的文字聊天室以及电子公告牌系统（BBS），在这一类虚拟社区中，识别成员身份的只有 ID 或昵称。虚拟形象往往跟网名同时出现，共同触发网上对他人的第一印象。

以下是一些被访者的陈述：

另一方面就是头像，是一张作业纸上，画着一只冒出桃心的杯子。很可爱的风格，应该是韩国的插画，所以感觉是应该比较时尚，而且有点可爱的女生。（水仙 baby，某 BT 下载社区成员）

叶子呢，最初以为是男的，因为看他的头像是沙迦（注：日本动漫《圣斗士星矢》中的人物），上面还加了"无敌叶子"四个字，让人感觉是有点酷。可能个子比较高，但是性格里还是有些俏皮的，因为居然在头像上自己写字，汗。（宁静雪，某音乐网站社区成员）

……有时候觉得她没什么个性。可能跟她头像有关系。她头像就是个企鹅，很一般的感觉，或者说，第一眼看上去根本没什么感觉。（小

森，某 IM 软件用户）

　　……我觉得她可能是个美女，因为就我个人经验来侃（看），我所交往的漂亮一点的女人用漂亮的"女士头像"的很少。后来有一次我干脆直接问了，结果她说她不漂亮，让我失望！（Shawn，某 IM 软件用户）

　　……之前是猫的头像，胖忽忽（乎乎）的呀，他也喜欢猫。所以感觉他有点胖忽忽（乎乎）的，温顺，有同情心。就是说性格比较好。（！听雨～，某心理网站论坛成员）

3. 在线个人资料

　　在线个人资料是虚拟社区或 IM 通讯列表中可供他人查询的关于某成员或用户的资料，注册时由成员或用户自行填写，可随时修改。其中包含的个人信息通常有真实姓名、性别、年龄、生日、星座、职业、兴趣爱好等。

　　以下是相关陈述：

　　……根据个人资料，网龄 2335（天），上站 956（次），看来比较少在网上灌水，面对电脑时间少，应该如我所想皮肤保养非常好，或者也算比较好。所谓女孩的皮肤好便一美遮十丑，长相我想值得一看。503（篇）的文章数与 2335（天）的网龄实在让我诧异，而又作为斑竹。因此我想性格应该是温善一点的，不随风头处处说话，当然不一定非（得）伶牙俐齿。（Salina，某校园 BBS 成员）

　　……但是资料里面真实姓名一栏填的是"大叔"，我想可能是这人觉得自己比较老相，干脆自己写一个自嘲一下？因此刚开始就觉得他很老。（Daffodil，某网络游戏社区成员）

　　……当时我来四川不久，想找人聊天。而她个人资料中显示的是"四川"和"学生"，在来之前，我同学都说川妹子漂亮，所以我认为这很可能是个美女，久（就）找她了。（Shawn，某 IM 软件用户）

　　他个人资料里面，国家填的"南诏国"，省份是"大理爨氏"，让人想起《天龙八部》，就以为是少数民族或者是云南人。而且一般来说，星座这种信息我还是比较关注。他写的是巨蟹座，我爸和我男朋友都是巨蟹座，但他年龄应该跟我差不多大，所以我首先浮现的就是我男朋友的形象。然后就是觉得他可能也比较感情丰富、敏感、低调，比较顾家，有时候不太自信，总之就是一个典型的巨蟹座年轻人的形象吧。

（三寸日光，某 IM 软件用户）

性格啊，典型处女座，他在个人资料里面就是这么填的。（a 风和日丽，某交友社区成员）

他个人资料上写的是年龄 27 左右，感觉脸比较长，不知道为什么。大概有胡子。那个年龄了一般都有吧。可能是我之前正好看了一个电影，电影里有个人因为某个原因胡子一天比一天长了。似乎是《上帝也疯狂》？哦，不是，我记错了，是《冒牌天神 2》。不过也可能是他工作了几年，感觉人就是要老点的样子。这是我推断的，都 27、28 了还不工作？（蔷薇的笑，某聊天室成员）

4. 个性签名

个性签名最早产生于 BBS 和论坛系统，是固定附着在某人发表的帖子后面的文字、图形、图片等。因其能在一定程度上体现帖子作者的个性特色，甚至相当于作者的亲笔签名而起到一种身份证明的作用，所以称之为"个性签名"。后来个性签名扩展到 IM 中，作为个人身份信息的补充。

相关陈述如下：

从他签名来看也比较像老师，经常通知些什么时候开课的事情。○○像这种：这段时间眼睛有些肿痛，上网不方便，有事请留言。其他就是经常写些励志的话，不晓得是他鼓励他自己的还是鼓励他学生的。○○比如：成功的秘诀是，坚持长期做正确的事情。有时候就想，他真是个合格的老师。（Dragonfly，某占星群组成员）

……只看到版面上签名经常在换，有时是些经典的句子，有时候就是感觉恶搞，所以觉得这人可能平时挺无聊的。（Daffodil，某网络游戏社区成员）

你看他的个性签名："招工，招女工！18—25 岁！无经验者优先，试用期 N 天，用我的一生付工资，用我们的儿子做利息！"有点个性哇？所以我感觉这个人应该是比较诙谐幽默，有点责任感的。（奔奔熊，某网络游戏社区成员）

他的个性签名经常我看不懂，他说是游戏的东东。我想喜欢玩游戏，怕是比较有童心吧。○○贪玩是人之常情三，说明性格应该还可以，他跟别人的关系都还不错。（! 听雨～，某心理网站论坛成员）

5. 语言风格

不论是同步或非同步，网络交流的主要渠道都是文字，也就是语言。一个人在网络交流中所使用的语言风格往往能够体现其个性特征。具体而言，主要包括用词偏好、句型偏好、标点偏好等方面。

被访者的相关陈述如下：

……初次说话的时候，觉得他比较活跃。。。。因为他打字非常快。。说话非常简短。。很干练的样子。。。（Dragonfly，某占星群组成员）

……他应该很年轻，比我年轻，很有活力，至少在游戏上面。我说的游戏就是星际（注：指《星际争霸》，一款流行的即时战略游戏）。他在游戏里面很活跃，因为游戏不是中国人做的，交流没有中文，只能用拼音表达。所以一般打这个游戏的人都很难得发话，但他经常发话，算说话比较多的。当然大多数都是战术指挥，比如"go! go! go!"，"rush!"之类的，非常善于组织，有可能平时也比较有主见，做事雷厉风行。（奔奔熊，某网络游戏社区成员）

……她说其（起）话来比较规矩。曾经我要求她给我照片看看，我给她的表情是这个"眼冒红心"的，一是表示有点好色，二是希望她是秀色可餐。其实我没打算能要到她的照片。这样的表情，只是处（出）于好玩，希望造点轻松的气氛而已。可她只是用文字说"我不好看，是个很一般的女孩子"，很死板的语言。而且一直说话都是这样，所以和她聊没什么激情。我就觉得她太保守了，比较本分。（Shawn，某IM软件用户）

……感觉他应该是个子不太高，皮肤比较白的男生。因为在交谈中他比较喜欢用四川方言，什么"得嘛"啊，"喃"啊一类的，而我对四川男生的第一感觉差不多都是这个形象。说话很幽默，但是应该是比较不会掩饰自己的人，因为有时候说话虽然幽默但是还是有点尖刻，而且损起人来也不留情。（Daffodil，某网络游戏社区成员）

……强迫症（强迫他人认同自己观点），太严肃，累。不过对事情很认真。也就是太认真了。是的，有个人资料的原因，当然真正感觉是和他谈话，非得把啥事的理说个透，还喜欢教育人。那语气，实在是让人敬而远之。（a风和日丽，某交友社区成员）

……情感应该比较细腻吧，从他看我写的文章后发表的评论能看出。比如这一段："当一切明白以后，原来我们需要的仅仅是一个或好或坏的结果。一个早已在心底许下的结果。是好？是坏？时间将证明一切。没有人能预见未来怎样。而结果的好与坏，在明天的明天之后，实际上并不重要。明白以后，深呼吸，向前看，迎接……的到来。"感觉他文采好，心志（智）成熟，热心。（！听雨～，某心理网站论坛成员）

……说话晦涩，饶（绕）来饶（绕）去的，感觉他可能是想隐藏自己，总之很神秘。（蔷薇的笑，某聊天室成员）

6. 电子副语言

电子副语言是指以表情图标为代表的能对语言的表达效果起到辅助作用的各种符号。最初的副语言只是一些由标点符号组成的模拟表情，如":)"、":p"，等等，也包括一些故意使用的大小写、错别字等。后来许多IM软件和网络社区都发展出了自身的一套表情图标系统，可以更为形象地辅助语言表达。一些资深网虫也发明了一些流传很广的副语言，其中最为典型的就是有意将一个汉字拆成两个字来写（如"强"字写为"弓虽"）的所谓"火星文"。

以下是被访者相关陈述：

……应该还是长得比较白净吧。。。然后是三七分头。。。文质彬彬。我感觉会把类似的人的形象拼凑到他身上。。。因为他比较感性，思维比较细腻吧，会有点偏女性化的特征。。。嗯。。。经常用一些表情，也觉得他这个人应该比较敏感。。。（Dragonfly，某占星群组成员）

……是个女生，比较老实和本分，用的表情都是系统自带的。没什么好玩的、有意思的新表情，也从来不用动画图片或魔法表情。（Shawn，某IM软件用户）

……不常用表情，所以猜测年龄可能比较大，或者可能为人比较认真，不苟言笑那种。（Daffodil，某网络游戏社区成员）

7. 语言内容

除了以上线索之外，在线交流的语言内容也包含了很多有利于形成人际印象的信息。这些有用的信息一般是通过传播参与者之间的言辞询问（verbal interrogation）或自我表露（self-disclosure）提供的。

以下是一些被访者的陈述：

……肯定是个男的。。他经常跟我们讲他和他女朋友的事。。。他还说他经常收钱给人看星盘，还开培训班招学生。。。应该是个老师的形象吧。。。但又不是学校那种老师。。。是像新东方俞敏洪那种。。。半学半商的。。。（Dragonfly，某占星群组成员）

……很开朗，容易相处。都是主动在给我发信，问我些问题，跟我交流三，而且问的都是跟学习相关或者学术相关的问题。有时候觉得，这家伙简直是为学术而生的啊！相当地钻得！如果去查下聊天记录，估计没有哪次不跟学术有关的哦。还很有礼貌地喊人"师兄"，应该是很乖的啦，所以是个很爱学习、很主动、很阳光的小弟弟形象。（三寸日光，某 IM 软件用户）

……当然真正感觉是和他谈话，非得把啥事的理说个透，还喜欢教育人。……然后我就妥协嘛："嗯嗯啊啊，是的，你对。"不过看得出来他挺上进的，能学习，知道的也挺多的，所以喜欢教育人。（a 风和日丽，某交友社区成员）

他是个乐于帮助别人的人。我们是在一个心理网站认识的呀，他跟别人提了很多不错的建议。他也说过每次他去另（一）个地方帮别人看电脑总是要很多时间。他那工作就是做那些的，刚开始是帮别人维修电脑之类的，后来是有个什么项目。（！听雨~，某心理网站论坛成员）

不说他来自哪里，不说他什么工作。……有点多疑，大概不是本地人的原因，担心别人对他的评价。他说他将来有可能到四川，因为有个四川的女朋友，不过还没有结婚，只是说"会成为四川女婿"。（蔷薇的笑，某聊天室成员）

关于主题一及其相关二级主题的分析结果，我们将之归纳为表 4 - 2：

表 4 - 2　　　　　　　　　主题一及其相关二级主题的分析结果

	网名	虚拟形象	在线个人资料	个性签名	语言风格	电子副语言	语言内容
水仙 baby	√	√					
宁静雪		√					
Salina	√		√				
小森	√	√					
Dragonfly	√			√	√	√	√

续表

网名	虚拟形象	在线个人资料	个性签名	语言风格	电子副语言	语言内容
Shawn	√	√		√	√	
Daffodil		√	√	√	√	
奔奔熊			√	√		
三寸日光		√				√
a 风和日丽		√		√		√
！听雨~	√		√			√
蔷薇的笑		√		√		√

（二）主题二：认知图式

从访谈材料中不难发现，网络人际传播中的感知者在对感知对象形成印象之时不仅依靠交际线索直接提供的信息，还常常结合自身的经验和所具有的知识进行联想和推断。这些与认知相关的先前经验和知识就是认知图式，它是把各种相关概念有意义地组织起来的认知模式①。这一主题包含了四个二级主题：社会刻板印象、原型、语义联结、内隐人格。以下仍然结合访谈记录进行分析。

1. 社会刻板印象

社会刻板印象（social stereotype）是指人们对某个社会群体形成的一种概括而固定的看法。② 它以许多形式影响着人们后继的信息加工。③

如水仙 baby 认为比较活跃的通常是年轻人而不是年龄较大的人：

橙让人感觉是比较活跃得（的）颜色。年龄很大或者性格很冷得（的）人，应该不会用这个字吧。（水仙 baby，某 BT 下载社区成员）

Dragonfly 从对方的情感细腻推想到三七分头、文质彬彬的形象：

……应该还是长得比较白净吧。。。然后是三七分头。。。文质彬彬。我感觉会把类似的人的形象拼凑到他身上。。。因为他比较感性，思维比

---

① ［美］罗伯特·斯滕伯格著，杨炳钧等译：《认知心理学》（第三版），中国轻工业出版社2006年版，第437页。

② 周晓虹著：《现代社会心理学》，上海人民出版社1997年版，第192页。

③ 参见王沛《刻板印象的社会认知研究述论》，《心理科学》1999年第4期，第342—345页。

较细腻吧，……（Dragonfly，某占星群组成员）

Shawn 认为对方是川妹子所以漂亮：

> ……在来之前，我同学都说川妹子漂亮，所以我认为这很可能是个美女，……（Shawn，某 IM 软件用户）

Daffodil 从书面"口音"判断出对方是个四川人，因而个子不太高且皮肤比较白：

> ……感觉他应该是个子不太高，皮肤比较白的男生。因为在交谈中他比较喜欢用四川方言，什么"得嘛"啊，"喃"啊一类的，而我对四川男生的第一感觉差不多都是这个形象。（Daffodil，某网络游戏社区成员）

三寸日光认为对方是巨蟹座的人所以感情丰富、敏感低调：

> 而且一般来说，星座这种信息我还是比较关注。他写的是巨蟹座……就是觉得他可能也比较感情丰富、敏感、低调，比较顾家，有时候不太自信，总之就是一个典型的巨蟹座年轻人的形象吧。（三寸日光，某 IM 软件用户）

a 风和日丽对星座也有类似的看法：

> 性格啊，典型处女座。强迫症（强迫他人认同自己观点），太严肃，累。不过对事情很认真。也就是太认真了。是的，有个人资料的原因，当然真正感觉是和他谈话，非得把啥事的理说个透，还喜欢教育人。然后我就妥协嘛："嗯嗯啊啊，是的，你对。"不过他挺上进的，能学习，知道的也挺多的，所以喜欢教育人。（a 风和日丽，某交友社区成员）

Salina 认为名字里面有"双"字和"华"字的应该是女性，且皮肤好便"一美遮十丑"从而形成对方长相不错的印象：

　　……（无双华）不论从 nick（注：昵称）中的"双"还是"华"字来看，我想都无法叫她学长吧。对，就是女的。……根据个人资料，网龄 2335（天），上站 956（次），看来比较少在网上灌水，面对电脑时间少，应该如我所想皮肤保养非常好，或者也算比较好。所谓女孩的皮肤好便一美遮十丑，长相我想值得一看。（Salina，某校园 BBS 成员）

　　！听雨～认为喜欢玩游戏的人都比较有童心，而且有童心的人都比较容易相处：

　　他的个性签名我经常看不懂，他说是游戏的东东。我想喜欢玩游戏，怕是比较有童心吧。。贪玩是人之常情三，说明性格应该还可以，他跟别人的关系都还不错。（！听雨～，某心理网站论坛成员）

　　以及写抒情散文的人通常都情感细腻：

　　……情感应该比较细腻吧，从他看我写的文章后发表的评论能看出。比如这一段："当一切明白以后，原来我们需要的仅仅是一个或好或坏的结果。一个早已在心底许下的结果。是好？是坏？时间将证明一切。没有人能预见未来怎样。而结果的好与坏，在明天的明天之后，实际上并不重要。明白以后，深呼吸，向前看，迎接……的到来。"（！听雨～，某心理网站论坛成员）

　　蔷薇的笑对二十七八岁的人的概念就是长了些胡子，已经工作了；同时她又认为有工作经历的人一般都会显得老一点：

　　他个人资料上写的是年龄 27 左右，感觉脸比较长，不知道为什么。大概有胡子。那个年龄了一般都有吧。……不过也可能是他工作了几年，感觉人就是要老点的样子。这是我推断的，都 27、28 了还不工作？（蔷薇的笑，某聊天室成员）

　　2. 原型
　　原型（prototype）是指能代表某特写概念（及其各种实例）的一个模型，该模型由关于某特定概念的一组典型特征构成，这些特征通常是这个概念的多数例子所普遍具有的，但其中单独的任何一个特征对于该模型的特定实例来说都不是必需的。①

如水仙 baby 以《聊斋》里面的女鬼聂小倩和之前认识的网名叫"妖精"的网友为"小妖"的原型形成对"橙小妖"的印象：

> 小妖这个词，看到以后首先想起得（的）是《聊斋》里得（的）女鬼之类，而不是《西游记》里得喽啰吧。而那种女鬼一般是长得可爱得（的），像聂小倩那种，所以总是女孩子用得多。而且是有点自恋得（的）感觉，可能跟之前认识得（的）一个昵称叫妖精得（的）女孩子是那种性格有关。（水仙 baby，某 BT 下载社区成员）

宁静雪以对方头像圣斗士沙迦的形象为"酷"的原型而形成印象：

> 叶子呢，最初以为是男的，因为看他的头像是沙迦（注：日本动漫《圣斗士星矢》中的人物），上面还加了"无敌叶子"四个字，让人感觉是有点酷。（宁静雪，某音乐网社区成员）

Dragonfly 以新东方学校的俞敏洪为原型形成对方半学半商的老师的印象：

> 他还说他经常收钱给人看星盘，还开培训班招学生。。。应该是个老师的形象吧。。。但又不是学校那种老师。。。是像新东方俞敏洪那种。。。半学半商的。。。（Dragonfly，某占星群组成员）

三寸日光以男朋友为原型形成对方的"巨蟹座年轻人"的印象：

> 而且一般来说，星座这种信息我还是比较关注。他写的是巨蟹座，我爸和我男朋友都是巨蟹座，但他年龄应该跟我差不多大，所以我首先浮现的就是我男朋友的形象。（三寸日光，某 IM 软件用户）

---

① ［美］罗伯特·斯滕伯格著，杨炳钧等译：《认知心理学》（第三版），中国轻工业出版社 2006 年版，第 436 页。

蔷薇的笑以刚看过不久的电影中的人物为原型形成对方"有胡子"的
判断：

> ……大概有胡子。……可能是我之前正好看了一个电影，电影里有
> 个人因为某个原因胡子一天比一天长了。似乎是《上帝也疯狂》？哦，
> 不是，我记错了，是《冒牌天神2》。（蔷薇的笑，某聊天室成员）

3. 语义联结

语义网络的激活扩散模型①认为，个体存储的某些概念（即语义网络的
结点）之间具有紧密程度不同的语义联系（即结点之间的连线）。这一模型
反映了如下加工过程：当一个概念被加工或受到刺激，在该概念结点就产生
激活，然后激活沿该结点的各个连线，同时向四周扩散，先扩散到与之直接
相连的结点，再扩散到其他结点。② 这一过程就是语义联结（semantic asso-
ciation）。

如水仙baby通过语义联结从橙色是一种暖色调联想到活跃：

> 橙让人感觉是比较活跃得（的）颜色。年龄很大或者性格很冷得
> （的）人，应该不会用这个字吧。（水仙baby，某BT下载社区成员）

小森从网名"西窗剪竹"联想到幽居家中从而得到对方深居简出的
印象：

> 她的名字（西窗剪竹）让我感觉像是一个比较内敛的女孩子。嗯，
> 就是比较"宅"的感觉，深居简出的感觉。（小森，某IM软件用户）

Dragonfly从网名"河图洛书"联想到中国传统文化从而得到对方具有
文化气质的印象：

> ……"河洛"这个名字。。。开始不懂是什么东西。。。后来他解释

---

① See Collins, A. M., & Loftus, E. F. (1975). A spreading activation theory of semantic process-
ing. *Psychological Review*, 82, pp. 407–428.

② 王甦、汪安圣：《认知心理学》，北京大学出版社2006年版，第119页。

河洛就是河图洛书。。。就感觉他是个喜欢传统文化的人。。应该比较有文化气质。。。（Dragonfly，某占星群组成员）

Daffodil 从个人资料中填写的"大叔"联想到长相显老的人从而推断对方较为老相：

　　……但是资料里面真实姓名一栏填的是"大叔"，我想可能是这人觉得自己比较老相，干脆自己写一个自嘲一下？因此刚开始就觉得他很老。（Daffodil，某网络游戏社区成员）

！听雨～从胖乎乎、温顺的猫的虚拟形象联想到对方也具有同样的特征：

　　……之前是猫的头像，胖忽忽（乎乎）的呀，他也喜欢猫。所以感觉他有点胖忽忽（乎乎）的，温顺，有同情心。就是说性格比较好。（！听雨～，某心理网站论坛成员）

4. 内隐人格

内隐人格（implicit personality）是指普通人在人际交往过程中认为他人的人格特质之间具有典型联结的一种信念[1]，是普通人对人的基本特性（human attribute，如智力、品德和人格特征等）持有的基本认知图式[2]。

如奔奔熊由于网友在游戏中的组织能力较强而把"有活力"、"有主见"、"做事雷厉风行"等相关个性特征也赋予了对方：

　　……但他经常发话，算说话比较多的。当然大多数都是战术指挥，比如"go! go! go!"，"rush!"之类的，非常善于组织，有可能平时也比较有主见，做事雷厉风行。（奔奔熊，某网络游戏社区成员）

---

　　[1]　See DeVito, J. A.（2004）. Implicit personality theory. In DeVito, J. A, *The interpersonal communication book*（*10th edition*）（pp. 96–97）. Boston：Allyn & Bacon.

　　[2]　参见王墨耘、傅小兰《内隐人格理论的实体论—渐变论维度研究述评》，《心理科学进展》2003年第11卷第2期，第152—159页。

Dragonfly 在初次交流的时候由于对方打字很快且语句简练而形成了对方比较"干练"的印象，由此把"活跃"也关联到了印象之中：

> ……初次说话的时候，觉得他比较活跃。。。。因为他打字非常快。。说话非常简短。。很干练的样子。。。（Dragonfly，某占星群组成员）

蔷薇的笑根据对方在交流中总是神神秘秘的表现，把"多疑"与"神秘"关联起来形成一个总体印象：

> ……感觉他可能是想隐藏自己，总之很神秘。不说他来自哪里，不说他什么工作。……有点多疑，大概不是本地人的原因，担心别人对他的评价。（蔷薇的笑，某聊天室成员）

关于主题二及其相关二级主题的分析结果，我们将之归纳为表 4-3：

表 4-3　　　　　　　　主题二及其相关二级主题的分析结果

	刻板印象	原型	语义联结	内隐人格
水仙 baby	√	√	√	
宁静雪		√		
Salina	√			
小森			√	
Dragonfly	√	√	√	√
Shawn	√			
Daffodil	√		√	
奔奔熊				√
三寸日光	√	√		
a 风和日丽	√			
！听雨~	√		√	
蔷薇的笑	√	√		√

二　探讨与结论

从本预调查研究所总结的关于网络人际传播中人际感知和印象形成的一级主题来看，交际线索和认知图式是最为突出的两个影响因素。所归纳的二级主题则进一步告诉我们，这两个主要影响因素都并非是单一的，而是包含若干次级分类，如交际线索包括网名（ID 或昵称）、虚拟形象（头像或虚拟人物形象）、在线个人资料、个性签名、语言风格、电子副语言、语言内容等；认知图式包括社会刻板印象、原型、语义联结、内隐人格等。

　　如果将本研究的结论与前人研究的结果相比较，就会发现两者似乎存在一定的差异。在第一章的文献综述中曾经提到，关于网络传播条件下人际印象形成相关因素的研究所涉及的影响因素主要有传播媒介、时间、讯息频次、线索、原型、社会认同等。其中传播媒介被视为造成面对面与网络传播两种条件下人际印象形成差异的因素，本次预调查不涉及这一问题。而其他的几个因素，稍加注意不难发现：首先，时间和讯息频次实际上都是间接因素，二者对印象形成产生影响主要原因在于互动时间和讯息频次的增加都能够提升感知者所接触到的线索讯息的数量，线索讯息数量的提升才进一步影响印象的形成效果；其次，原型和社会认同则均属于认知图式的范畴，前者在本研究中被归纳为二级主题之一，而后者是本研究中作为二级主题的社会刻板印象的一种。所以，前文所述的差异不过是反映了网络人际印象形成影响因素的层次性，与本预调查研究的结论并不冲突。

　　总之，预调查结果显示，交际线索和认知图式是影响网络人际传播中印象形成的最为主要的两个因素。在后续研究中，还将采用控制实验法对这两个因素与网络人际印象形成之间的因果关系展开进一步的探索。但是在此之前，我们拟先对网络人际传播中的印象形成效果与面对面传播进行一个实证性的比较，以验证网络人际印象的相关测量指标具有必要的效度，能够反映网络人际传播中印象效果的特征。

第五章 实验一：网络人际传播中的印象效果

第一节 研究思路与研究假设

一 网络人际传播中印象效果的相关理论观点

近年来，网络人际传播领域的学者们逐渐开始关注网络互动中的印象形成效果，在理论模型建构的同时形成了一系列的观点。

首先是约瑟夫·瓦尔特提出了网络人际印象形成的相对随意性，这一观点承认了线索消除进路所设置的前提，认为在网络传播中，与印象形成有关的信号（signal）被限制甚至消除了，以至于印象发展（development of impression）出现了相对不定型的特点。但他同时又在其 SIP 理论①的基础上认为网络媒介的中介作用并不仅仅是削减或消除了线索讯息，而且还阻碍了印象形成的有关讯息在传播参与者之间的交换（如降低了交换频率、准确性等）。网络传播条件下，初始印象的形成相比面对面是不完全的，但由于传播参与者在印象形成上具有相当的主动性，因此所形成的印象会随着互动时间的增加而发展，变得更加全面。② 但约瑟夫·瓦尔特的实验研究并未指明网络人际印象在随着时间逐渐变得更加全面之时，与印象目标真实形象的符合程度是否也在不断提高。

随后，研究者开始重视网络人际印象形成过程中的社会启发（social heuristic process）与社会推断（social inferential process）过程，其中颇具代

---

① See Walther, J. B. (1992). Interpersonal effects in computer – mediated interaction: A relational perspective. *Communication Research*, 19 (1), pp. 52 – 90. Walther, J. B., & Burgoon, J. K. (1992). Relational communication in computer – mediated communication. *Human Communication Research*, 19 (1), pp. 50 – 88. Walther, J. B. (1993). Impression development in computer – mediated interaction. *Western Journal of Communication*, 57, pp. 381 – 398.

② See Walther, J. B. (1993). Impression development in computer – mediated interaction. *Western Journal of Communication*, 57, pp. 381 – 398.

表性的理论就是第一章中提到的马丁·里和拉塞尔·思皮尔斯的 SIDE 模型①。这一模型认为，网络人际传播中视觉遮蔽（visual anonymity）和身体隔离（physical isolation）等特征会造成仅有的少量交际线索对传播参与者身份认同的触发，从而导致人际印象的刻板表征（stereotyped reprentation）和极化效应（bipolar effect）的发生。前者是指传播参与者会根据被网络媒介过滤后的极少量线索讯息对印象目标进行社会归类（social categorization），从而形成相应的刻板印象；后者是指在身份认同效果触发的情况下，传播参与者会将印象目标自动归类于自身所认同的群体（内群体）或自身所认同的群体之外（外群体），继而将群体所具有的特征属性赋予该印象目标。概括而言，SIDE 模型认为网络人际印象实际上反映了背后潜在的社会归类程序的运作，具有刻板化和极端化的效果。

再后来约瑟夫·瓦尔特将 SIDE 模型关于少量线索讯息触发社会归类过程而导致印象形成刻板化的基本假设融入自己的 SIP 理论，在网络人际传播的超人际模型中提出了新的观点。他认为，网络人际传播的受传者会在对方个人讯息缺乏的情况下过度归因（overattribute）而形成极端化的刻板印象；而讯息发送者则会利用网络传输的限制来进行选择性自我展示（selective self-presentation）。两者结合起来，以至于网络人际传播条件下形成的人际印象反而比面对面情况下更为鲜明（more intense）。②

随着超人际模型受到学界的重视和进一步的深入研究，康奈尔大学网络人际传播研究实验室（Computer-Mediated Communication Research Laboratory at Cornell University）的杰弗里·汉科克与菲利普·邓汉姆在超人际模型的框架内对约瑟夫·瓦尔特的结论进行了验证和补充。他们认为，以全面度（breadth，即形成印象的全面程度）和鲜明度（intensity，即印象所包含的特征的突出程度）共同作为测量指标才能更准确地对网络人际传播中的印

---

① See Lea, M., & Spears, R. (1992). Paralanguage and social perception in computer – mediated communication. *Journal of Organizational Computing*, 2, pp. 321 – 341. Spears, R., & Lea, M. (1992). Social influence and the influence of the "social" in computer – mediated communication. In M. Lea (Ed.), *Contexts of computer – mediated communication* (pp. 30 – 65). Hemel – Hempstead: Harvester – Wheatsheaf. Spears, R., & Lea, M. (1994). Panacea or panopticon? The hidden power in computer – mediated communication. *Communication Research*, 21, pp. 427 – 459.

② See Walther, J. B. (1996). Computer – mediated communication: Impersonal, interpersonal and hyperpersonal interaction. *Communication Research*, 23 (1), pp. 3 – 43. Walther, J. B. (1997). Group and interpersonal effects in interpersonal computer – mediated collaboration. *Human Communication Research*, 23 (3), pp. 342 – 369.

象水平作出评价。实验结果也表明，网络环境下的人际印象形成缺乏面对面情况下能够获取的更多细节，但前者形成的印象却比后者更为鲜明。而且，不同的人格维度在形成印象的时候受到计算机网络媒介的中介性影响也不同。①

总之，从已有的研究可以看出，网络人际传播条件下的印象形成效果可能具有与面对面情形相异的一系列特征，有必要提出相应的研究假设，并通过实验方法进行验证。

二　网络人际传播中印象效果的测量与研究假设

考察网络人际传播条件下的印象形成效果与面对面情形的差异所在，关键在于测量指标的选择。网络人际传播研究者提出了三个指标，分别是印象的鲜明度/模糊度（intensity/ambiguity）、印象的全面度（breadth）和印象的好感度/正负效价/正面度（likeability/valence/positivity）。

印象的鲜明度（intensity of impression）是指印象中各种特征的突出程度（the magnitude of the attributions），见于前述 2001 年杰弗里·汉科克等的研究报告；② 印象的模糊度（ambiguity of impression）在马丁·塔尼斯和汤姆·珀斯特默斯 2003 年的文献中涉及，作者明确指出这一概念来源于印象鲜明度，是后者的反向指标。③ 其实，这一指标出现的时间应当更早。因为在大多数网络人际传播研究中，都要求被试对指定的几个人格特质进行印象深刻与否的评价，这实际上就是印象的鲜明度。杰弗里·汉科克等人指出，这些研究要求被试在没有把握对印象目标的人格特质作出判断的情况下，仍然要对其水平作出选择，不能忽略其中任何一个特质。④ 仅有的一个例外是约瑟夫·瓦尔特在 1993 年对印象随时间的发展变化情况进行的研究中，设置了"DK（don't know）"选项，发现了在初次互动之后网络人际传播参与

---

① See Hancock, J. T., & Dunham, P. J. (2001). Impression formation in computer – mediated communication revisited: An analysis of the breadth and intensity of impressions. *Communication Research*, 28 (3), pp. 325 – 347.

② Ibid.

③ See Tanis, M., & Postmes, T. (2003). Social cues and impression formation in CMC. *Journal of Communication*, 53, pp. 676 – 693.

④ Hancock, J. T., & Dunham, P. J. (2001). Impression formation in computer – mediated communication revisited: An analysis of the breadth and intensity of impressions. *Communication Research*, 28 (3), pp. 325 – 347.

者对于交流对象的特征评价个数要少于面对面的情形，[1] 而且这一结果与线索消除理论和超人际模型的预测都是吻合的。杰弗里·汉科克等敏锐地抓住了这一点，提出了能够衡量印象的综合程度（the comprehensiveness of the impression）的印象全面度（breadth of impression）概念，认为这是印象鲜明度的有效补充，两者共用才能全面描述网络人际传播条件下人际印象的特征。[2] 其操作定义则沿用了约瑟夫·瓦尔特研究的测量设计，即用可评价特征的个数来加以衡量。

印象的好感度/正负效价/正面度（likeability/valence/positivity）是指所形成印象在感知者心目中的好坏评价。这一指标在马丁·里和拉塞尔·思皮尔斯1992年的研究中叫做好感度（likeability），[3] 在马丁·塔尼斯和汤姆·珀斯特默斯2003年的文献中则称为印象的正面度（positivity of impression），[4] 在2007年小阿特米奥·拉米雷斯发表于《传播学》（Communication Studies）第58卷第1期的《网络关系传播中将来互动预期与初始印象效价的作用》一文中称为印象的正负效价（valence of impression）。[5] 里和思皮尔斯首先提出，应当设置一个单独的总人际评价变量，如正负性评价（a positive-negative evaluation），于是他们在研究中使用了好感度这一指标，并设计了两个题项来对之进行测量。塔尼斯和珀斯特默斯在文献中认为，印象特征中有两个方面最能体现传播媒介的基本社会效果。其一就是前文所提到的印象的模糊度（ambiguity of impression）。两位作者承认，所谓印象的模糊度实际上是与杰弗里·汉科克等人的印象的鲜明度高度相关的概念。其二就是印象的正面度。两位作者指出，一些研究视角认为关于一个人整体的信息越多，其给人的印象就越好。换言之，交际线索对于印象的正面度有着直接

① See Walther, J. B. (1993). Impression development in computer – mediated interaction. *Western Journal of Communication*, 57, pp. 381 – 398.

② See Hancock, J. T., & Dunham, P. J. (2001). Impression formation in computer – mediated communication revisited: An analysis of the breadth and intensity of impressions. *Communication Research*, 28 (3), pp. 325 – 347.

③ See Lea, M., & Spears, R. (1992). Paralanguage and social perception in computer – mediated communication. *Journal of Organizational Computing*, 2, pp. 321 – 341.

④ See Tanis, M., & Postmes, T. (2003). Social cues and impression formation in CMC. *Journal of Communication*, 53, pp. 676 – 693.

⑤ See Ramirez, Jr., Artemio. (2007). The effect of anticipated future interaction and initial impression valence on relational communication in computer – mediated interaction. *Communication Studies*, 58 (1), pp. 53 – 70.

的作用效果。例如，德里克·拉特（Derek R. Rutter）等人于 1979 年提出的人际传播的无线索模型（the cluelessness model）[1] 就推断线索缺失的状态会导致形成特定的传播风格和结果："无线索的状态会使心理距离更加遥远，遥远的心理距离又会带来任务性的内容和缺乏人情味的内容，而任务性的、缺乏人情味的内容又带来做作的、不自然的风格和特定的几种结果。"[2] 而较多的交际线索可以缩短传播参与者之间的心理距离，形成更为轻松的氛围。约瑟夫·瓦尔特的 SIP 理论也表达了类似的观点，即传播者总是希图通过互动发展积极正面和富有意义的人际关系。后来小阿特米奥·拉米雷斯的研究正是对这一论断的检验和发展。他认为，虽然传播者对将来互动的预期（the anticipation of future interaction，AFI）是推动在线人际关系发展的动力，但印象的正负效价在其中，尤其是在关系的持续发展过程中也是一个极为关键的因素。[3] 事实上，人们对于网络人际关系的感觉和体验通常优于现实中的人际关系，很大程度上正是由于网络人际传播中的印象效价常常偏向于好的一面。因此，印象的好感度/正负效价/正面性指标也是体现网络人际传播与面对面传播形成的印象效果差异的有效指标之一。

虽然以上三个研究指标已足以描述网络人际传播与面对面传播目前已知的绝大部分差异，但我们认为，还有一个最关键的综合性指标应该得到引入——印象的失真度（error of impression）。本章的开头曾经提到，约瑟夫·瓦尔特 1993 年对印象随时间发展变化的实验研究并未指明网络人际印象在随着时间逐渐变得更加长久之时，与印象目标真实形象的符合程度是否也在不断提高。然而他在后来关于超人际模型的研究中，提出了感知者对印象目标形象的理想化（idealization）以及印象目标的选择性自我展示。这实际上已经暗示了网络人际印象不可避免地带有一定程度的失真。SIDE 模型的印象效果观也不约而同地认可了这一结论，并使用了与前者不同的"刻板表征"和"极化效应"两个术语来进行概括。总之，从大量的研究结论来看，学者们普遍承认通过网络人际传播形成的印象带有比

① See Rutter, D. R., & Stephenson, G. M. （1979）. The role of visual communication in social interaction. *Current Anthropology*, 20, pp. 124 – 125.

② Rutter, D. R. （1987）. *Communicating by telephone*. Oxford, UK: Pergamon. p. 74.

③ See Ramirez, Jr., Artemio. （2007）. The effect of anticipated future interaction and initial impression valence on relational communication in computer – mediated interaction. *Communication Studies*, 58 （1）, pp. 53 – 70.

真实形象更突出（刻板）、夸张的特点。[①] 这就足以证明，对网络人际印象与真实形象之间的总体差异，应该有一个衡量的指标。2002 年，社会心理学者帕特里克·马奇和香农·威尔斯在研究报告《网络聊天室中的人际感知》中使用了一个类似的指标，称为印象的自我判断与他人判断的一致性（self-other agreement），是指印象目标对自身特征的判断与他人对其特征的判断相吻合的程度。[②] 国内学者唐蕴玉等 2007 年发表的研究报告《网络论坛情境中的人际知觉准确性及影响因素》中则明确地将之作为衡量人际感知准确性的指标。[③] 当然，若将自我判断与他人判断的一致性作为印象准确性的量度，那么相当于把印象目标的自我评价等同于其真实形象。不能不指出，这两者之间是肯定存在差异的。但相对于对印象目标最为熟悉的他人所作出的评价而言，印象目标的自我评价可能更接近其真实形象，也更便于操作。总之，以上内容都表明，对印象形成的准确性进行测量既是必要的，也是可行的。基于上述缘由，我们拟在本章研究中提出印象的失真度这一指标，并在实验中对之进行操作化定义和测量，以便于从整体上把握网络人际传播条件下印象效果与面对面条件下的差异。

根据以上论述，对于印象效果的四个测量维度，分别可形成如下研究假设：

H5.1　网络人际传播条件下所形成的印象比面对面传播更为鲜明。

H5.2　网络人际传播条件下所形成的印象不如面对面传播全面。

H5.3　网络人际传播条件下所形成的印象比面对面传播更为正面。

H5.4　网络人际传播条件下所形成的印象比面对面传播更为失真。

---

① e. g., Walther, J. B. (1996). Computer – mediated communication：Impersonal, interpersonal and hyperpersonal interaction. *Communication Research*, 23 (1), pp. 3 – 43. Lea, M., & Spears, R. (1992). Paralanguage and social perception in computer – mediated communication. *Journal of Organizational Computing*, 2, pp. 321 – 341. Spears, R., & Lea, M. (1992). Social influence and the influence of the "social" in computer – mediated communication. In M. Lea (Ed.), *Contexts of computer – mediated communication* (pp. 30 – 65). Hemel – Hempstead：Harvester – Wheatsheaf.

② See Markey, P. M., & Wells, S. M. (2002). Interpersonal perception in Internet chat rooms. *Journal of Research in Personality*, 36, pp. 134 – 146.

③ 参见唐蕴玉、孔克勤、宋怡《网络论坛情境中的人际知觉准确性及影响因素》，《心理科学》2007 年第 4 期，第 948—951 页。

第二节　实验设计

一　总体设计

本实验采用二水平的单因素设计，以传播媒介（CMC/FtF）为自变量因素，然后通过独立样本 t 检验的统计分析方法比较两种传播媒介情况下的人际印象形成效果是否具有显著差异。

二　自变量设置

由于本实验拟考察传播媒介的不同是否是导致人际传播中印象形成效果差异的因素，并对 FtF 与 CMC 条件下人际印象效果的差异进行比较，因此，本实验只设置一个自变量（单因素设计），即传播媒介（CMC/FtF）。被试将据此分为两组，一组为 FtF 组，另一组为 CMC 组，各有成员 12 对（24人）。

三　被试的选取

从四川大学选取 48 名学生（其中男性 24 名，女性 24 名）成为实验被试，以发给小礼品作为实验酬劳。为尽量提高实验的外部效度，实验将以 2 人一组的形式进行交流，且事先以聚会的名义通知被试参加，并不告知被试即将进行的是一次社会科学实验。在保证每一对被试在实验之前都互不相识的前提下，将被试按性别随机分配为 24 对，每对均为男女搭配，以排除性别效应的影响。

四　实验程序

FtF 组的实验在某水吧包间进行。为尽量降低实验环境的人为氛围，我们没有将实验放在专门的社会科学实验室进行，而是选择了一个接近自然情境的环境。同时，我们指定了 12 名经过培训的实验指导员加入每一对被试之中，并在实验之前通过 1—2 个月的时间与自己所负责的两名被试分别达到比较熟悉的程度，以便在实验过程中对谈话进行适当的引导和协调，以防出现尴尬和冷场。在被试来到实验现场之后，由相应的实验指导员将其带到水吧的各个隔间中，确保配对的两人之间在"聚会"（即实验）开始之前没有任何接触。同时告知被试，在本次"聚会"中可以谈论任何感兴趣的话题，以保证每对被试之间形成的人际印象达到一定水平。实验指导员在实验过程中要尽量调控话题，保持话题的中立性，以避免出现可能导致的偏激意见。通过预测试我们发现，任选话题已经能够有效控制印象效果指标测量中可能出现的天花板效应（ceiling effects），因此没有采用目的性（task-oriented）互动，而仍然采用了交际性（social-oriented）的设计。

CMC 组被试需要在隔离的计算机终端处完成实验任务，因此该组实验没有指定现场地点，而采用了在约定时间段内在线进行的方式。被试所使用的计算机终端都装有 WindowsXP 操作系统以及腾讯（Tencent）公司的 QQ 软件。在宽松的你见即我见（What You See Is What I See，WYSIWIS）协同可视化界面的基础上，每对被试之间可以实现信息的同步发送和接收。与 FtF 组相同，CMC 组也安排了实验指导员介入每对被试的实验过程，以达到以下目的：第一，建立多人会话群组，以便进行三人会话；第二，对被试之间会话进行协调和引导，避免出现可能的偏激意见；第三，在计算机终端上方便地取得会话记录。此外，若本群组被试出现操作方面的问题，实验指导员将随时负责解答。

实验任务完成之后，FtF 条件下的被试将被分别带到单独的包间去完成关于搭档印象的量表测试；而 CMC 条件下的被试则留在计算机终端前完成测试。

五　因变量的操作定义及其测量

本实验的因变量为人际印象效果，测量指标分别为印象的鲜明度、印象的全面度、印象的好感度以及印象的失真度。

（一）测量工具

关于印象的测量工具我们在第一章第二节的研究回顾中已有提及。目前的研究文献中所使用的测量工具主要有三种：一是使用专门的印象测评量表，如约瑟夫·瓦尔特的印象发展评定量表（Impression Development Scale）；二是借鉴较为成熟的常用人格量表，如 NEO 五因素量表（NEO Five-Factors Inventory，NEO-FFI）；三是完全自编的简易量表。

量表（scale）是社会科学研究中广泛应用的一种测量工具。其主要作用在于测量复杂的概念。由于社会科学研究者所希望研究的许多概念不可能只用一个单独的指标来测量，因而人们创造出各种量表来达到测量的目的。[1] 在

---

[1] 袁方主编：《社会研究方法教程》，北京大学出版社 1997 年版，第 294 页。

社会科学研究中，与测量仪器的作用不同，量表最经常地用来表示包含着判断或主观评价的测量。由于人际印象的测量主要反映感知者对印象目标个人特征的主观评价和判断，因此使用量表这一测量工具对其进行测量是恰当的。量表通常用于精确观测个体的某一特征（如智力、能力、人格），它的分析重点是个体，故量表的设计要求尽量严格、精确且具有较高的信度（reliability）和效度（vadility）。按照这一标准，进行社会测量或心理测量之时应当首选已经过操作检验的成熟量表。但心理学中传统的印象实验都仅仅只要求对感知对象部分指定的特质进行评价，因此尚没有体系比较完整、运用比较成熟的印象测评量表。在这种情况下，我们只能采用变通的办法来自行设计。那么前面提到的三种印象测评量表，究竟哪一种比较好呢？

第一，约瑟夫·瓦尔特的印象发展评定量表问世的时间不长，也经过了一定的效度和信度检验，然而该量表的核心设计在于在答题选项中设定了"DK（don't know）"这一项，然后通过所有印象特征形容词中测评人选择DK项的个数来反映其印象随时间的变化发展状况。① 可见，其效度是指用这一量表来测评印象随时间的变化发展状况之时所具有的效度，而本实验需要测量的是某个时刻点上静态的人际印象切片。这就要求量表所包含的印象维度尽量要涵盖所有能够涵盖的特征。根据约瑟夫·瓦尔特在《印象发展定量测评的构造与检验》一文中的介绍，其量表中包含的 14 个人格形容词②是从亚利桑那大学（University of Arizona）传播学系学者朱迪·柏古恩的"第一印象"课程所布置的课堂练习中采用的人格形容词借鉴而来的。③所以，若将瓦尔特的量表用于静态人际印象测量，每一题项使用的形容词不足以满足本实验研究的需要。

第二，完全自编简易量表的设计相对不甚严格，通常只有少量的题项，如马丁·塔尼斯和汤姆·珀斯特默斯 2003 年文献中使用的自编量表只含有 4 个印象测量题项，其中 2 个题项用于测量印象的模糊度（ambiguity of im-

---

① See Walther, J. B. (1993). Construction and validation of a quantitative measure of impression development. *Southern Communication Journal*, 59, pp. 27 – 33.

② 14 个形容词分别是诚实（honest）、愚钝（unintelligent）、懒惰（lazy）、合群（sociable）、有趣（interesting）、不善言辞（unpersuasive）、不友善（unfriendly）、富有攻击性（aggressive）、浪漫（romantic）、保守（conservative）、随和（easygoing）、思维严密（serious minded）、自觉（compulsive）、严谨（religious）。

③ See Walther, J. B. (1993). Construction and validation of a quantitative measure of impression development. *Southern Communication Journal*, 59, pp. 27 – 33.

pression），另 2 个题项用于测量印象的正面度（positivity of impression），选项设置为双极 7 点[1]。马丁·里和拉塞尔·思皮尔斯 1992 年的文献所使用的自编量表题项要多一些，为 16 个题项，选项设置为单极 7 点[2]，包括 14 个人格特征指标[3]（各 1 个题项）和 1 个态度指标（2 个题项）。这 14 个人格特征指标来源于内隐人格理论（implicit personality theory）研究、对人感知（person perception）研究以及印象形成研究的实验报告，如所罗门·阿希（Solomon E. Asch）1946 年的经典论文《人格印象的形成》[4]、理查德·尼斯贝特（Richard E. Nisbett）等 1977 年发表的《关于社会判断中原因推断的口头报告：私人途径与公开理论》[5]、查尔斯·奥斯古德（Charles Egerton Osgood）等 1957 年出版的《语义测量》[6] 一书和罗森博格（S. Rosenberg）等 1972 年载于《实验社会心理学进展》第 6 卷的论文《内隐人格理论的结构表征》[7] 等。可见，如此设置的人格特征题项仍然缺乏系统性。更不可忽视的问题是，完全自编的印象测评量表一般不能保证足够的测量效度和信度，这一弱点是非常致命的。

　　而如果采用在常用人格量表的基础上构造一个印象测评量表的方式的话，就可以在一定程度上扬长避短。常用的人格量表如艾森克人格调查表（Eysenck Personality Questionnaire，EPQ）、明尼苏达多相人格量表（Minnesota Multiphasic Personality Inventory，MMPI）、卡特尔 16 种人格因素调查表（Raymond B. Cattell Sixteen Personality Factor Questionnaire，16PF）、NEO 人

---

①　See Tanis，M.，& Postmes，T.（2003）. Social clues and impression formation in CMC. *Journal of Communication*，53，pp. 676 – 693.

②　See Lea，M.，& Spears，R.（1992）. Paralanguage and social perception in computer – mediated communication. *Journal of Organizational Computing*，2，pp. 321 – 341.

③　14 个个性指标分别是：热情度（warmth）、聪明度（intelligence）、自我中心度（dominance）、圆滑度（flexibility）、竞争力（competence）、创造力（originality）、活泼性（liveliness）、自信度（self – confidence）、口才（verbal fluency）、责任感（responsibility）、决断力（assertiveness）、放纵性（uninhibited）、意志力（inner strength）、吸引力（attractiveness）。

④　Asch，S. E.（1946）. Forming impressions of personality. *Journal of Abnormal and Social Psychology*，41，pp. 258 – 290.

⑤　Nisbett，R. E.，& Bellows，N.（1977）. Verbal reports about causal influences on social judgments：Private access vs. public theories. *Journal of Personality and Social Psychology*，35，pp. 613 – 624.

⑥　Osgood，C. E.，Suci，G. J.，& Tannenbaum，P. H.（1957）. *The measurement of meaning*. Urbana：University of Illinois Press.

⑦　Rosenberg，S.，& Sedlak，A.（1972）. Structural representations of implicit personality theory. In B. Leonard（Ed.），*Advances in experimental social psychology*（Vol. 6，pp. 235 – 297）. New York：Academic Press.

格量表（Revised NEO Personality Inventory，NEO-PI-R）等，都是经过长期使用并多次完善、修订的人格量表，具有较高的信度和效度。特别重要的是，这些人格量表对人格维度体系的构建都是相对较为完善的，这就意味着，量表中的人格特征几乎可以涵盖一个人所具有的人格的各个主要方面。因此，若采用以常用人格量表为基础的印象测评量表，就能使量表既能达到测评某一时刻点的静态人际印象这一目的，又能保证具有相当的信度和效度。

我们使用排除法最终选定 NEO-PI-R 作为印象测评量表的基础，其理由如下：

首先，MMPI 是明尼苏达大学（University of Minnesota）心理学学者斯塔克·哈撒韦（Starke R. Hathaway）和精神科医师约翰·麦金利（John C. McKinley）于 20 世纪 40 年代初编制，后经过多次修订而成。该量表在最初编制时的主要功能和目的是测查个体的人格特点，判别精神病患者和正常人，用于病理心理方面的研究，帮助医生在短时间内对各类精神疾病进行全面客观的筛查和分类，同时还用于对躯体疾病患者的心理因素进行评估[1]。由于其题项偏向病理性测量且数量过于庞大（目前最常用的 MMPI-2 包含 4 个效度量表、10 个临床量表和 5 个附加量表，共 567 个题项），因而首先予以排除。

其次，EPQ 是伦敦大学心理学系学者汉斯·艾森克（Hans J. Eysenck）等人于 1964 年在毛兹利人格量表（Maudsley Personality Inventory）的基础上修订而成的人格量表，目前最新的版本是 1985 年的修订版 EPQ-R，含有 4 个人格维度（分量表）[2]，共 100 个题项。与 MMPI 类似，这一量表最早也是用于精神医学的诊断工具，所以其中不仅含有一个维度用于病理心理的测试（即精神质（P）分量表），同时在其他维度中也含有病理性的评价题项（如情绪性（N）分量表中的疑病症相关题项），故也不宜用于正常社会交际情况下的印象测评。

再次，16PF 是伊利诺伊州立大学（Illinois State University）人格与能力测试研究所（Institute of Personality and Ability Testing）的研究人员雷蒙

---

① 解亚宁、戴晓阳主编：《实用心理测验》，中国医药科技出版社 2006 年版，第 114 页。

② 4 个分量表分别为内外向（E）分量表、情绪性（N）分量表、精神质（心理病态）（P）分量表和测谎（L）分量表。

德·卡特尔（Raymond B. Cattell）于 1949 年编制的，包括 16 个因素①共187 个题项，每个因素所包含的题项数目不等（13—26 个）②。量表以人的根源特质（source traits）理论③为基础，用 16 种人格特质代表人格组织的基本构成④。16PF 的优势在于人格特质维度划分细致（16 种因素）且各自独立，可以单独通过一种因素的测量使主试对被测者某一方面的性格有清晰而独特的认识。而且根据卡特尔指定的人格因素组合公式，可以对被测者的人格因素作一个综合性的了解⑤。但对于本研究而言，16PF 的这一优势反而成了缺点，16 种基本人格因素（如乐群性、稳定性等）作为印象特征来评价显得过分粗疏，但如果按照题项设置来进行评价，又过于精细和具体，一方面不利于与评价目标不是特别熟悉的他人对之进行印象评价；另一方面完成量表所需要的时间过长，不利于测量的实施。

以上先后排除之后，剩下的就是 NEO-PI-R。NEO-PI-R 是保罗·科斯塔（Paul T. Costa）和罗伯特·麦克雷（Robert R. McCrae）于 1992 年基于人格五因素模型编制出的人格量表。特质理论（trait theory）是五大人格理论之一，其先驱沃伦·诺曼（Warren T. Norman）曾经借鉴戈登·奥尔波特（Gordon W. Allport）和雷蒙德·卡特尔的方法⑥，将英语字典中约 1.8 万个描述个体行为特征的词条加以归类，并运用统计分析方法归纳成不同人格特质类型。⑦ 以他的研究成果为基础，刘易斯·哥德伯格（Lewis R. Goldberg）提出了人格五因素模型（Five Factor Model，FFM）。保罗·科斯塔和罗伯

---

① 16 个人格因素分别为：乐群性（A）、聪慧性（B）、稳定性（C）、恃强性（D）、兴奋性（E）、有恒性（F）、敢为性（G）、敏感性（H）、怀疑性（I）、幻想性（J）、世故性（K）、忧虑性（L）、实验性（M）、独立性（N）、自律性（O）、紧张性（P）。

② See Cattell, H. E. P.（2001）. The Sixteen Personality Factor（16PF）Questionnaire. In W. I. Dorfman & M. Hersen（Eds.），*Understanding psychological assessment*（pp. 187 – 215）. New York：Plenum.

③ 雷蒙德·卡特尔认为，人的行为之所以具有一致性和规律性是因为每一个人都具有一些共同的根源特质。这被称为人的根源特质理论。

④ 16 种基本人格特质是通过如下程序筛选出来的：首先从各种词典和心理学、精神病学有关文献中找出约 4500 个用来描述人类行为的词汇，从中选定 171 项特质名称，让大学生使用这些特质名称对同学进行行为评定，最后对评定结果进行因素分析得到 16 种人格特质。

⑤ 解亚宁、戴晓阳主编：《实用心理测验》，中国医药科技出版社 2006 年版，第 141 页。

⑥ See Allport, G. W., & Odbert, H. S.（1936）. Trait names：a psycho – lexical study. *Psychological Monographs*, 47（1），pp. 1 – 211.

⑦ 参见薛秀宜、陈利铭、洪佩圆《人格理论新纪元：人格五因素模式之测验工具及其研究应用》，《教育与发展》（中国台湾）1995 年第 23 卷第 1 期，第 109—118 页。

特·麦克雷将五大因素细化，分为情绪性（Neuroticism）、外向性（Extraversion）、开明性（Openness）、宜人性（Agreeableness）、严谨性（Conscientiousness）等 5 个特质维度（见表 5 – 1）。

可见，与前述人格量表相比，NEO 人格量表具有一个先天优势，即它是在人格心理学理论的指导下编制和修订而成的，而非起源于以病态心理为研究对象的精神病学。而且，作为其理论基础的人格五因素模型能够最大限度地保证其所测量的人格特征较为全面地涵盖了人格的所有方面。

然而，与其他专门的人格量表一样，NEO-PI-R 包含的题项数目很多（共计 240 个题项，每个维度均含 48 个），完成大概需要 30—45 分钟，虽然其具有较高的信度 ［克伦巴赫 α 信度系数（Cronbach's α）为：情绪性 0.71；外向性 0.83；开明性 0.74；宜人性 0.79；严谨性 0.88］，但将其直接用于印象测评显然也不太适合，题项既过于烦琐，完成量表耗时也太长。

表 5 – 1　　　　　　　　　　NEO 五因素标准及含义①

人格特质高分者	特质标准	人格特质低分者
焦虑的、紧张的、情绪化的、缺乏安全感的、不适应的、忧郁的	情绪性（Neuroticism，N） 个体忧虑的倾向，如：不切实际的念头、过度的欲望或冲动，以及不适应等	冷静的、放松的、非情绪化的、勇敢的、有安全感的、自我满足的
高度社交的、活跃的、健谈的、交际导向的、乐观的、享受爱情的、亲切的	外向性（Extraversion，E） 人际互动的特质和强度，如：积极主动程度、刺激需求的程度，以及喜悦感	保留的、冷漠的、不热情的、严肃的、工作导向的、羞怯的、安静的
好奇的、兴趣广泛的、有创造性的、具有原创性的、富有想象力的、非传统的	开明性（Openness，O） 个体积极寻求的自身经验状况，以及个体对于陌生事物的接受度和冒险度	保守的、兴趣缺乏的、不具有艺术细胞的、不具有分析能力的
温暖的、本性良好的、可信赖的、乐于助人的、能原谅人的、相信他人的、正直坦率的	宜人性（Agreeableness，A） 个体的人际互动特质，探讨个体面对事物时展现的同情或敌对的认知、情感、态度表现	严肃的、粗暴的、多疑的、不合作的、复仇心重的、无情的、易怒的、虚伪的
有组织能力的、负责的、工作热心的、自律的、守时的、有道德原则的、井然有序的、热忱的、锲而不舍的	严谨性（Conscientiousness，C） 个体的组织能力、坚持度，以及目标导向行为的动机状态	缺乏目标的、不可信赖的、懒惰的、粗心的、散漫的、享乐主义的、随便的、缺乏工作意志的

正因如此，2001 年杰弗里·汉科克等人在研究中采取了变通的办法，没有直接采用 NEO-PI-R，而是选择了其简化版——同属 NEO 系列量表的

---

① 薛秀宜、陈利铭、洪佩圆：《人格理论新纪元：人格五因素模式之测验工具及其研究应用》，《教育与发展》（中国台湾）1995 年第 23 卷第 1 期，第 109—118 页。

NEO 五因素量表（NEO Five Factors Inventory，NEO-FFI）[1]。后者同样含有 5 个特质维度，不同的是每个特质维度只包含 12 个题项，共 60 个题项[2]。从与印象目标进行人际互动次数不多的量表填写人的角度而言，这 60 个题项仍然显得过于细致、具体，可能造成绝大多数题项无法回答的情况。如"他（她）总是把自己的东西保持得干净整齐"、"他（她）时常和周围的人起争执"等，若非与印象目标较为熟悉，是很难对此作出评价的。如此就可能出现地板效应（floor effect）[3]，影响到本实验研究测试结果的区分度。当然，杰弗里·汉科克等人的实验选用 NEO-FFI 还有一个重要原因，就是拟对网络人际传播与 5 个特质维度的特殊屏蔽效应进行测量和检验。本研究设计中不包含这一现象的探索和验证，因此 NEO-FFI 也并非最佳选择。

不过，汉科克等人的思路是具有借鉴价值的。我们完全可以在基于 NEO 人格五因素模型而编制的众多量表中选择一个相对较为适合印象测评的版本作为测量工具。按照这一思路，本研究最终采用了基于 NEO 人格量表中 5 个特质维度的 15 项特征描述的五因素人格形容词评定量表作为人际印象的测量工具。

这一量表仍然来自 NEO 人格量表的编制者科斯塔和麦克雷。他们在最初提出 5 个特质维度之时，曾经对 5 个维度以语义差异的形式进行特征界定。其中，每个维度包括 3 对形容词特征界定，共 15 对形容词（见表 5-2）。相关性测量表明，所使用的形容词对特质维度的界定结果与 NEO 人格量表具有较高的相关度，可以认定其一致性。[4] 故有学者在此基础上将其编制成为 NEO 五因素人格形容词评定量表（Five-Variable Personality Rating Scale），为 7 点量表（7-point），含 15 个题项。[5] 这一量表用于印象测评

[1]　See Hancock, J. T., & Dunham, P. J. (2001). Impression formation in computer – mediated communication revisited: An analysis of the breadth and intensity of impressions. *Communication Research*, 28 (3), pp. 325 – 347.

[2]　See Costa, P. T., Jr., & McCrae, R. R. (1992). *Revised NEO Personality Inventory (NEO – P I – R) and NEO Five – Factors Inventory (NEO – FFI) Professional Manual*. Odessa, FL: Psychological Assessment Resources.

[3]　在实验设计中，当要求被试完成的任务过于困难而导致测量结果差异不明显，称之为地板效应；若相反，即当要求被试完成的任务过于容易而导致测量结果差异不明显，则称之为天花板效应（ceiling effect）。

[4]　See McCrae, R. R., & Costa, P. T., Jr. (1986). Clinical assessment can benefit from recent advances in personality psychology. *American Psychologist*, 41, pp. 1001 – 1003.

[5]　See Aiken, L. R. (2003). *Psychological testing and assessment* (11th ed.). Boston, MA: Allyn & Bacon. p. 375.

主要具有以下优点：

第一，该量表基于 NEO 五因素人格模型编制，具有较为坚实的理论基础；

第二，该量表与 NEO 人格量表（NEO-PI-R）的对应特质维度之间具有较高的相关度，效度和信度都得到了保证；

第三，该量表系评定量表而非自陈量表，适合由第三人对测试对象进行评价；

第四，量表采用形容词的语义差异量表（Semantic Differential Scales）形式，通俗易懂，能够在一定程度上减少由理解产生偏差带来的误差；

第五，量表仅含 15 个题项（5 个人格特质维度各有 3 个题项），完成仅需 7—10 分钟，有利于实验的实施；同时题项又能有效地覆盖人格全部的 5 个特质维度。

表 5 − 2　　　　　　　　　　**NEO 五因素特征的形容词界定**①

NEO 五因素	形容词特征界定
情绪性 （Neuroticism）	容易紧张（worrying）vs 沉得住气（calm）
	缺乏安全感（insecure）vs 有安全感（secure）
	自怜（self-pitying）vs 自满（self-satisfied）
外向性 （Extraversion）	热爱交际（sociable）vs 喜欢独处（retiring）
	幽默风趣（fun-loving）vs 不苟言笑（sober）
	率直外露（affectionate）vs 矜持内敛（reserved）
开明性 （Openness）	爱幻想（imaginative）vs 现实（down to earth）
	喜欢变化（prefer variety）vs 喜欢稳定（prefer routine）
	敢于突破（independent）vs 墨守成规（conforming）
宜人性 （Agreeableness）	心肠柔软（soft-hearted）vs 冷漠无情（ruthless）
	容易相信他人（trusting）vs 容易怀疑他人（suspicious）
	乐于与人共事（helpful）vs 喜欢单打独斗（uncooperative）
严谨性 （Conscientiousness）	做事有条不紊（well organized）vs 做事杂乱无章（disorganized）
	认真谨慎（careful）vs 粗心大意（careless）
	自控力强（self-disciplined）vs 意志力薄弱（weak-willed）

① See McCrae, R. R., & Costa, P. T., Jr. (1986). Clinical assessment can benefit from recent advances in personality psychology. *American Psychologist*, 41, pp. 1001 – 1003.

所以，本研究以 NEO 五因素人格形容词评定量表为基础构造出一个专门用于印象测评的工具——NEO 五因素印象测评量表（见附录一）。

（二）各项指标的操作定义与测量方法

印象的鲜明度（intensity）。该指标是指感知者所感受到的印象目标特征的突出程度。感知者对印象目标所具有的特征的感受越明显、越突出，那么形成的印象也就越鲜明。鲜明度的测量方法如下：首先由每一名被试根据自己对搭档被试形成的印象各自完成一份 NEO 五因素人格形容词评定量表。该量表采用 7 点语义差异量表形式，可以通过每一题项回答所得到的分数在语义差异轴上偏离中点的程度来衡量印象鲜明度的大小。换言之，即每一题项的分数不考虑正向或负向（也就是取绝对值），均根据位置记 0（中间水平）—3 分（极端水平）。具体而言，选择语义轴上最左边的点和最右边的点都记 3 分（极端水平）；选择语义轴上左边第二个点或者右边第二个点都记 2 分；选择轴上左边第三个点或右边第三个点都记 1 分；选择语义轴的中点则记 0 分（中间水平）。将所有题项的分值累加起来再计算平均值，即为感知者对该印象目标所形成印象的鲜明度分值。

印象的全面度（breadth）。该指标是指感知者对印象目标形成的印象所涵盖的范围大小。如果感知者对印象目标各方面的特征都形成了印象，那么这一印象的全面度就较高；如果感知者只对印象目标一部分特征形成了印象，那么该印象就属全面度较低的印象。全面度的测量方法如下：仍然采用 NEO 五因素人格形容词评定量表，但在每个题项的后面增加一个答题选项"目前还看不出来"。在量表的导语和实验指令中将告知被试，如果没有充分依据和把握在该题项上对对方作出判断，那么就选择这一选项。这一选项与语义轴的中点意义不同，后者是指介于一对反义词之间的一种中间水平。在语义轴上作出选择的题项越多，或者说选择"目前还看不出来"的题项越少，就说明形成的印象更为全面。

印象的好感度（valence）。该指标是指所形成的印象在感知者心目中的好坏评价。好的印象对应正值效价，坏的印象则对应负值效价。对于正负效价的测量，本研究采用一个附加问题，即"你对这个人总体印象如何"。该问题附在要求被试完成的 NEO 五因素人格形容词评定量表的 15 个题项之后。答案仍然设计为 7 点的语义差异形式，反义词为"不好"（负向端）及"好"（正向端）。

印象的失真度（error）。该指标是指感知者对印象目标所形成的印象与印象目标的真实特征相比较的偏差程度。二者的偏差越小，则准确性越高。根据约瑟夫·瓦尔特的超人际模型和马丁·里的 SIDE 模型，网络人际传播条件下形成的印象虽然具有种种特征，但最根本的特征是其与面对面传播条件下形成的印象在总体上存在差异。这种总体的差异并非鲜明度、全面性以及正负效价等现有的任何一个指标可衡量的，因此失真度的提出就填补了这一空白。失真度的测量方法如下：除 NEO 五因素人格形容词评定量表之外，被试每人再完成一份含有相同形容词的 NEO 五因素人格自陈量表，以便通过自测的方式测出量表填写人在五个特质维度上的特征。由于两者题项设置完全相同，因此具有直接的可比性。印象的失真度由前述评定量表和自陈量表所测出的全部题项的分值差异（对应题项分值相减再取绝对值）的平均值加以衡量：平均值越大则失真度越高，所形成印象的准确性越低。

第三节　实验结果及讨论

一　实验结果

实验方案为组间设计（被试间设计），测量结果包含了 FtF 和 CMC 两组数据；实验目的是对两种传播方式（传播媒介）下各测量指标的均值水平进行比较，故采用独立样本 t 检验的统计分析方法（选定显著性 $p < 0.05$）。各测量指标统计分析结果如下：

印象的鲜明度（intensity）。这一测量指标的数值在实验中的变化范围为 0—3。FtF 传播方式下（N = 24）鲜明度的均值为 M = 1.467404，标准差为 SD = 0.4253057；CMC 传播方式下（N = 24）鲜明度的均值则为 M = 1.836833，标准差为 SD = 0.5853782，说明网络人际传播条件下的印象鲜明度平均水平高于面对面传播。首先对两组数据进行莱文方差齐性检验（Levene's Test for Equality of Variances）[1]，以确定对实验数据进行 t 检验还是校正 t 检验。分析结果显示，Sig. = 0.265 > 0.05，即两组数据方差无显著差异，具有同质性，可直接进行 t 检验。独立样本 t 检验的分析结果为 t（46）= -2.501，$p < 0.05$，显著性 Sig.（2-

---

① 莱文方差齐性检验也称莱文检验（Levene's Test），由莱文（H. Levene）在 1960 年提出，用于判断两个总体的方差是否具有同质性，若方差齐性，则可以进行比较，否则应当经过校正之后再进行比较。See Levene, H. (1960). Robust tests for the equality of variance. In I. Olkin, S. G. Ghurye, W. Hoeffding, W. G. Madow. & H. B. Mann (eds.), *Contributions to Probability and Statistics* (pp. 278 – 292). CA: Stanford University Press.

tailed）=0.016 < 0.05，可以认为 FtF 组与 CMC 组在印象的鲜明度上存在显著差异（详细分析结果见表5-3）。

表5-3　　　　　FtF 与 CMC 两种条件下印象鲜明度的 t 检验结果

Group Statistics

	group	N	Mean	Std. Deviation	Std. Error Mean
intensity	FtF group	24	1.467404	0.4253057	0.0868152
	CMC group	24	1.836833	0.5853782	0.1194898

Independent Samples Test

		Levene's Test for Equality of Variances		t-test for Equality of Means						
		F	Sig.	t	df	Sig. (2-tailed)	Mean Difference	Std. Error Difference	95% Confidence Interval of the Difference	
									Lower	Upper
intensity	Equal variances assumed	1.276	0.265	-2.501	46	0.016	-0.3694292	0.1476980	-0.6667298	-0.0721286
	Equal variances not assumed			-2.501	41.990	0.016	-0.3694292	0.1476980	-0.6674978	-0.0713606

印象的全面度（breadth）。这一测量指标的数值在实验中的变化范围为 0—15。FtF 传播方式下（N = 24）全面度的均值为 M = 11.5000，标准差为 SD = 1.81779；CMC 传播方式下（N = 24）全面度的均值则为 M = 10.4583，标准差为 SD = 2.51913，说明网络人际传播条件下的印象全面度平均水平略低于面对面传播，但由于标准差较大，数据的离散性（变异性）要大于后者，没有后者集中。两组数据的莱文方差齐性检验结果为 Sig. = 0.075 > 0.05，即两组数据方差无显著差异（具有同质性），可采用 t 检验进行统计分析。独立样本 t 检验的分析结果为 t（46）= 1.643，p < 0.05，显著性 Sig.（2-tailed）= 0.107 > 0.05，不能认为 FtF 组与 CMC 组在印象的全面度上存在显著差异（详细分析结果见表5-4）。

表5-4　　　　　FtF 与 CMC 两种条件下印象全面度的 t 检验结果

Group Statistics

	group	N	Mean	Std. Deviation	Std. Error Mean
breadth	FtF group	24	11.5000	1.81779	0.37105
	CMC group	24	10.4583	2.51913	0.51422

Independent Samples Test

		Levene's Test for Equality of Variances		t – test for Equality of Means					95% Confidence Interval of the Difference	
		F	Sig.	t	df	Sig. (2 – tailed)	Mean Difference	Std. Error Difference	Lower	Upper
breadth	Equal variances assumed	3. 322	0.075	1. 643	46	0. 107	1. 04167	0. 63411	– 0. 23474	2. 31807
	Equal variances not assumed			1. 643	41. 843	0. 108	1. 04167	0. 63411	– 0. 23817	2. 32150

印象的好感度（valence）。这一测量指标的数值在实验中的变化范围为 – 3 — 3。FtF 传播方式下（N = 24）好感度的均值为 M = 1. 3750，标准差为 SD = 1. 01350；CMC 传播方式下（N = 24）好感度的均值则为 M = 1. 9583，标准差为 SD = 0. 95458，说明网络人际传播条件下印象好感度的平均水平要高于面对面传播，数据的离散性（变异性）则较为接近。两组数据的莱文方差齐性检验结果为 Sig. = 0. 442 > 0. 05，即两组数据方差无显著差异（具有同质性），可采用 t 检验进行统计分析。独立样本 t 检验的分析结果为 $t(46) = -2. 053$，$p < 0. 05$，显著性 Sig. (2-tailed) = 0. 046 < 0. 05，可以认为 FtF 组与 CMC 组在印象的好感度上存在显著差异（详细分析结果见表 5 – 5）。

表 5 – 5　　　　　FtF 与 CMC 两种条件下印象好感度的 t 检验结果

Group Statistics

	group	N	Mean	Std. Deviation	Std. Error Mean
valence	FtF group	24	1. 3750	1. 01350	0. 20688
	CMC group	24	1. 9583	0. 95458	0. 19485

Independent Samples Test

		Levene's Test for Equality of Variances		t – test for Equality of Means					95% Confidence Interval of the Difference	
		F	Sig.	t	df	Sig. (2 – tailed)	Mean Difference	Std. Error Difference	Lower	Upper
valence	Equal variances assumed	0. 601	0. 442	– 2. 053	46	0. 046	– 0. 58333	0. 28420	– 1. 15539	– 0. 01128
	Equal variances not assumed			– 2. 053	45. 836	0. 046	– 0. 58333	0. 28420	– 1. 15544	– 0. 01122

印象的失真度（error）。这一测量指标的数值在实验中的变化范围为 0—6。FtF 传播方式下（N＝24）印象失真度的均值为 M＝1.257117，标准差为 SD＝0.3657909；CMC 传播方式下（N＝24）失真度的均值则为 M＝1.626021，标准差为 SD＝0.5555998，说明网络人际传播条件下的印象失真的平均水平高于面对面传播，数据的离散性（变异性）也远远大于后者。两组数据的莱文方差齐性检验结果为 Sig.＝0.134＞0.05，即两组数据方差无显著差异（具有同质性），可采用 t 检验进行统计分析。独立样本 t 检验的分析结果为 t（46）＝ － 2.717，p＜0.05，显著性 Sig.（2-tailed）＝0.009＜0.05，可以认为 FtF 组与 CMC 组在印象的失真程度上存在显著差异（详细分析结果见表 5 - 6）。

表 5 - 6　　　　FtF 与 CMC 两种条件下印象好感度的 t 检验结果

Group Statistics

	group	N	Mean	Std. Deviation	Std. Error Mean
error	FtF group	24	1.257117	0.3657909	0.0746667
	CMC group	24	1.626021	0.5555998	0.1134113

Independent Samples Test

		Levene's Test for Equality of Variances		t - test for Equality of Means						95% Confidence Interval of the Difference	
		F	Sig.	t	df	Sig. (2 - tailed)	Mean Difference	Std. Error Difference		Lower	Upper
error	Equal variances assumed	2.329	0.134	－ 2.717	46	0.009	－ 0.3689042	0.1357839		－ 0.6422229	－ 0.0955854
	Equal variances not assumed			－ 2.717	39.785	0.010	－ 0.3689042	0.1357839		－ 0.6433797	－ 0.0944286

二　解释与讨论

本实验研究对一次性互动情况下的网络人际传播中形成的印象与面对面传播的不同进行了研究。实验结果说明了以下一些问题。

（一）关于印象的鲜明度与好感度

实验对两种传播方式下印象形成的鲜明度进行了考察，结果是网络人际传播条件下的印象鲜明度显著高于面对面传播，研究假设 H5.1 成立。这意味着通过网络进行的人际互动中所形成的印象比面对面情况下更为鲜明，在互动双方的眼中，对方所具有的各项特征更为突出。这一结果与杰弗里·汉科克和菲利普·邓汉姆 2001 年的研究结论是吻合的。与此相匹配的是，对印象好感度的考察结果也显示网络人际传播条件下形成的印象要比面对面传播更具好感，研究假设 H5.3 成立。不过，虽然数据分析结果判别两种传播条件下的印象好感度存在显著差异，但从具体数据可以看出，这里的显著差异非常接近临界点。换言之，传播方式的改变对印象鲜明度的影响要大于对印象好感度的影响。马丁·塔尼斯和汤姆·珀斯特默斯 2003 年的研究也发现了这一现象，并将之归因于交际线索的作用。① 可见，网络人际传播中印象效果与面对面传播的差异与互动过程中所传输的线索讯息有着极其密切的联系。第六章我们将对这一问题进行进一步的研究。

　　尽管如此，两种传播条件在印象鲜明度和好感度上存在的显著差异仍然验证了约瑟夫·瓦尔特的超人际模型中的一个重要假设：网络人际传播中互动双方通常容易对对方的吸引力过度归因（overattribution），从而将对方的形象理想化。而且，实验结果还揭示了这种形象理想化过程包括了人物特征的突出和总体印象的优化两个重要的维度。这在支持超人际模型中讯息接收者理想化对方的假设之外，还为该模型的另一个假设——接收者由于理想化而发出的积极反馈促进了交流的持续进行，形成了"行为上的确认"和"认知夸大"的循环②——提供了强有力的经验基础。可以预见，随着时间的推移，网络人际传播条件下的互动双方在一定时期内相互之间的印象好感度将会按一定的规律持续上升，并对双方在线人际关系的维持起到根本性的作用。因此，使用网络人际传播的人们不但不像线索消除理论所说的那样只能进行任务性（task-oriented）的交流，而且还能够感受到比面对面情况下的普通人际交往更多的交际性（social-oriented）色彩。这一结论彻底击破了网络人际传播去人际效果论的代表性观点——计算机网络的中介作用拉远了讨论者之间的心理距离，从而削减了网络传播过程中的人际吸引力和群体凝聚力。③

---

　　① See Tanis, M., & Postmes, T. (2003). Social clues and impression formation in CMC. *Journal of Communication*, 53, pp. 676 – 693.

　　② See Walther, J. B. (1996). Computer – mediated communication: Impersonal, interpersonal and hyperpersonal interaction. *Communication Research*, 23 (1), pp. 3 – 43.

　　③ DeSanctis, G., & Gallupe, R. B. (1987). A foundation for the study of group decision support systems, *Management Science*, 33 (5), pp. 589 – 609.

（二）关于印象的全面度

实验也对两种传播方式下印象形成的全面度进行了考察，但结果表明，网络人际传播条件下的印象全面度并未显著低于面对面传播，未能证明研究假设 H5.2 的成立。这似乎与约瑟夫·瓦尔特和杰弗里·汉科克等人的相关研究结论产生了矛盾。约瑟夫·瓦尔特曾经在 1993 年的研究之中对网络人际传播条件下的印象发展进行了探索，并用实验证明了以下两个研究假设：（1）交流初期面对面传播条件下的印象形成要快于网络人际传播；（2）当讯息交换量达到一定水平之后，两种条件下的印象水平会非常相似和接近（见图 5－1）。[1] 从图 5－1 可以看出，网络人际传播条件下初始印象的水平要远远低于同一时间点的面对面传播。而 2001 年杰弗里·汉科克和菲利普·邓汉姆的研究也检验出了网络人际传播与面对面传播条件下一次性互动印象的全面度水平存在显著差异。[2]

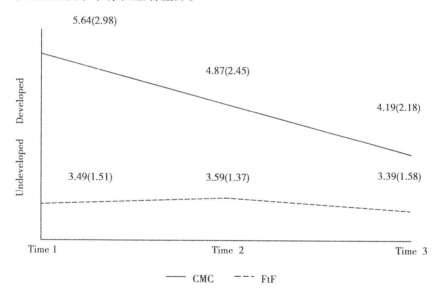

图 5－1　CMC 与 FtF 印象水平随时间发展的对比曲线

---

[1] Walther, J. B. (1993). Impression development in computer-mediated interaction. *Western Journal of Communication*, 57, pp. 381–398.

[2] See Hancock, J. T., & Dunham, P. J. (2001). Impression formation in computer-mediated communication revisited: An analysis of the breadth and intensity of impressions. *Communication Research*, 28 (3), pp. 325–347.

由于本实验中全面度指标的操作定义与以上研究相同，因此在数值上具有一定的可比性。在瓦尔特的研究中，网络人际传播条件下量表题项的平均回答率（即没有选 DK 的题项平均数与总题项数之比）为 59.7%，面对面传播条件下量表题项的平均回答率为 75.1%；而汉科克与邓汉姆研究中前者的数值为 59.9%，后者的数值为 74.6%。本研究中，这两个数值则分别为 69.7% 和 76.7%。三组数据的对比如表 5 – 7 所示。

表 5 – 7　　　　　　　　　　三次研究中量表题项的平均回答率比较

	CMC	FtF
Walther（1993）	59.7%	75.1%
Hancock & Dunham（2001）	59.9%	74.6%
本研究	69.7%	76.7%

从表中不难发现，三次研究中面对面传播条件下的印象全面度水平是非常接近的，而本研究中网络人际传播的印象全面度水平远远高于另外两次研究。这说明，导致实验结果最终差异的不显著，原因不在于面对面传播条件下形成印象的全面度水平不够高，而在于本次实验中网络人际传播所形成的印象全面度水平并不像前人研究中那么低。这是什么原因造成的呢？

经过对三次研究的实验条件、实验环境以及实验任务的比较，我们试将其中的原因归结为以下几点：

第一，实验任务的目的性差异。瓦尔特研究的实验任务设定为历时五周的三个决策任务。这三个决策任务都是要求被试通过讨论对某个问题（包括师资建设的策略、辅助论文软件的使用许可和学生配置个人计算机的相关规定等问题）作出相应的政策建议。[1] 很显然，这一实验中设定的网络人际传播都是任务性的。与之非常接近，汉科克与邓汉姆研究在实验中要求被试按照一定的规则完成一个抽象图形（tangrams）[2] 配对任务。作者对此还解释道："之所以要采用任务性的互动方式，是为了避免印象全面度和鲜明度测量中出现天花板效应，因为任务性的互动情境能够比纯粹的交际情境形成

---

[1]　Walther, J. B.（1993）. Impression development in computer – mediated interaction. *Western Journal of Communication*, 57, pp. 381 – 398.

[2]　包含 16 个不同形状的几何图形，类似于七巧板和俄罗斯方块。

更为适中的印象。"① 相比之下，本实验为了保证与现实生活的接近性，并未告知被试即将进行的是一次社会科学实验，而是以聚会的名义完成。既然是"聚会"，自然对谈论话题就未作过多的限制，只是由实验人员从中引导，因而其交际性色彩要远远强于前人的研究，任务性几乎为零。虽然同样避免了配对被试之间刻意地形成人际印象而出现天花板效应，但由于交际性互动和任务性互动本身的差异却带来了印象全面度水平的提高。所以，实验任务的目的性差异是可能的原因之一。

第二，网络传播条件的差异。瓦尔特的研究完成于 1993 年，距今已有15 年之久；而汉科克与邓汉姆的研究时间为 2001 年，虽然距今时间相对较短，也是 7 年前进行的。众所周知，当今时代计算机多媒体技术飞速发展，无论是软件产品还是硬件产品都以极快的速度更新换代，操作界面的变化也可谓一日千里。1993 年至今，个人计算机（personal computer，PC）操作系统已前后经历了从 DOS、Windows 3.1、Windows 95、Windows 98、Windows Me、Windows 2000 到 Windows XP 的多次变迁，人机界面已今非昔比。瓦尔特当年的研究采用的只是在今天看来极其简陋的计算机会议系统（the computer conference system，COSY），讯息的传输只能以异步（asynchronous interaction）的方式进行，最多只能做到准同步传输（quasi-synchronous interaction）。从汉科克与邓汉姆研究文献中的描述来看，其使用的操作系统仅为Windows95，即时通讯软件为 Mirabilis ICQ（v. Beta1.113）。无论是传播界面的友好程度还是电子表情（emoticon or smiley）功能都远远不及今天的丰富多彩。故此我们推断，网络传播条件的差异也是造成本研究中印象全面度水平提高的可能原因之一。

第三，被试对网络互动熟悉程度的差异。20 世纪 90 年代初，姑且不论互联网，就连计算机都称不上普及。除了计算机科学与技术的专业圈子，普通人群中使用计算机和网络的人只是极少数，即便在计算机技术的先锋、互联网的发源地美国也是如此。瓦尔特研究的文献在 CMC 组实验程序一部分曾提到实验人员在实验进行之前专门对被试进行了计算机会议系统的操作培训，这说明当时的被试尚不能普遍熟练使用已有的网上交流工具，更遑论具

① See Hancock，J. T.，& Dunham，P. J.（2001）. Impression formation in computer - mediated communication revisited：An analysis of the breadth and intensity of impressions. *Communication Research*，28（3），pp. 325 - 347.

有丰富的网络人际传播经验了。[①] 在 2001 年汉科克与邓汉姆研究的文献中，也提到"实验员将于被试在电脑终端处就位之后，简要地介绍电脑界面的使用方法"[②]。据有关资料显示，21 世纪初计算机和互联网的使用在普通美国人中已是家常便饭，然而"大多数互联网用户对于传播方式的选择仍然偏爱电子邮件胜过即时通讯"[③]，所以此时的被试虽不需要再进行正式的"培训"，但仍然有必要简单介绍一下实验所采用的即时通讯工具。同样可以推断，当时参加研究的被试也并不普遍具有相应的网络人际传播经验，从而影响了其在网络条件下对互动对象的判断能力。而在本研究中，并未安排实验人员事先对被试进行任何关于网络即时通讯工具的指导或介绍，所有被试对实验所使用的即时通讯工具软件腾讯 QQ（v. 2008 正式版）均能熟练操作且具有较为丰富的日常网络人际交流经验。[④] 因此，本研究的被试对网络互动的熟悉程度远较之前两次研究要高，对互动对象的判断能力也相对较强，极有可能造成印象全面性水平的提高。

以上只是对可能的原因作出的推断，至于这一现象是否偶然，究竟是何种因素在起作用，需要另行设计实验进一步研究。

（三）关于印象的失真度

印象的失真度是本研究首次设定的一个印象测量指标。实验考察的结果是网络人际传播条件下的印象失真度显著高于面对面传播，研究假设 H5. 4 成立。这一测量结果表明，通过网络传播进行的人际交往中所形成的印象比面对面情况下有着更大的偏差。根据约瑟夫·瓦尔特的超人际模型进行分析之后不难发现，网络人际传播中印象的失真并非单一原因造成的，而是诸多因素综合作用的结果。

---

① Walther, J. B. (1993). Impression development in computer – mediated interaction. *Western Journal of Communication*, 57, pp. 381 – 398.

② See Hancock, J. T., & Dunham, P. J. (2001). Impression formation in computer – mediated communication revisited: An analysis of the breadth and intensity of impressions. *Communication Research*, 28 (3), pp. 325 – 347.

③ Shiu, E., & Lenhart, A. (2004). *How Americans use instant messaging*. Washington. D. C.: PEW Internet & American Life Project. http://www. pewinternet. org/pdfs/PIP_ Instantmessage_ Report. pdf. p. i. 该调查报告指出，2000 年美国的 IM 用户人数为 4100 万人，而其中仅仅 36%（约 1400 万）的用户每天使用 IM。

④ 根据中国互联网络信息中心（CNNIC）第 21 次中国互联网调查报告的统计，截至 2007 年年底，中国使用 IM 的用户约为 1. 71 亿，占全部网民数量的 81. 4%，为用户使用率最高的互联网基础应用。同时，39. 7% 的网民把 IM 作为上网第一件事，比排在第二位的"看新闻"高出一倍。

首先，讯息发送者（印象目标）在网络人际传播条件下通过选择性自我展示进行的印象管理（impression management），能够构造出与其本来面目具有完全不同人格特征的形象。自我展示行为是指任何旨在创造、修改和保持别人对自己的印象的行为。[①]促使人们进行自我展示的动机有许多，其中最为重要的就是自我建构，即试图塑造自己在他人心目中的形象从而为自己建构一个特定的身份。[②]此类动机下促成的自我展示行为更具对象针对性，也就是说，对于特定的对象只展现出自我的一个特定的侧面，这个侧面既可能是由本人真实具有的人格特征构成，也可能是部分或完全通过"饰演"构造出来的。如此所传输的讯息中必然就只包含了讯息发送者所展示的特征的相关线索，而与能够整体反映其真实形象的线索讯息存在着或多或少的偏差，最终造成印象失真。

其次，网络人际传播条件下的传播信道具有一些面对面传播所不具备的特点，导致了到达接收者处的讯息发生变形甚至歪曲。其一是传播信道的窄化，这使得在面对面传播中得以完全传输的线索讯息只能部分完成传输，大部分的线索讯息被过滤掉了；其二是传播信道以文本为主导，讯息的交换频率远远低于面对面传播，十分便于互动者依靠遣词造句和精心整饰而实施对讯息内容的控制。关于传播信道及相应的线索类型对印象失真度的影响，在第六章的实验中将会进行量化研究。

再次，讯息接收者（感知者）在网络人际传播条件下对互动对象的相关线索讯息获取不足，容易形成较为极端化的判断。由于网络传播的身体隔离和视觉屏蔽，讯息接收者所收到的讯息中含有的关于发送者人格特征的线索大大少于面对面传播，这些线索并不足以让其作出判断。此时感知者为了降低互动的不确定性，就会调取记忆结构中的认知图式对所获取的较为单一的线索进行补充，在此基础上再加以理解和阐释以形成关于对方的印象。而认知图式的调取是极为个体化的，具有一定的偶然性；同时图式本身也具有典型化、突出化的特点，所以以此为基础形成的印象不免渗入了过多的主观成分，变得极端、夸张且失真。由于认知图式是第四章的预调查研究所归纳出的关键影响因素之一，因此这一点及一些相关问题将在第七章的实验中加以探索和验证。

---

① ［美］乔纳森·布朗著，陈浩莺等译：《自我》，人民邮电出版社 2004 年版，第 139 页。

② See Baumeister, R. F.（1982）. A self – presentation view of social phenomena. *Psychological Bulletin*, 91, pp. 3 – 26. Rosenberg, M.（1979）. *Conceiving the self*. New York: Basic Books.

最后，讯息接收者基于极端化的判断作出反馈，反馈讯息又经过其印象管理的整饰和传播信道的过滤，向原先的发送者返回了一个存在偏差的失真形象。互动双方对对方形成的失真印象因而得到维持和巩固，形成了认知偏差的循环。

三　结论

综合以上的分析与讨论，我们可以得出以下研究结论：

第一，互动者在网络人际传播条件下所形成的关于对方的印象比面对面传播条件下特征更为突出、更具好感且与真实形象的偏差更大。这种差异性就传播过程本身而言，主要可能是由其中携带讯息的线索讯息和作为讯息理解、阐释框架的互动者的认知图式两个因素所带来的。因此，在随后的第六章、第七章中，将分别对两个关键因素进行实验研究。

第二，互动者在网络人际传播条件下所形成的关于对方的印象是否比面对面传播条件下涵盖相对较少的特征，尚需进一步的研究。在本章研究中，印象全面度这一指标的测量结果与前人研究不符，两种传播条件下未能发现具有显著性的差异，虽然提出了实验任务、网络传播条件以及网络互动熟悉程度三个解释因素，但仍然需要今后进一步的研究进行探索和验证。

第三，证实了鲜明度、全面度、好感度、失真度四个印象测评指标具有相当的效度，能很好地反映不同传播条件下所形成印象的特性。本研究将在随后的实验中继续使用这四个指标对网络传播条件下人际印象的特征进行测量和描述。

第六章 实验二：交际线索对网络人际印象形成的影响

第一节 研究思路与研究假设

一 交际线索影响网络人际印象形成的相关理论观点

正如第一章介绍的那样，网络人际传播研究始于对交际线索的考察。但早在语言学者和人际传播学者对面对面传播以及电话传播进行研究之时，就已经对交际线索进行了较为深入的研究。[1] 所谓交际线索，是特定信息通道所载有的，能够为交际过程的进行提供判断依据的特定讯息。在日常生活中的面对面传播情况下，这些可资利用的线索通常可分别归属为语言讯息（verbal messages）、非语言讯息（nonverbal messages）和交际情境线索（social context clues）三个部分。其中非语言讯息线索对于面对面情形下的印象形成起到非常重要的作用，它主要包括依靠视觉通道传播的外表形象、面部表情、身体动作、视线方向等讯息以及依靠听觉通道传播的语气语调、声音高低、音量大小等讯息。[2] 而交际情境线索主要包括传播参与者彼此所在的地理位置（geographic location）、身份地位关系（orgnizational position）以及传播发生的具体情形

---

① See Rutter, D. R., & Stephenson, G. M. (1979). *The role of visual communication in social interaction. Current Anthropology*, 20, pp. 124 – 125. Rutter, D. R., & Stephenson, G. M. (1977). The role of visual communication in synchronizing conversation. *European Journal of Social Psyclology*, 2, pp. 29 – 37. Snyder, M., Tanke, E. D., & Berscheid, E. (1977). Social perception and interpersonal behavior: On the self – fulfilling nature of social stereotypes. *Journal of Personality and Social Psychology*, 35, pp. 656 – 666. Edinger, J. A., & Patterson, M. L. (1983). Nonverbal involvement and social control. *Psychological Bulletin*, 93, pp. 30 – 56. Noller, P. (1985). Video primacy: A further look. *Journal of Nonverbal Behavior*, 9, pp. 28 – 47. etc.

② See Noller, P. (1985). Video primacy: A further look. *Journal of Nonverbal Behavior*, 9, pp. 28 – 47. Edinger, J. A., & Patterson, M. L. (1983). Nonverbal involvement and social control. *Psychological Bulletin*, 93, pp. 30 – 56.

（situation）三个维度。① 此外，交际情境线索也包括交流的主题、符合情景的社会规范与惯例等。

已有相当数量的研究对面对面人际传播中各类线索对于印象形成的作用进行了探索，并形成了各自的理论。其中最具代表性的理论认为，对他人个性特征的判断，非语言线索的作用要大于语言线索②，而且存在所谓的视觉主导效果（video primacy effect）③，即视觉线索是传播中进行社会判断的主要信息来源。只是这一论断目前尚有争议，因为另一部分研究得出了与之相悖的结果。④ 而网络人际传播形态的出现为人际传播领域这一传统争议提供了新的探索契机。

早期网络人际传播研究认为，网络媒介环境会消除大量在传统印象形成研究中认为有利于印象形成的交际线索讯息⑤，由此形成了包括交际在场理论（social presence theory）⑥ 和交际情境线索缺失假说（hypothesis of lack of social context cues）⑦ 等著名理论的线索消除论进路（cues filtered-out ap-

---

① See Sproull, L., & Kiesler, S. （1991）. *Connections: New ways of working in the networked organization.* Cambridge, MA: MIT Press. Sproull, L., & Kiesler, S. （1986）. Reducing social context cues: Electronic mail in organizational communication. *Management Science*, 32, pp. 1492 – 1512.

② See Burgoon, J. K., Buller, D. B., & Woodall, W. G. （1996）. *Nonverbal communication: The unspoken dialogue （2nd ed.）.* New York: McGraw – Hill. Patterson, M. L. （1983）. *Nonverbal behavior: A functional perspective.* New York: Springer – Verlag.

③ See Argyle, M., Alkema, F., & Gilmour, R. （1972）. The communication of friendly and hostile attitudes by verbal and non – verbal signals. *European Journal of Social Psychology*, 1, pp. 385 – 400. Mehrabian, A., & Wiener, M. （1967）. Decoding of inconsistent communication. *Journal of Personality and Social Psychology*, 6, pp. 109 – 114. Posner, M. I., Nissen, M. J., & Klein, R. M. （1976）. Visual dominance: An information – processing account of its origins and significance. *Psychological Review*, 83, pp. 157 – 171.

④ See Ekman, P., Friesen, W. V., O'Sullivan, M., & Scherer, K. （1980）. Relative importance of face, body, and speech in judgments of personality and affect. *Journal of Personality and Social Psychology*, 38, pp. 270 – 277. Krauss, R. M., Apple, W., Morency, N., Wenzel, C. & Winton, W. （1981）. Verbal, vocal and visible factors in judgments of another's affect. *Journal of Personality and Social Psychology*, 40, pp. 312 – 320.

⑤ See Hancock, J. T., & Dunham, P. J. （2001）. Impression formation in computer – mediated communication revisited: An analysis of the breadth and intensity of impressions. *Communication Research*, 28 （3）, pp. 325 – 347.

⑥ See Short, J., Williams, E., & Christie, B. （1976）. *The social psychology of telecommunication.* London: Wiley.

⑦ See Culnan, M. J., & Markus, M. L. （1987）. Information technologies: Electronic media and interorganizational communication. In F. M. Jablin, L. L. Putnam, K. H. Roberts, & L. W. Porter （Eds.）, *Handbook of organizational communication: An interdisciplinary perspective* （pp. 420 – 443）. Newbury Park, CA: Sage.

proach）。维塔利·杜布洛夫斯基（Vitaly J. Dubrovsky）等学者对线索消除论所反映的情景有着生动的描述：网络人际传播中被削减的线索"会让人们忘记了讯息在传播，而以为自己是在对着电脑喃喃自语。人们忘了他们还拥有一大堆叫做'受众'的人，甚至忘掉了自己的传播将会被他人解读"①。

　　然而，在人际交往中，人们总是利用一切可能得到的信息对他人形成印象——即对他人的个性作出一些判断或是根据对方是什么样的人来对其作出判断。② 互动社会语言学（interactional sociolinguistics）研究表明，个体通常会主动采用一些策略来削减人际互动中关于互动对象的不确定性。这些策略主要可以分为三种类别：第一，积极性策略，包括向第三人了解（asking others）、改变环境（environmental restructuring）等；第二，消极性策略，包括反应搜集（reactivity search）、社会性比较（social comparison）、越轨试探（deviation testing）等；第三，互动性策略，包括谎言判断（deception detection）、言辞询问（verbal interrogation）、自我表露（self-disclosure）等。③ 研究者将之归纳概括为不确定性削减理论（uncertainty reduction theory, URT）④。

　　有学者据此提出了 SIP 理论（social information processing, SIP）⑤ 和超人际模型（hyperpersonal model）⑥ 等有别于原先具有技术决定论取向的线索消除进路的理论模型，在承认部分交际线索讯息在网络传输过程中被阻碍的

　　① Dubrovsky, V. J., Kiesler, S., & Sethna, B. N. (1991). The equalization phenomenon: Status effects in computer – mediated and face – to – face decision – making group. *Human Computer Interaction*, 6, pp. 119 – 146.

　　② Taylor, S. E., Peplau, L. A., & Sears, D. O. (2004). *Social psychology*. Beijing: Peking University Press. p. 33.

　　③ See Berger, C. R., Gardner, R. R., Parks, M. R., Schulman, L., & Miller, G. R. (1976). Interpersonal epistemology and interpersonal communication. In G. R. Miller (Ed.), *Explorations in interpersonal communication* (pp. 149 – 171). Beverly Hills, CA: Sage. Berger, C. R. (1979). Beyond initial interaction: Uncertainty, understanding, and the development of interpersonal relationships. In H. Giles & R. St. Clair (eds.), *Language and social psychology* (pp. 122 – 144). Oxford: Blackwell.

　　④ See Berger, C. R., & Calabrese, R. J. (1975). Some explorations in initial interaction and beyond: Toward a developmental theory of interpersonal communication. *Human Communication Research*, 1, pp. 99 – 112.

　　⑤ See Walther, J. B. (1992). Interpersonal effects in computer – mediated interaction: A relational perspective. *Communication Research*, 19 (1), pp. 52 – 90.

　　⑥ See Walther, J. B. (1996). Computer – mediated communication: Impersonal, interpersonal and hyperpersonal interaction. *Communication Research*, 23 (1), pp. 3 – 43.

前提下，认为传播参与者能够主动搜集其他可利用的信息对缺失的线索信息进行替代①，同样能够达到甚至超越面对面传播下的效果水平。这一进路被我国台湾学者吴筱玫称为线索补偿（clues compensation）论②。这就是说，不确定性削减理论所描述的事实即便是在通过计算机网络进行的人际传播中线索讯息大大减少的情况下也不例外。正如杰弗里·汉科克（Jeffrey T. Hancock）与菲利普·邓汉姆（Philip J. Dunham）所言，人们在人际传播中将获得完全不同于面对面情形下的人际信息，并且线索的缺乏更使得传播者能够将面对面情境下的认知资源加以重新分配，从而选择有延迟的回复③，谨慎遣词和精心造句，以及进行印象管理④。但特别需要指出的是，线索补偿论并非对线索消除论的否定；相反，前者与后者是一脉相承的——因为只有承认线索的消除才谈得上"补偿"。所以，线索补偿论只是线索消除论的发展和延伸而已，二者实质上同属一个理论框架和研究进路。

线索补偿论的形成或者说线索消除论新的发展事实上告诉我们，网络媒介对线索的消除和交际在场感的削弱并不意味着人际印象形成的阻滞，而是带来人际印象形成机制与面对面情形下的迥然而异。⑤ 第四章的预调查研究结论表明，造成变化的关键要素是与印象形成有关的交际线索以及相应的认知图式。因此，对网络人际传播条件下交际线索对印象形成所起的作用进行研究，是解释网络人际传播与面对面传播中印象形成效果差异的必然途径。

二　交际线索对网络人际印象形成影响的测量与研究假设

（一）交际线索对网络人际印象形成影响的测量

传统人际传播学中，交际线索的测量是一个重要的课题。由于不同的线

---

① See Tidwell, L. C., & Walther, J. B. (2002). Computer - mediated communication effects on disclosure, impressions, and interpersonal evaluations: Getting to know one another a bit at a time. *Human Communication Research*, 28 (3), pp. 317 - 348.

② 吴筱玫：《计算机中介传播：理论与回顾》；杜骏飞、黄煜主编：《中国网络传播研究》（第1卷第1辑），复旦大学出版社2007年版，第35—61页。

③ See Clark, H. H. (1996). *Using language. Cambridge*, UK: Cambridge University Press.

④ Walther, J. B. (1996). Computer - mediated communication: Impersonal, interpersonal and hyperpersonal interaction. *Communication Research*, 23 (1), pp. 3 - 43. Walther, J. B. (2007). Selective self - presentation in computer - mediated communication: Hyperpersonal dimensions of technology, language, and cognition. *Computers in Human Behavior*, 23, pp. 2538 - 2557.

⑤ See Walther, J. B. (1993). Impression development in computer - mediated interaction. *Western Journal of Communication*, 57, pp. 381 - 398.

索被不同的信道所传输，故对线索的测量也就是对不同信道的测量。研究者常常关心的问题是，在人际传播的过程中，究竟何种信道起着最主要的作用（primacy）？这一问题虽然与信道的准确性时常相提并论，但并不等同于后者。前者是指传播参与者作出判断主要依靠何种信道，而后者是指何种信道能够为传播参与者提供最好或者最为准确的信息。当然，许多情况下二者是合而为一的，但也有一些证据表明，最有分量的信道并不一定就能提供最准确的讯息。① 为了避免争议，之后有学者改用"信道的相对重要性（relative importance）"指标来进行研究。此外，对线索和信道进行测量所采用的测量思路和实验方法也并不统一。

人际传播学者帕特里夏·诺勒（Patricia Noller）在一篇经典的综述里面将线索/信道相对重要性的测量思路归纳为以下五种②：

第一，测量依靠何种线索/信道能够形成最为准确的判断。

第二，测量依靠何种线索/信道能够使不同的评价者之间的信度达到最高水平。

第三，计算只使用某一类型的线索/信道作出的判断与根据全部线索/信道作出的判断之间的相关性（correlation）大小或是前者对后者的回归（regression）情况。

第四，对某一类型的线索/信道缺失和完整的情况下所作出的判断进行比较。

第五，让被试对不同类型的线索/信道集中注意力，然后对不同情况下作出的判断进行比较。

从研究结果来看，以上测量思路均具有一定的合理性。但这仅仅是对于面对面人际传播而言。作为一种新兴的人际传播形式，网络人际传播具有以文本为基础（text-based）、信道模式（modality）单一的特点。因此，不同线索/信道的分离对面对面人际传播来说可能是较为容易实现的设计，但在

---

① See Noller, P. (1980). Misunderstandings in marital communication: A study of couples nonverbal communication. *Journal of Personality and Social Psychology*, 39, pp. 1135 – 1148. Rosenthal, R., Hall, J. A., DiMatteo, M. R., Rogers, P. L., and Archer, D. (1979). *Sensitivity to nonverbal communication: The PONS test*. Baltimore: John Hopkins University Press. DePaulo, B. M., & Jordan, A. (1982). Age changes in deceiving and detecting deceit. In R. S. Feldman (Ed.), *Development of nonverbal behavior in children* (pp. 151 – 180). New York: Springer – Verlag.

② See Noller, P. (1985). Video primacy: A further look. *Journal of Nonverbal Behavior*, 9, pp. 28 – 47.

网络人际传播情况下则由于线索基本类型的雷同（几乎都属于文本线索）使操作难度大大增加。在对网络人际传播的特点、各类线索/信道可控制性的大小和测量难度的大小进行综合考量之后，我们决定在本实验中采用前述测量思路中的第四种作为基本思路，即对某一类型的线索/信道缺失和完整的情况下所作出的判断进行比较得出结论。由于需要对网络人际传播中被过滤之后的线索加以全面的考察，因此在不同的实验组中将设定不同的缺失线索/信道，以便最后采用多因素方差分析的统计分析方法来对各类型线索的主效应和相互之间的交互效应进行分析。

　　一般来说，如果自变量太多，在结果的解释上会造成许多困难，所以有经验的研究者往往把他们研究所用的自变量限于两个或三个。[①] 而预调查的结果表明，网络人际传播中含有网名（ID或昵称）、虚拟形象（头像或虚拟人物形象）、在线个人资料、个性签名、语言风格、电子副语言、语言内容等七种线索讯息。为了保证实验设计和统计分析的可操作性，有必要对线索讯息的类型进行二次归纳。经过考虑，本研究按照七种线索对网络人际印象形成的作用形式的不同，将其进一步归为三个类型：

　　第一，资料线索。资料线索包括网名（ID或昵称）、虚拟形象（头像或虚拟人物形象）、在线个人资料和个性签名。这一类线索的共同特征是能够提供印象目标的一些基本情况。在通常的情况下，资料线索不会发生改变，是一个在线用户区别于其他用户的较为固定的身份标志。

　　第二，语言线索。语言线索包括语言风格和电子副语言。这一类线索与资料线索不同，附着在网络人际传播的交流话语之中，总体而言比较含蓄，加之由于网络传播条件下传播参与者选择性自我展示（selective self-presentation）的存在，其不确定性也比其他类型的线索高很多。即便如此，语言线索通常也能够提供一定的印象信息。虽然语言线索不如资料线索稳定，但就大多数情况而言，仍然能相对保持不变。

　　第三，内容线索。内容线索即语言内容，主要包括交流中通过自我表露和回答询问的方式展示出来的、以语言为载体的相关信息。所谓自我表露（self-disclosure）是指对他人揭示自己的私人信息的行为;[②] 而回答询问

　　[①]　金志成、何艳茹编著：《心理实验设计及其数据处理》，广东高等教育出版社2005年版，第166页。

　　[②]　[美] 杰里·伯格著，陈会昌等译：《人格心理学》（第6版），中国轻工业出版社2004年版，第359页。

（interrogation reply）是指个体对他人使用言辞直接询问的问题进行回答。[1]
语言内容常常涉及一些发生在印象目标身上的特定事件（case）。这些事件
往往能够反映出印象目标的部分个性特征。但不同的对话中，可能涉及不同
的特定事件，因而也就可能使不同的感知者对印象目标归纳出不同的个性特
征，从而形成不同的印象。丽莎·科林斯·蒂德维尔和约瑟夫·瓦尔特的研
究表明，言辞询问（verbal interrogation）和自我表露已经成为网络人际传播
中最为常用的不确定性削减策略。[2]

（二）研究假设：线索作用平均化

第四章我们从预调查获取的资料中归纳出了网络人际传播中印象形成涉及
的七种线索。若将之与面对面条件下的人际传播作一对比（见表6–1），可以看
出，两种条件下的可用线索几乎能一一对应，只是网络人际传播还拥有自己独
有的类别——个性签名。而且，两者所包含的线索均可以分别归属于资料线索、
语言线索和内容线索三个类型。这也是为什么近年来 SIP 理论及与之相关的超人
际模型越来越得到广泛支持的论据之一，因为这一理论认为在网络条件下缺失
的线索会通过特有的渠道加以补偿，从而使其达到甚至超过面对面情况下的人
际传播效果。但我们认为，网络交际线索与面对面情况下对应的线索讯息相比
呈现出一定的特殊性，而且每一类线索的作用机制也具有较大差异。

表6–1　　　　　　　网络人际传播与面对面传播中的交际线索对比

	FtF	CMC
资料线索	姓名	网名
	外表形象	虚拟形象
	自我介绍	在线个人资料
	/	个性签名
语言线索	（口头）语言风格	（书面）语言风格
	副语言	电子副语言
内容线索	（口头）语言内容	（书面）语言内容

①　Berger, C. R. (1979). Beyond initial interaction: Uncertainty, understanding, and the development of interpersonal relationships. In H. Giles & R. St. Clair (eds.), *Language and social psychology* (pp. 122 – 144). Oxford: Blackwell. Berger, C. R., Gardner, R. R., Parks, M. R., Schulman, L., & Miller, G. R. (1976). Interpersonal epistemology and interpersonal communication. In G. R. Miller (Ed.), *Explorations in interpersonal communication* (pp. 149 – 171). Beverly Hills, CA: Sage.

②　Tidwell, L. C, & Walther, J. B. (2002). Computer – mediated communication effects on disclosure, impressions, and interpersonal evaluations: Getting to know one another a bit at a time. *Human Communication Research*, 28 (3), pp. 317 – 348.

一般而言，人际印象的形成主要集中于印象目标的个性特征，包括对方的性格特征、人际特征、爱好特征、能力特征等方面。这些特征无法通过直接观察获得，需要从多次与对方的互动中以及第三人处获取各方面的信息并加以综合才能判断，因此具有一定的间接性和模糊性。特别需要指出的是，资料线索——即分别与网名、在线个人资料所对应的姓名、自我介绍——在面对面传播的人际印象形成中实际上仅含有极少的可用信息：一个人的姓名常常与本人的个性没有任何的相关性，有的甚至还截然相反；自我介绍则更多的是一种礼节性的行为，也不会触及深层信息的表露，仅仅只有一定的参考意义。那么前面列表中，在面对面情况下能够真正为印象形成提供足够信息的，只有由语言风格、副语言组成的语言线索和由语言内容构成的内容线索。通俗地说，就是从一个人的言谈举止来了解他（她），而这往往被认为是有效的——因为这些线索在现实中很难作伪或掩饰。其中由非语言讯息构成的副语言是最为真实的，以致成为形成印象的关键依据。

相比之下，网络人际传播中的印象形成从线索的采用到信息加工机制都完全不同，丝毫不局限于在面对面情况下能够提供相对可靠信息的语言线索和内容线索，而是在可获取的所有线索的基础上进行一种延伸，从而形成完整的印象。

究其原因，我们不妨作出以下推断和猜想：一方面，网络人际传播中的语言线索和内容线索都已经成为可控性极高的因素。在交流中展现什么样的语言风格，使用或不使用以及使用何种表情图标或者个性拼写，谈什么、不谈什么都是由传播者自行决定的。换言之，这些线索具有了自我展示的性质[1]，不再是附着于个体的"固定搭配"，因而其可靠性被消解掉了。例如，访谈案例中可以看到被访者描述不少印象目标"经常使用表情"，但其为什么经常使用表情？这在真实情况中至少有两种合理的可能：一是个体情感丰富，总是习惯于把讯息表达得更加富有感情色彩（自然特质的流露）；二是个体希望在网络上塑造一个完全不同于真实自我的另一个自我形象（高度控制性的表现）。而仅仅根据网上能够获取的信息往往无法判断实际上是哪一种可能。所以语言线索和内容线索这两类线索原本的相对可靠性在网络人际传播中有所降低，但

---

[1]　See Walther, J. B. (1996). Computer – mediated communication: Impersonal, interpersonal and hyperpersonal interaction. *Communication Research*, 23 (1), pp. 3 – 43.

又不是完全失去其线索价值。

另一方面，与面对面情况下相对应的资料线索具备了作为印象形成判断依据的可能性。这是因为网名、虚拟形象的选择更多地取决于网络使用者本人而或多或少地反映了个体的某些特质和倾向，而在线个人资料的填写由于网络空间的匿名性和交际情境的不确定性带来的安全感使得其内容更有可能体现个体的真实情况。虽然第四章访谈材料中被访者之一的网友小森所言"一个人选的头像和名字都是根据性格来的"并非必然，但这毕竟是一种可能，而且是一种相当大的可能。

所以，在网络条件下，语言线索和内容线索的价值相比面对面时有所下降，而资料线索的价值在网络上得到了提升。三类线索能够为个性特征印象形成提供的信息量出现了一种平均化的趋势，使得所有的线索都成为印象形成的信息来源。换言之，无论是资料线索、语言线索还是内容线索，对于网络人际印象形成的影响应当大致保持在一个基本一致的水平上，而不存在某一种线索对印象形成的影响特别大的情况。

当然，从预调查中通过访谈获取的资料来看，虽然在印象形成的过程中同时发挥各自的作用，但不同的线索类型完全有可能分别影响印象的鲜明度、全面度、好感度、失真度等不同维度。因此，本章实验将对以下假设进行检验：

H6.1　网络人际传播条件下，资料线索对印象形成所包含的维度中至少一个维度产生作用（存在显著的主效应或交互效应）。

H6.2　网络人际传播条件下，语言线索对印象形成所包含的维度中至少一个维度产生作用（存在显著的主效应或交互效应）。

H6.3　网络人际传播条件下，内容线索对印象形成所包含的维度中至少一个维度产生作用（存在显著的主效应或交互效应）。

第二节　实验设计

一　总体设计

本实验采用 $2 \times 2 \times 2$ 的析因设计（factorial design），以资料线索（呈现/缺失）、语言线索（呈现/缺失）和内容线索（呈现/缺失）为自变量因素进行匹配，然后通过方差分析的统计分析方法比较三个因素对网络人际印象形成的影响是否具有显著差异，并在需要的情况下使用独立样本 t 检验进行进一步的分析。

二 自变量设置

本实验设置三个自变量，分别为资料线索（包括网名、虚拟形象、在线个人资料和个性签名）、语言线索（包括语言风格和电子副语言）和内容线索（包括语言内容），各自设"呈现"和"缺失"两个水平。三个自变量因素之间是并列关系，因此采用完全的组间设计（被试间设计）（见表6-2）。

表6-2 2×2×2设计自变量安排

资料线索呈现				资料线索缺失			
语言线索呈现		语言线索缺失		语言线索呈现		语言线索缺失	
内容线索呈现	内容线索缺失	内容线索呈现	内容线索缺失	内容线索呈现	内容线索缺失	内容线索呈现	内容线索缺失
第1组	第2组	第3组	第4组	第5组	第6组	第7组	第8组

三 被试的选取

从四川大学选取96名学生（其中男性48名，女性48名）成为实验被试，以发给小礼品作为实验酬劳。严格保证被试在实验之前未接触过实验材料及相关信息。按照完全随机分配的原则将被试分配到前述相等的8个组（每组12人）中，分别呈现不同的刺激材料。

四 实验材料

（一）印象目标的人格设定

实验需要确定一名印象目标，作为被试的感知对象。为了使有差异与无差异两种实验结果的区分度更高，印象目标的人格特征应当具有较高的辨识度。故此，本实验借鉴了北京超软科技发展责任有限公司1999年出品的恋爱养成类游戏[①]《情人节——不见不散》中的人物形象进行人格设定。

---

① 恋爱养成类游戏，是计算机游戏中集合了恋爱类游戏（Love Game，LVG）和养成类游戏（Education Game，EDU）特征的一种游戏类型。主角（第一人称）需要通过多种训练提升自身各类属性数值，直到最终赢得爱情。此类游戏中的人物往往具有鲜明的人格设定。

印象目标人物各项参数的基本设定如下（见表 6-3）：

表 6-3　　　　　　印象目标人物参数基本设定

用户昵称	Memory		
年　龄	21 岁	头　像	
性　别	女		
血　型	B 型	生　日	9 月 15 日
职　业	学生	星　座	处女座
毕业院校	绿星学园	生　肖	兔
个人说明	你看那一场寂灭的繁花/消磨了盛夏/刷白了年华		
个性签名	那一年，那一天		

各项人格特质基本设定如下（按照 NEO 五因素模型）（见表 6-4）：

表 6-4　　　　　　印象目标人物人格特质基本设定

NEO 人格特质维度	人物人格基本特征描述
情绪性（Neuroticism）	感性，多虑，易受环境暗示或影响
外向性（Extraversion）	内向，不善表达
开明性（Openness）	谨慎、保守，墨守成规
宜人性（Agreeableness）	待人柔和、缺乏主见、对他人较信任
严谨性（Conscientiousness）	学习认真，追求完美，自律性强，但生活中常粗心大意

各项人格特质在 NEO 五因素形容词评定量表中的赋值为：

1. 容易紧张　□■□□□□□　沉得住气　（目前还看不出来）
2. 缺乏安全感　□□□■□□□　有安全感　（目前还看不出来）
3. 自怜　□□■□□□□　自满　（目前还看不出来）
4. 喜欢独处　■□□□□□□　热爱交际　（目前还看不出来）
5. 不苟言笑　□■□□□□□　幽默风趣　（目前还看不出来）
6. 矜持内敛　□□□■□□□　率直外露　（目前还看不出来）
7. 现实　□□□□□■□　爱幻想　（目前还看不出来）
8. 喜欢稳定　■□□□□□□　喜欢变化　（目前还看不出来）
9. 敢于突破　□□□□□□□　墨守成规　（目前还看不出来）
10. 冷漠无情　□□□□■□□　心肠柔软　（目前还看不出来）

11. 容易怀疑他人 □□□□□□■ 容易相信他人 （目前还看不出来）
12. 喜欢单打独斗 □■□□□□□ 乐于与人共事 （目前还看不出来）
13. 做事杂乱无章 □■□□□□□ 做事有条不紊 （目前还看不出来）
14. 粗心大意　　□□■□□□□ 认真谨慎　　 （目前还看不出来）
15. 意志力薄弱　□□□□□■□ 自控力强　　 （目前还看不出来）

（二）印象目标相关线索信息的呈现方式

由于实验需要被试对印象目标进行人际感知，因此印象目标的线索讯息必须通过某种方式呈现给被试。在传统的人际传播线索研究中，一般采用以下一些实验刺激形式①：

第一，将线索讯息以配音照片（photographs with soundtrack）或是配有文字说明的照片（photographs with captions）的方式呈现给被试。此种形式具有较高的可控制性，但对现实生活的仿真度不高，一旦把研究结论推广到普遍情形下就有可能出现问题。换言之，几乎没有外部效度。

第二，将线索讯息以动态视频（acted videotaped messages）的方式呈现给被试。此种形式可以根据研究对象的不同而改变呈现的线索/信道，具有一定的可控制性，但也很难说与自然状态下的人际互动完全相同，故其外部效度也存在一定的疑问。

第三，由特定的内容配合不同的非语言表达方式（standard content messages with different types of nonverbal behaviour）组成线索讯息呈现给被试。此种形式不同于前述的动态视频，其特点在于让语言线索/信道保持中性的情况下对非语言线索/信道进行比较。由于在对日常生活的研究多次发现类似的情形，因此其外部效度相对较高。

第四，让被试进行谈话或演说（make a speech）或是加入到访谈之中（participate in an interview）。此种形式对于特定线索/信道的控制难度远远大于前面几种，常常用于对谎言的研究，具有一定的外部效度。

第五，选用现实中的公众事件（pubic performance），如总统大选辩论。此种形式的外部效度很高，但是由于事件的独特性，对特定线索/信道的控制极其微弱。

第六，自发行为或自然状态下的互动行为（spontaneous or naturally occurring behaviour）。一般通过暗拍的方式制作成录像带或视频以便再现。此

---

① See Noller, P. (1985). Video primacy: A further look. *Journal of Nonverbal Behavior*, 9, pp. 28 – 47.

种形式操作起来并不便利，所以只为少数研究所采用。然而其同时也是最为接近现实情景和自然状态下的互动设计，所以外部效度极高，其结论相对最具普遍性。

不难发现，以上几种实验刺激形式可以归纳为两种基本的线索讯息呈现方式：互动呈现和材料呈现。前者是指以自然互动或仿真互动的形式将线索讯息传递给被试；后者是指将特定的线索讯息固定为文本材料展示给被试。

本实验中的互动呈现将由实验人员扮演印象目标与被试进行在线人际互动，在互动过程中将预先设置的各类线索讯息传达给被试。这一方式的仿真度较高，能够有效保证实验的外部效度，但在具体实施过程中可能存在以下困难：首先，如果印象目标固定由 1 名实验人员扮演，那么该实验人员需要通过网络人际传播的方式与 96 名被试先后进行长达 3 小时的互动，即便每天完成 2 名被试的测试，全部完成也共需要近 10 周左右的时间，且扮演者也未必能在如此长的时间内保持风格的前后一致。其次，如果印象目标分别由数名实验人员扮演，各自不同的风格以及对线索水平的认知差异则可能导致额外变量的控制不严格以及自变量的呈现水平不一致，使实验出现偏差，降低其内部效度。而且，无论是采用 1 个还是多个实验人员扮演印象目标，由于网络人际交流的随意性，可能造成不能有效呈现实验预定线索讯息或掺杂入其他干扰性线索（即非实验预定线索）的情况，导致实验控制的失败。

本实验若采用材料呈现的形式则是将预先设置的关于印象目标的线索讯息编入实验材料（如在线对话记录、第三人称叙述等文字、图片或视频资料），然后呈现给被试进行阅读或观看。这一方式是控制实验研究中常用的设计，但仿真度不及互动呈现。其优势在于：首先，材料呈现方式易于对线索讯息的水平进行严格控制。因给所有被试呈现的含有线索讯息的材料完全一致，故被试所感知的线索讯息也能保持在同等水平上，从而能够提高实验结论的内部效度。其次，采用材料呈现方式呈现线索讯息，可将实验材料一次性同时呈现给被试，相对成本较低，耗时较少，更具可操作性。

权衡利弊，本实验采用向被试呈现线索讯息材料的方式。

（三）印象目标线索信息材料的设计

根据实验设计的总体思路，印象目标的线索讯息包含资料线索、语言线索和内容线索三大块。由于实验采用析因设计，故实验材料中应当出现三类线索单独呈现、两两结合呈现和三类线索同时呈现的情况。

1. 资料线索的呈现

资料线索设定为印象目标所使用的某即时通讯软件的用户个人资料，相对独立于语言线索和内容线索，其呈现与否都不会影响到后两者的表现形式。因此，对资料线索我们采用截图的形式，即将某即时通讯软件用户的个人资料一栏打开，然后用屏幕截图软件进行抓取，再导入实验材料文档（见图6-1）。若资料线索需与语言线索或内容线索结合呈现，只需附加到后两者之前列出即可。

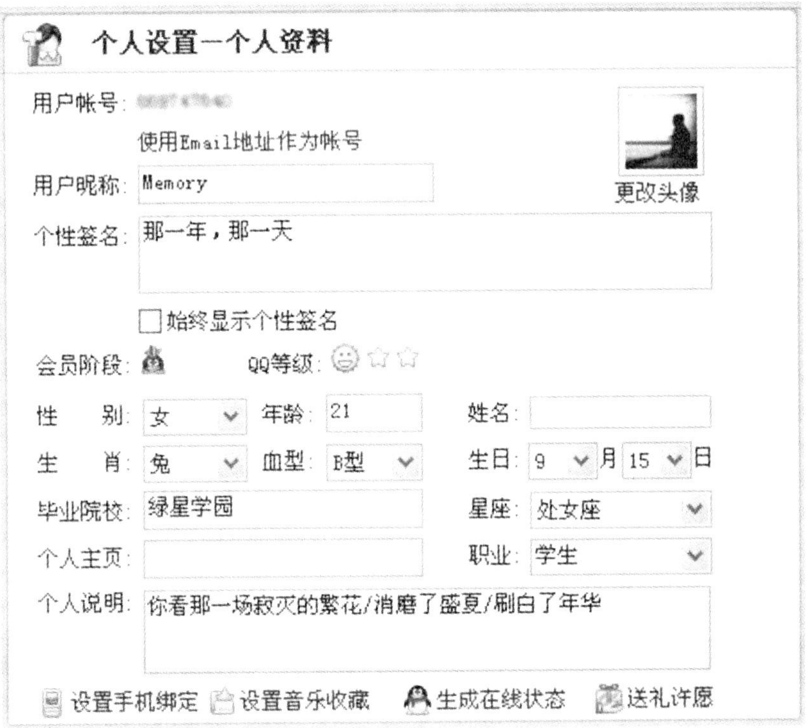

图6-1 用户个人资料截图

2. 语言线索与内容线索的结合呈现

从文本结构的角度而言，语言和内容都是文本构成的基本要素，所以通常情况下语言线索与内容线索总是结合呈现的。为了保证实验结果的辨识度，有语言线索的材料应当设定为相对明显并指向印象目标人格特征的语言和副语言风格，而有内容线索的材料则应当含有相对特殊并指向印象目标人格特征的事件和表露（包括自我表露和回答询问）。根据这一原则，我们采用在线对话记录的形式设计了语言线索与内容线索的结合呈现材料（见附录二），其中的语言线索讯息与内容线索讯息分别设定如下：

语言线索讯息：表达犹疑不决，词句柔和，情感化，常用语气词，极少使用夸张程度较高的表情图标。经 7 点总加量表（Likert Scale）的预测试检验（N = 10），认为该设定能够准确传达印象目标人格特征的均值为 M = 5.27，标准差为 SD = 1.13，符合实验条件。

内容线索讯息：在线对话以印象目标亲历的特殊事件（杯子事件、小猫事件、考分事件、打工事件、中秋事件）为主题，含有少量自我表露与回答询问。经 7 点总加量表的预测试检验（N = 10），认为包含以上五个特殊事件的在线对话记录能够准确传达印象目标人格特征的参数值分别为 M = 5.86；SD = 0.84，符合实验条件。

3. 语言线索的单独呈现

出于实验需要，也必须设计语言线索独立于内容线索的表现形式。由于内容线索包含有指向印象目标人格特征的特殊事件和话语表露，因而需要在语言线索的单独呈现材料中屏蔽以上讯息。我们采用的设计思路是：让印象目标与其互动对象通过在线对话谈论他人经历的事件，对话中突出与前述结合呈现材料同样的表达风格，不出现自我表露和回答询问（见附录三）。如此可以将材料中的内容线索控制到接近零水平，基本实现语言线索的单独呈现。

4. 内容线索的单独呈现

相比语言线索而言，内容线索的单独呈现较为困难。如果仍然采用在线对话记录的表现形式，就必须设法将文本中语言线索控制到接近零水平，这意味着印象目标在对话中不能几乎表现出任何风格。有句话叫做"没风格也是一种风格"，不同词语、句型之间的任何一种组合方式都暗含着特定的风格。因此，根本不存在完全没有表达风格的话语方式。可见，这一设计思路的可操作性存在极大的问题。考虑到整个实验采用的都是材料呈现而不是互动呈现的语言线索呈现方式，我们采用了变通的办法，即为了使内容线索能够单独呈现，在此种情况下不再使用在线对话记录的表现形式，而用第三人称叙述的形式形成包含 5 个指向印象目标人格特征的特殊事件（杯子事件、小猫事件、考分事件、打工事件和中秋事件）的文本材料（见附录四）。

综上所述，8 个实验分组的刺激材料搭配分别为：（1）有资料有语言有内容；（2）有资料有语言无内容；（3）有资料无语言有内容；（4）有资料无风格无内容；（5）无资料有风格有内容；（6）无资料有风格无内容；
（7）无资料无风格有内容；（8）无资料无风格无内容。

五　实验程序

首先向 8 个组的被试分别呈现相应的线索材料，要求被试仔细阅读并根据该线索材料按照指导语的指示对印象目标的个人特征进行推断。之后请被试按照自己的推断填写 NEO 五因素形容词评定量表。

六　因变量的设置与测量

本实验的因变量仍然为人际印象效果，因此将沿用第五章实验研究所使用的四个测量的维度指标，即印象的鲜明度（intensity of impression）、印象的全面度（breadth of impression）、印象的好感度（valence of impression）以及印象的失真度（error of impression）。每个指标的操作定义及在本实验中的测量方法与第五章实验相同，在此从略。

第三节　实验结果及讨论

一　实验结果

实验方案为 $2 \times 2 \times 2$ 的三因素组间（被试间）析因设计，测量结果包含八组数据；实验目的是分析资料线索（biography）、语言线索（style）和内容线索（content）对印象形成的影响，故采用三因素方差分析（3-way ANOVA）和独立样本 t 检验（均选定显著性 $p < 0.05$）的统计分析方法。各测量指标统计分析结果如下：

（一）印象的鲜明度（intensity）

对于资料线索（biography），有 $F(1,88) = 1.399$，Sig. $= 0.240 > 0.05$；对于语言线索（style），有 $F(1,88) = 3.296$，Sig. $= 0.073 > 0.05$；对于内容线索（content），有 $F(1,88) = 1.263$，Sig. $= 0.264 > 0.05$；三个因素都没有在数据结果中表现出主效应（main effect）。而三个因素两两之间的交互效应也均不显著：对于资料线索与语言线索（biography * style），有 $F(1,88) = 0.876$，Sig. $= 0.352 > 0.05$；对于资料线索与内容线索（biography * content），有 $F(1,88) = 0.402$，Sig. $= 0.528 > 0.05$；对于语言线索与内容线索（style * content），有 F

（1,88）=0.238，Sig. =0.627 >0.05。同样，三个因素（biography * style * content）的交互效应也不存在，F（1,88）=0.045，Sig. =0.833 >0.05。（详细分析结果见表6 -5）。

表6 -5　　　　　　　　　印象鲜明度的三因素方差分析结果

Tests of Between-Subjects Effects

Dependent Variable：intensity

Source	Type III Sum of Squares	df	Mean Square	F	Sig.
Corrected Model	1. 561	7	0. 223	1. 074	0. 387
Intercept	284. 413	1	284. 413	1370. 288	0. 000
biography	0. 290	1	0. 290	1. 399	0. 240
style	0. 684	1	0. 684	3. 296	0. 073
content	0. 262	1	0. 262	1. 263	0. 264
biography * style	0. 182	1	0. 182	0. 876	0. 352
biography * content	0. 083	1	0. 083	0. 402	0. 528
style * content	0. 049	1	0. 049	0. 238	0. 627
biography * style * content	0. 009	1	0. 009	0. 045	0. 833
Error	18. 265	88	0. 208		
Total	304. 239	96			
Corrected Total	19. 826	95			

a. R Squared =0.079（Adjusted R Squared =0.005）

（二）印象的全面度（breadth）

对于语言线索（style），有 F（1,88）=7.718，Sig. =0.007 <0.01；对于内容线索（content），有 F（1,88）=15.700，Sig. =0.000 <0.01；两者都呈现出相当显著的主效应。而对于资料线索（biography），有 F（1,88）=0.052，Sig. =0.820 >0.05，主效应没有达到显著水平。三个因素的两两交互效应水平分别为：资料线索与语言线索（biography * style）：F（1,88）=0.467，Sig. =0.496 >0.05；资料线索与内容线索（biography * content）：F（1,88）=0.002，Sig. =0.964 >0.05；语言线索与内容线索（style * content）：F（1,88）=0.002，Sig. =0.964 >0.05；均未达到显著水平。三个因素（biography * style * content）的交互作用也不显著 [F（1,88）=0.019，Sig. =0.892 >0.05]（详细分析结果见表6 -6）。

表6-6　　　　　　　　印象全面度的三因素方差分析结果

Tests of Between-Subjects Effects

Dependent Variable：breadth

Source	Type III Sum of Squares	df	Mean Square	F	Sig.
Corrected Model	120.323[a]	7	17.189	3.423	0.003
Intercept	15326.760	1	15326.760	3052.057	0.000
biography	0.260	1	0.260	0.052	0.820
style	38.760	1	38.760	7.718	0.007
content	78.844	1	78.844	15.700	0.000
biography * style	2.344	1	2.344	0.467	0.496
biography * content	0.010	1	0.010	0.002	0.964
style * content	0.010	1	0.010	0.002	0.964
biography * style * content	0.094	1	0.094	0.019	0.892
Error	441.917	88	5.022		
Total	15889.000	96			
Corrected Total	562.240	95			

a. R Squared = 0.214 （Adjusted R Squared = 0.151）

语言线索和内容线索对于印象的全面度分别呈现出显著的主效应而没有交互效应的存在，说明二者都是独立影响印象全面度的因素。利用SPSS计算语言线索的边际均值，得到在语言线索缺乏的情况下印象全面度的均值为M = 12.000；而在语言线索充分的情况下印象全面度的均值为M = 13.271。可见，语言线索的呈现是明显有利于提升所形成印象的全面度的。同样，利用SPSS计算内容线索的边际均值，得到在内容线索缺乏的情况下印象全面度的均值为M = 11.729；而在内容线索充分的情况下印象全面度的均值为M = 13.542，说明内容线索与语言线索一样，对于印象形成的全面度的作用效果是正向的，而非反向的阻碍效果。从效应值来看，内容线索的显著性达到了0.001的水平，较之语言线索更高，是影响印象全面度的首要因素。

（三）印象的好感度（valence）

三个自变量因素中，除内容线索（content）[$F(1, 88) = 1.386$, Sig. = 0.242 > 0.05]外，资料线索（biography）[$F(1, 88) = 8.661$, Sig. = 0.004 < 0.01]和语言线索（style）[$F(1, 88) = 4.244$, Sig. = 0.042 < 0.05]都表现出明显的主效应。此外，资料线索与语言线索（biography * style）的二次交互作用显著[$F(1, 88) = 8.661$, Sig. = 0.004 < 0.01），而资料线索与内容线索（biography * content）[$F(1, 88) = 0.087$, Sig. = 0.769 > 0.05]、语言

线索与内容线索（style ＊ content）[F（1,88）＝0.346，Sig.＝0.558＞0.05]
的二次交互作用均未到达显著水平。特别需要注意的是，三个因素的三次交
互效应呈现出显著性，F（1,88）＝4.244，Sig.＝0.042＜0.05，应当进行进
一步的分析（详细分析结果见表6-7）。

表6-7　　　　　　　　　　印象好感度的三因素方差分析结果
Tests of Between-Subjects Effects

Dependent Variable：valence

Source	Type Ⅲ Sum of Squares	df	Mean Square	F	Sig.
Corrected Model	53.167[a]	7	7.595	3.947	0.001
Intercept	1.500	1	1.500	0.780	0.380
biography	16.667	1	16.667	8.661	0.004
style	8.167	1	8.167	4.244	0.042
content	2.667	1	2.667	1.386	0.242
biography ＊ style	16.667	1	16.667	8.661	0.004
biography ＊ content	0.167	1	0.167	0.087	0.769
style ＊ content	0.667	1	0.667	0.346	0.558
biography ＊ style ＊ content	8.167	1	8.167	4.244	0.042
Error	169.333	88	1.924		
Total	224.000	96			
Corrected Total	222.500	95			

a. R Squared ＝0.239（Adjusted R Squared ＝0.178）

可以看出，不同线索类型对印象好感度的影响是几个测量指标中最
为复杂的，同时包括了主效应、二次交互效应和三次交互效应。以下逐
一进行分析。

首先分析资料线索、语言线索和内容线索三因素之间的三次交互效应。
一般来说，三次交互作用是比较难以直接解释的，最好把它分解为几个简单
效应或几个二次交互作用来加以考察和检验。[①] 此处，我们将其分解为两个
二次交互作用进行分析。由于内容线索的主效应不显著且资料线索与语言线
索的二次交互效应非常显著，我们选在内容线索的两个水平上分别考察资料
线索与语言线索的二次交互作用。

内容线索缺失时，资料线索与语言线索对于印象好感度的二次交互效应

───────────
① 舒华：《心理与教育研究中的多因素实验设计》，北京师范大学出版社1994年版，
第123页。

的方差分析结果为：F(1,44) = 0.407，Sig. = 0.527 > 0.05，二次交互作用并不显著。

内容线索呈现时，资料线索与语言线索对于印象好感度的二次交互效应的方差分析结果为：F(1,44) = 11.996，Sig. = 0.001 < 0.01，二次交互作用十分显著。对于二次交互效应，通常不能直接加以解释，需要做出二次交互作用图解来进行进一步的分析。于是利用 SPSS 做出其图解（见图 6 - 2）。

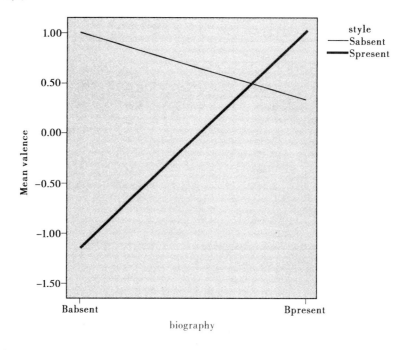

图 6 - 2   内容线索呈现时印象好感度在不同语言线索水平下随资料线索变化图解

图 6 - 2 是内容线索呈现时印象好感度在不同语言线索水平下随资料线索的变化。图中的边际均值曲线表明，在语言线索缺失的情况下，资料线索两个水平对应的印象好感度的校正 t 检验的结果为 t(16.696) = - 1.265，p > 0.05，Sig. (2-tailed) = 0.223 > 0.05，差异并不显著，说明资料线索对印象好感度产生有限的负面影响；相反，在语言线索呈现的情况下，校正 t 检验的结果为 t(18.184) = 3.463，p > 0.05，Sig. (2-tailed) = 0.003 < 0.01，差异非常显著，可见此时资料线索的增加却会对印象好感度产生较大的正面影响。

这一分析结果可与三因素方差分析中资料线索与语言线索两个因素对印象好感度的显著二次交互效应进行比较。忽略两个因素之外的内容线索因素，根据资料线索—语言线索平均数表（见表6-8），利用SPSS做出其资料线索—语言线索二次交互作用图解（见图6-3）。

表6-8   印象好感度的资料线索—语言线索平均数

	Biography absent	Biography present
Style absent	0.4167	0.4167
Style present	- 1.0000	0.6667

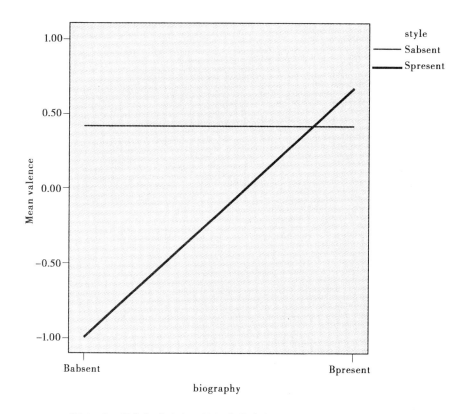

图6-3   印象好感度在不同语言线索水平下随资料线索变化图解

图6-3中曲线表明，在语言线索缺失的情况下，资料线索两个水平下的印象好感度均值相同，表明此时资料线索对印象好感度无影响；而在语言

线索呈现的情况下，资料线索的凸显会导致印象明显趋向于积极和正面，校正 t 检验的结果为 t（43.520）= 3.852，p > 0.05，Sig.（2-tailed）= 0.000 < 0.01，差异非常显著。这一分析结果与前述三次交互作用中分解出的资料线索与语言线索二次交互效应的结果相符。

接下来再将资料线索与语言线索对印象好感度的显著主效应与上述结果进行比较印证。

首先，利用 SPSS 计算资料线索的边际均值，得到资料线索缺乏的情况下印象好感度的均值为 M = - 0.2917；而资料线索充分的情况下印象好感度的均值为 M = 0.5417。可见资料线索的存在能够扭转不良印象为较好的印象，其对于印象形成的好感度而言其作用是正向的。

其次，利用 SPSS 计算语言线索的边际均值，得到语言线索缺乏的情况下印象好感度的均值为 M = 0.4167；而语言线索充分的情况下印象好感度的均值为 M = - 0.1667。这说明，与资料线索不同，语言线索对于印象好感度的作用是负向的：语言线索越充分，所形成的印象越消极。

以上结果与前述资料线索与语言线索的二次交互效应分析结果吻合。

综上所述，对于不同线索类型对印象好感度的影响，可以得出以下结论：在内容线索呈现的情况下，资料线索和语言线索均对印象的好感度存在显著影响。其中，资料线索在语言线索呈现的条件下对印象好感度存在显著的正向影响；而语言线索在资料线索缺失的情况下对印象好感度存在显著的负向影响。相反，在内容线索缺失的情况下，资料线索和语言线索对印象好感度影响并不显著。

（四）印象的失真度（error）

内容线索（content）在三个因素当中唯独表现出突出的显著性，其 F（1,88）= 18.104，Sig. = 0.000 < 0.01。而另外的两个自变量因素——资料线索（biography）和语言线索（style）的主效应均不显著，前者为 F（1,88）= 0.013，Sig. = 0.911 > 0.05，后者为 F（1,88）= 0.485，Sig. = 0.488 > 0.05。在三个因素两两之间，数据结果显示仅有语言线索与内容线索（style * content）[F（1,88）= 11.789，Sig. = 0.001 < 0.01] 的二次交互效应达到显著水平；资料线索与语言线索（biography * style）[F（1,88）= 0.207，Sig. = 0.651 > 0.05]、资料线索与内容线索（biography * content）[F（1,88）= 3.628，Sig. = 0.060 > 0.05] 的交互效应都不显著。此外，三因素的三次交互效应也不显著，F（1,88）= 0.025，Sig. = 0.876 > 0.05（详细分析结果参见表 6 - 9）。

表 6 - 9　　　　　　　　　印象失真度的三因素方差分析结果

Tests of Between-Subjects Effects

Dependent Variable：error

Source	Type III Sum of Squares	df	Mean Square	F	Sig.
Corrected Model	8.243[a]	7	1.178	4.893	0.000
Intercept	320.837	1	320.837	1333.106	0.000
biography	0.003	1	0.003	0.013	0.911
style	0.117	1	0.117	0.485	0.488
content	4.357	1	4.357	18.104	0.000
biography * style	0.050	1	0.050	0.207	0.651
biography * content	0.873	1	0.873	3.628	0.060
style * content	2.837	1	2.837	11.789	0.001
biography * style * content	0.006	1	0.006	0.025	0.876
Error	21.179	88	0.241		
Total	350.259	96			
Corrected Total	29.422	95			

[a]. R Squared = 0.280（Adjusted R Squared = 0.223）

　　语言线索与内容线索存在显著的二次交互效应，应当先予以解释。对此我们仍做语言线索—内容线索二次交互作用图解来进行分析。忽略资料线索水平，根据语言线索—内容线索平均数表（见表 6 - 10），利用 SPSS 做出其语言线索—内容线索二次交互作用图解（见图 6 - 4）。

表 6 - 10　　　　　　印象失真度的语言线索—内容线索平均数

	Content absent	Content present
Style absent	2.2480	1.4781
Style present	1.8344	1.7521

　　从图 6 - 4a 中可以看出，在语言线索呈现的情况下，内容线索两个水平下的独立样本 t 检验的结果为 $t(46) = -0.554$，$p > 0.05$，Sig.（2-tailed）= $0.582 > 0.05$，表明其对印象失真度的影响并不显著；而在语言线索缺失的情况下，独立样本 t 检验的结果为 $t(46) = -5.731$，$p > 0.05$，Sig.（2-tailed）= $0.000 < 0.01$，差异十分显著，说明此时内容线索的增强能够大幅度降低印象的失真度，也就是说，能形成更为准确的印象。所以，内容线索对印象失真度的降低作用是在语言线索微弱的水平上呈现出来的。

　　而内容线索对于印象失真度表现出明显的主效应，利用 SPSS 计算内容线索的边际均值，得到内容线索缺乏的情况下印象失真度的均值为 M = 2.0412；而内容线索充分的情况下印象失真度的均值为 M = 1.6151。可见内

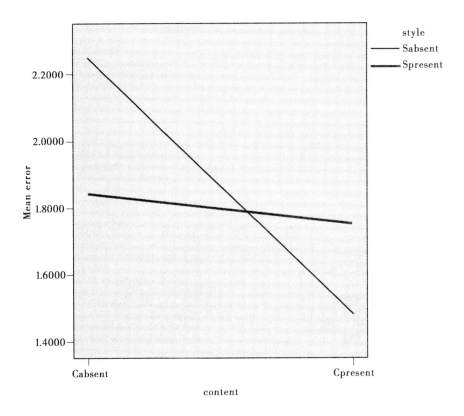

图 6 - 4a　印象失真度在不同语言线索水平下随内容线索变化图解

容线索的主效应对印象形成的失真度而言其作用是负向的，其呈现能够有效地降低所形成印象的失真度，提高认知的准确性，与二次交互效应的分析结果相符。

从图 6 – 4b 中可以看出，在内容线索缺失的情况下，语言线索两个水平的独立样本 t 检验的结果为 $t(46) = -2.521$，$p > 0.05$，Sig. (2-tailed) = $0.015 < 0.05$，表明其对印象失真度的影响是显著的，且呈反向变化，说明此时语言线索的增强能够明显降低印象的失真度，也就是说，能形成更为准确的印象；而在内容线索呈现的情况下，独立样本 t 检验的结果为 $t(46) = 2.390$，$p > 0.05$，Sig. (2-tailed) = $0.021 < 0.05$，表明其对印象失真度的影响是显著的，且呈同向变化，说明此时语言线索的增强改为使印象的失真度升高。可见，语言线索对印象的失真度是存在影响的，其主效应不显著的原因在于在不同的内容线索水平下语言线索的变化对失真度的影响是方向相反

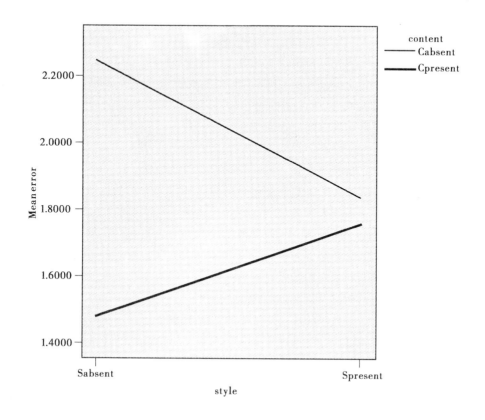

图6－4b　印象失真度在不同内容线索水平下随语言线索变化图解

的，在计算均值时相互抵消了。

　　综合上述分析可以得出结论：内容线索和语言线索对于印象的失真度均有影响，前者的作用主要产生于语言线索较为微弱的情况下，此时内容线索的增加更能有效地提升印象形成的准确性；后者在内容线索的两个水平下均有作用，在内容线索缺乏时语言线索的呈现能提升印象形成的准确性，但在内容线索较充分时反而会降低印象形成的准确性。

二　解释与讨论

　　（一）不同线索类型对印象鲜明度的影响

　　对于印象的鲜明度，资料线索、语言线索和内容线索三个因素都没有在数据结果中表现出相应的主效应，而两两之间也没有显著的交互效应，更未观察到明显的三次交互效应。

这与马丁·塔尼斯和汤姆·珀斯特默斯 2003 年的经典研究《网络人际传播中的交际线索与印象形成》中的实验结果并不一致。在该研究中，作为交际线索的头像照片（portrait picture）和个人简介（biography）① 对印象模糊度（ambiguity of impression，鲜明度的反向概念）的影响都呈现出达到 0.005 水平的显著性，虽然二者的交互效应并不明显。从均值的变化可以看出，个人照片和文字简介的存在能够明显降低所形成印象的模糊程度，使其更加明晰。②

对于两个研究结果的差异，我们尝试提出以下解释：

首先，塔尼斯和珀斯特默斯实验中所使用的线索与本实验中的线索在具体形态上存在差异。前者所使用的线索较为具体，包括头像照片和含有真实姓名、年龄、学历、居住地、兴趣爱好等项目的个人简介，且都是互动者的真实背景信息；如果按照本文对线索类型的划分，则均属资料线索。而后者所使用的线索中没有包含头像照片、真实姓名、居住地等含有丰富个人信息的线索材料，而是采用了诸如用户昵称、血型、星座、生肖、个人说明和个人签名等更具网络色彩的特征信息。所以，虽然两个实验均以交际线索为自变量，但其界定和操作定义都存在较大的差异，并不具有可比性。

其次，两个实验所使用的印象测量工具和相关指标的操作定义完全不同。塔尼斯和珀斯特默斯实验中所使用的测量工具为简易自编量表，其中以印象的模糊度（鲜明度）为测量对象的题项有两个，一为"我对对方有一个清晰的印象（I have a clear impression of this person）"，一为"若要更好地进行讨论，了解更多关于对方的信息是很重要的（In order to be able to have a good discussion, it is important to have more information about this person）"，以 7 点量表的形式进行判断。不难看出，这一量表对印象鲜明度的测量更多地依赖于被试对自身感知的主观认定。本实验所使用的测量工具是建立在人格量表的基础上的，印象鲜明度是由每一个人格特征题项的 7 点分值加以平均来决定的，相比之下评定的客观性较强。两者的差异决定了其测量结果也不存在可比性。

除此之外，本章实验的分析结果还引发了另一个疑问：第五章的效果实

---

① 此处的个人简介主要包括姓名（name）、年龄（age）、教育背景（study）、居住地（place of residence）、兴趣爱好（hobby）等。

② See Tanis, M., & Postmes, T. (2003). Social cues and impression formation in CMC. *Journal of Communication*, 53, pp. 676-693.

验已经证明，网络传播条件下印象形成的鲜明度显著高于面对面传播，而本研究的结果却反映出任何一个类型的线索都不是影响印象鲜明度的关键因素，这就形成了一个明显的矛盾。

对于这一矛盾，我们认为，在本实验所使用的交际线索的情形下，既然印象形成的鲜明度比面对面传播显著突出，而线索对于印象形成的鲜明度又没有显著影响，那么其决定性因素很可能不在于线索，而在于第四章的预调查研究中所提示的另一个关键要素——网络互动者所具有的认知图式。这是一个带有猜想性质的解释，在第七章中我们将对认知图式对网络人际印象形成的影响及其与线索的相互作用进行相关的实验研究，并对本章实验研究形成的这一假设作出验证。

（二）不同线索类型对印象全面度的影响

印象全面度这一指标的意义主要在于揭示人们通过何种线索获取关于互动对象更多的信息。实验数据的分析结果表明，人们首先是依靠内容线索来获得一些更为全面的信息，然后才是根据语言风格来对对方的一些特征进行推断，而这两种手段对于降低印象的片面性都是行之有效的。

第五章效果实验的结果曾经显示，网络人际传播条件下所形成印象的全面度与面对面传播并没有显著差异，实验后的讨论也对此作出了相应的解释，将之归结为实验任务的目的性差异、网络传播条件的更新、人们对网络交际熟悉程度的提升三个方面。

所以，根据前面的分析，网络人际传播条件下印象全面度的显著提高，其深层次的原因在于：一方面，网络传播条件（界面、速率、载体等）的改善和人们对网络互动熟悉程度的提升使人们在网络交际中能够更自然、流畅地运用谎言判断、言辞询问、自我表露等互动性策略来从内容线索讯息中获取有用的信息，降低交际的不确定性；另一方面，网络传播条件的改善和人们对网络互动熟悉程度的提升使人们对于在线交流中具有各种特色的语言风格越来越敏锐，并越来越善于从其中获取以前不易察觉的关于对方的信息。

可以预见，在网络互动的匿名性作为这一传播方式的标志性特色存在并长期延续下去的情况下，人们将会日趋擅长利用内容线索讯息的交换和对语言线索讯息的洞察来对互动对象进行更为全面的了解。

（三）不同线索类型对印象好感度的影响

从实验数据分析结果来看，不同线索类型对印象好感度的影响是相对较为复杂的，包括了资料线索、语言线索各自的主效应和二者的二次交互效应，以及全部三个线索类型的三次交互效应。尽管如此，对好感度产生主要影响的因素还是比较明晰的，即资料线索和语言线索：前者对印象好感度的作用是正向的，而且相当强烈（0.005 水平的显著主效应）；而后者对印象好感度的作用是负向的，达到显著水平（0.05 水平的显著主效应）。

我们在第五章中曾经提到，一些研究视角认为关于一个人整体的信息越多，其给人的印象就越好，即线索对于印象的好感度有着直接的作用效果。德里克·拉特等人于 1979 年提出的人际传播的无线索模型（the cuelessness model）① 就作出过这样的概括："无线索的状态会使心理距离更加遥远，遥远的心理距离又会带来任务性的内容和缺乏人情味的内容，而任务性的、缺乏人情味的内容再又带来做作的、不自然的风格和特定的几种结果。"② 这些学者因此而认为，较多的交际线索可以缩短传播参与者之间的心理距离，带来更轻松的氛围。

这一研究视角显然体现出浓厚的去人际效果（impersonal effects）论色彩，属于早期线索消除进路的组成部分，其局限性是明显的。从主观经验上来说，遥远的心理距离固然会带来某些任务性的内容和缺乏人情味的内容，但同时也有"距离产生美（Distance makes the heart grow fonder）"的说法，网上同样存在结识好友③、举办虚拟婚礼④、在线爱心组织帮助困难人士⑤等社会性的活动。从客观现实来看，网络人际传播平台技术的发展使网络交流方式越来越生动、逼真，也出现了越来越多的补偿性线索，以致出现了网络人际传播的超人际效果（hyperpersonal effects）⑥。

因此，在新的研究框架下，完全有必要对交际线索与印象好感度的关系进行新的探索。马丁·塔尼斯和汤姆·珀斯特默斯在 2003 年对此进行了研究，得到的结论是：实验结果部分证实了交际线索会提升印象好感度的预

---

① See Rutter, D. R., & Stephenson, G. M. (1979). The role of visual communication in social interaction. *Current Anthropology*, 20, pp. 124 – 125.

② Rutter, D. R. (1987). *Communicating by telephone*. Oxford, UK: Pergamon. p. 74.

③ See Jones, S. G. (1995). Understanding community in the information age. In S. G. Jones (Ed.), *CyberSociety: computer – mediated communication* (pp. 10 – 35). Thousand Oaks, CA: Sage.

④ See Reid, E. (1995). Virtual worlds: culture and imagination. In S. G. Jones (Ed.), *CyberSociety: computer – mediated communication* (pp. 164 – 183). Thousand Oaks, CA: Sage.

⑤ See Rheingold, H. (1993). *The virtual community: Homesteading on the electronic frontier*. Reading, MA: Addison – Wesley.

⑥ See Walther, J. B. (1996). Computer – mediated communication: Impersonal, interpersonal and hyperpersonal interaction. *Communication Research*, 23 (1), pp. 3 – 43.

测。具体的分析结果是：头像照片对印象好感度呈现出 0.05 水平的正向显著主效应；个人简介对印象好感度的主效应虽未到达显著水平（p = 0.07），但产生的也是正向影响；此外，二者的交互作用不显著（p = 0.07）。[1]

　　表面上看，本章研究的结果与以上理论假说和研究结论并不相符，但仔细进行比较之后不难发现，它们之间存在相当的一致性。塔尼斯和珀斯特默斯的研究中，所使用的线索是头像照片和个人简介信息，二者在本研究划分的线索类型中均属于资料线索，因此头像照片对于印象好感度的显著影响也就是资料线索对于好感度的显著影响；而本章研究的结果也表明，资料线索对于印象好感度呈现出强烈的主效应，是提升印象好感度的首要因素。当然，其中还有一个差异，即塔尼斯与珀斯特默斯的研究所使用的头像照片和个人简介都是反映印象目标真实情况的个人信息，而本章研究中的线索讯息都是来自于网上的虚拟讯息。由于虚拟的个人信息通常都较真实的个人信息更加理想化，所以虚拟的资料线索就比真实的资料线索更能提升印象的好感度。这就是为什么本章研究中资料线索对印象好感度的主效应达到了 0.005 水平，而在塔尼斯与珀斯特默斯的研究中仅仅达到 0.05 水平的原因。

　　至于语言线索对于印象好感度的负向影响，我们可以将之与马丁·里和拉塞尔·思皮尔斯 1992 年的经典研究《网络人际传播中的副语言与社会感知》[2] 作一比较分析。在该研究中，里和思皮尔斯考察了以拼写错误、输入错误、特殊符号等为代表的电子副语言对网络人际传播条件下互动者社会感知的影响，测量指标之一就是好感度（likeability）。研究表明，在不使用电子副语言的情况（即实验中的 control condition）下，好感度的均值高于使用电子副语言的情形，即电子副语言线索对于好感度呈现出显著的负向主效应。不使用电子副语言，意味着削弱在线语言表达的风格和特色，而不鲜明的风格反而能获得较高的好感度评价，说明语言线索对好感度的作用的确是阻碍性的。而且特别需要注意的是，里和思皮尔斯的研究并没有设置资料线索，对好感度的测量相当于在资料线索缺失的状态下完成的，因此其结论中语言线索对好感度的阻碍作用与本章研究的结果可以说是在基本相似的条件下获得的，二者形成了相互的印证，增加了结论的可靠性。

---

　　[1]　See Tanis, M., & Postmes, T. (2003). Social cues and impression formation in CMC. *Journal of Communication*, 53, pp. 676 – 693.

　　[2]　See Lea, M., & Spears, R. (1992). Paralanguage and social perception in computer – mediated communication. *Journal of Organizational Computing*, 2, pp. 321 – 341.

　　然而，资料线索与语言线索对印象好感度的二次交互作用需要在内容线索呈现的条件下才能产生。对于这一结论，本章研究的探索和发现尚属首次，有待更多的相关研究加以检验和证实。

　　（四）不同线索类型对印象失真度的影响

　　内容线索是降低印象失真度的主要因素，尤其是在语言线索较为微弱的情况下，内容线索的增加更能有效地提升印象形成的准确性。

　　内容线索主要包括通过感知者言辞询问和印象目标自我表露所获取的相关信息，特别是一些直接的特征信息和间接的事件信息。这一类型的线索能够提供相对真实的信息，其原因主要有二：

　　第一，获取内容线索的方式是互动者之间的言辞询问和自我表露，这是一种在各种传播模式和交流方式下都行之有效的不确定性削减策略。这一策略在传统的面对面人际传播中早已有之，被社会语言学者和人际传播学者归类于三大不确定性削减策略中的互动性策略。① 丽莎·科林斯·蒂德维尔和约瑟夫·瓦尔特 2002 年发表在《人类传播研究》上的一篇文献中使用内容分析的方法对面对面传播和网络人际传播中所有会话要素和不确定性削减策略进行了分析，发现只有自我表露的有无对互动者的归因信心（attributional confidence）存在显著的影响。② 这说明，是其获取方式保证了内容线索在三大线索类型中的相对有效性和可靠性。

　　第二，内容线索是不同的传播方式之间差异最小的一类线索。如果说面对面传播和网络人际传播中的资料线索存在真实资料与虚拟资料之分，语言线索存在口语风格与文字风格之分，那么最为接近的线索类型莫过于内容线索。大多数情况下，虚拟资料不仅不能反映真实情况，反而常常与真实情况完全相反；而一个人的口语风格与文字风格也不尽一致，何况后者还可以通过有意识地处理和加工进行整饰。只有内容线索指向一些直接的、关于印象目标的特征信息和间接的、能从中判断出印象目标个性特征的特定事件信

---

① See Berger, C. R., Gardner, R. R., Parks, M. R., Schulman, L., & Miller, G. R. (1976). Interpersonal epistemology and interpersonal communication. In G. R. Miller (Ed.), *Explorations in interpersonal communication* (pp. 149 – 171). Beverly Hills, CA: Sage. Berger, C. R. (1979). Beyond initial interaction: Uncertainty, understanding, and the development of interpersonal relationships. In H. Giles & R. St. Clair (eds.), *Language and social psychology* (pp. 122 – 144). Oxford: Blackwell.

② Tidwell, L. C., & Walther, J. B. (2002). Computer – mediated communication effects on disclosure, impressions, and interpersonal evaluations: Getting to know one another a bit at a time. *Human Communication Research*, 28 (3), pp. 317 – 348.

息，这些信息在两种不同的传播方式中的差异只在于呈现方式的不同。而对于同样的内容指向，口头的呈现方式和书面的呈现方式只可能导致信息传输速率和表达效果的不同，而不会造成实质性的差异。

可见，在网络人际传播条件下，互动者相互所形成的印象的准确性对内容线索的依赖是明显的。内容线索作为一种可靠性较高的线索讯息类型，还将在包括网络传播在内的所有非面对面的交流方式中对互动者互相了解对方的真实情况发挥最为主要的作用。

相比之下，语言线索对于印象失真度的作用就有那么一些"墙头草"的特征。在内容线索缺乏的情况下，语言线索能够提升印象的准确性（降低失真度），这说明感知者在无法通过内容线索获取更为有效的印象信息时，语言线索的呈现在某种程度上可以起到替代的作用，能够多少提供一些具有参考价值的信息。但在内容线索较为充分的情况下，语言线索的存在反而会对感知者形成一定的误导，使得所形成印象的准确性有所下降（提高失真度）。这一现象告诉我们，至少在网络人际传播条件下，语言线索的不确定性要高于内容线索。不过，传统的面对面传播研究的结论恰恰是包括语言风格、副语言（paralanguage）在内的语言线索更可能提供可靠的印象信息。这或许揭示了网络人际传播中的交际线索虽然在形式上可与面对面人际传播相对应，但它们仍然具有本质上的区别。

以上讨论的结果，我们将其梳理过后列在表 6 - 11 之中。

表 6 - 11　　　网络人际传播条件下影响不同印象指标的线索类型

印象指标	相关线索类型（作用效果及条件）
鲜明度	无
全面度	1. 内容线索（正向作用，不依赖于其他线索） 2. 语言线索（正向作用，不依赖于其他线索）
好感度	1. 资料线索（正向作用，语言线索、内容线索均充分时） 2. 语言线索（负向作用，资料线索缺乏、内容线索充分时） 3. 内容线索（正向作用，资料线索、语言线索均缺乏时）
失真度	1. 内容线索（负向作用，语言线索缺乏时） 2. 语言线索（负向作用，内容线索缺乏时；正向作用，内容线索充分时）

三　结论

在对网络人际传播条件下所形成印象的四个指标的测量结果加以分析和解释的基础上，对不同类型线索对人际印象形成的影响进行全面的归纳和总结已经有了足够的依据。本章开头所追述的学术史上争议的问题，如"何种线索/信道能够提供最多的信息"、"何种线索/信道能够提供最为准确的信息"等，在网络人际传播条件下都可以根据分析结果得到初步的解答。

将表6-11的形式稍加转换，即可得到本章的研究结论（见表6-12）。从表中可以看出，假设H6.1、H6.2、H6.3均成立。

表6-12　　　　　　网络人际传播条件下不同线索类型对印象指标的影响

作用因素	相关印象指标（作用效果及条件）
资料线索	1. 好感度（正向作用，语言线索、内容线索均充分时）
语言线索	1. 全面度（正向作用，不依赖于其他线索） 2. 好感度（负向作用，资料线索缺乏、内容线索充分时） 3. 失真度（负向作用，内容线索缺乏时；正向作用，内容线索充分时）
内容线索	1. 全面度（正向作用，不依赖于其他线索） 2. 失真度（负向作用，语言线索缺乏时） 3. 好感度（正向作用，资料线索、语言线索均缺乏时）

第七章 实验三：认知图式对网络人际印象形成的影响

第一节 研究思路与研究假设

一 网络人际传播理论中隐含的图式加工观点

第六章我们对网络人际传播研究中与线索有关的理论进行了梳理，回顾了线索消除进路（clues filtered-out approach）从技术决定论阶段到线索补偿论阶段的发展演变。根据早期具有技术决定论色彩的线索消除论的基本观点，计算机网络属于贫乏媒介①，其传输性能有限，能够反映传播参与者个人状态及社会角色等一系列特征的非语言线索（nonverbal messages，包括视觉线索、听觉线索、时位线索等）和交际情境线索（social context clues，包括地理位置、身份地位关系、发生情形等）讯息在传播过程中被屏蔽了，使传播参与者从网络条件下的人际互动中获取的关于对方的线索讯息极其有限，不足以直接完成印象形成的认知过程。而后期的线索消除论则认为，虽然部分交际线索讯息在网络传输过程中被阻碍而未能进行交换，但传播参与者能够主动搜集其他可利用的讯息对缺失的线索讯息进行替代，并以此达到甚至超越面对面传播下的效果水平，形成较为刻板、夸张的人际印象。可以看出，这一修正后的进路在承认网络人际传播中由线索所提供的知觉信息不足的前提下，指出了其印象效果相对于面对面传播的变化，但对于其中的原因和过程，却语焉不详。不过，虽可归类于后期线索消除论但却并不典型的 SIDE 模型，在这一问题上给予了我

---

① 参见理查德·达夫特（Richard L. Daft）和罗伯特·兰杰尔（Robert H. Lengel）的信息丰度理论（information richness theory）。Daft, R. L., & Lengel, R. H.（1984）. Information richness: A new approach to managerial information processing and organizational design. In L. L. Cummings & B. M. Staw（Eds.），*Research in organizational behavior*（pp. 191 – 234）. Greenwich, CT: JAI Press. Daft, R. L., & Lengel, R. H.（1986）. Organizational information requirement, media richness and structural determinants. *Management Science*, 32, pp. 554 – 571.

们相当程度的启发。

与典型的持线索补偿观点的理论模型不同，SIDE 模型并未明确指出网络人际传播中的参与者通过主动搜集其他可利用的信息来对缺失的线索信息加以替代和补偿，但其前所未有地重视了社会认同（social identity）在网络人际印象形成中的关键作用，并提出了一个至关重要的理论问题，即传播参与者自身的刻板认知与线索讯息结合并共同发生作用之后对印象形成产生了什么样的影响。模型认为，线索的缺乏一方面导致强烈的群体认同；另一方面又导致个体摆脱社会规范或群体规范约束的去抑制行为（uninhibited behavior），即身份认同极化（polarization of communicators'identity）。这是模型所概括的行为结果，但却只是一个延伸的结论。问题的关键还在于造成身份认同极化的原因——去个性化效果（de-individuation effect）的产生。正是去个性化效果使群体身份（group identity）或个人身份（individual identity）得到了强化，从而催生了身份认同极化。那么去个性化效果又是怎样产生的呢？SIDE 模型将之归因于社会刻板印象（social stereotype）的形成，并认为后者是计算机网络媒介的过滤之下仅剩的线索讯息所触发的。换言之，该模型认为网络人际传播中所形成的印象是由少量的线索讯息所触发的刻板印象，而非真实准确的印象。正如马丁·里和拉塞尔·思皮尔斯所说："个体以激活相关社会类别和图式的方式，根据可得的线索构造出一个对于陌生人的印象。但如此形成的印象不可能有太高的准确性，因为它是建立在社会刻板印象基础上的。"[1] 而社会刻板印象是社会认知图式中较为典型的一种，因此 SIDE 模型的结论实际上着重强调了认知图式在网络人际印象形成中的关键作用，这正是其意义所在。

追溯 SIDE 模型的理论来源不难发现，社会心理学的社会认同与自我归类理论[2]是其重要基础。该理论认为个体在对某个特定的社会群体存在认同感的情况下，倾向于将自身归属于该社会群体。根据这一理论，网络传播条件下"线索的相对缺乏使传播参与者更加依赖于社会归类（social categoriza-

---

① Lea, M., & Spears, R. (1992). Paralanguage and social perception in computer - mediated communication. *Journal of Organizational Computing*, 2, pp. 321 - 341.

② See Turner, J. C, Hogg, M. A., Oakes, P. J, Reicher, S. D., & Wetherell, M. S. (1987). *Rediscovering the social group: A self - categorization theory*. Oxford, UK: Blackwell. Tajfel, H. and Turner, J. C. (1986). The social identity theory of inter - group behavior. In S. Worchel and L. W. Austin (eds.), *Psychology of Intergroup Relations* (pp. 7 - 24). Chicago: Nelson - Hall.

tion）来对可得信息作出解释，以便形成一个相对完整的交际情境"①。当传播者将印象目标进行社会归类之后，便会把该社会类别的所有典型特征赋予对方，从而形成刻板印象。这一过程机制与 20 世纪 80 年代兴起的社会认知（social cognition）研究的结论相吻合。社会认知研究者们认为，每个人的信息加工能力都是有限的，人是"懒惰的接受者（lazy perceiver）"②、"认知吝啬鬼（cognitive miser）"③，在时间、信息等资源有限以及不具备完全彻底思考的条件下作出复杂决策的社会认知过程中，社会感知者常常抛弃基于穷尽策略的最佳推理和决策，转而寻求相对满意的适当推理和决策。④ 当人们接触外界事物时，常在记忆中检索那些与输入信息最符合的认知图式与之对照，加以理解与解释，这个过程称之为图式加工（schematic processing）。⑤其中的图式（schema）⑥ 是依据先前经验把各种相关概念有意义地组织起来的认知模式，⑦ 它可以指导人如何对原始材料进行采集、记忆和推理。⑧ 根据著名决策科学研究者罗伯特·阿克塞尔罗德（Robert Axelrod）的理论模型⑨，图式加工的流程如图 7 -1 所示。

① Lea, M., & Spears, R. (1992). Paralanguage and social perception in computer – mediated communication. *Journal of Organizational Computing*, 2, pp. 321 – 341.

② See McGuire, W. J. (1969). The nature of attitudes and attitude change. In G. Lindzey & E. Aronson (Eds.), *The handbook of social psychology* (pp. 137 – 314). Reading, MA: Addison – Wesley Publishing Company.

③ See Taylor, S. E. (1981). The interface of cognitive and social psychology. In J. Harvey (Ed.), *Cognition, social behavior, and the environment* (pp. 189 – 211). Hillsdale, NJ: Lawrence Erlbaum.

④ See March, J. G., & Simon, H. A. (1958). *Organizations*. New York: John Wiley.

⑤ 章志光主编、金盛华副主编：《社会心理学》，人民教育出版社 1996 年版，第 116 页。

⑥ 也译为"基模"。社会学者欧文·戈夫曼（Erving Goffman）的"框架（frame）"概念和文艺理论学者汉斯·姚斯（Hans Robert Jauss）的"期待视野（或译期待视阈，expectation horizon）"概念与之相近。

⑦ ［美］罗伯特·斯滕伯格著，杨炳钧等译：《认知心理学》（第 3 版），中国轻工业出版社 2006 年版，第 437 页。

⑧ ［美］S. T. 菲斯克、S. E. 泰勒著，张庆林等译：《社会认知：人怎样认识自己和他人》，贵州人民出版社 1994 年版，第 148 页。

⑨ See Axelrod, R. (1973). Schema theory: An information processing model of perception and cognition. *The American Political Science Review*, 67 (4), pp. 1248 – 1266.

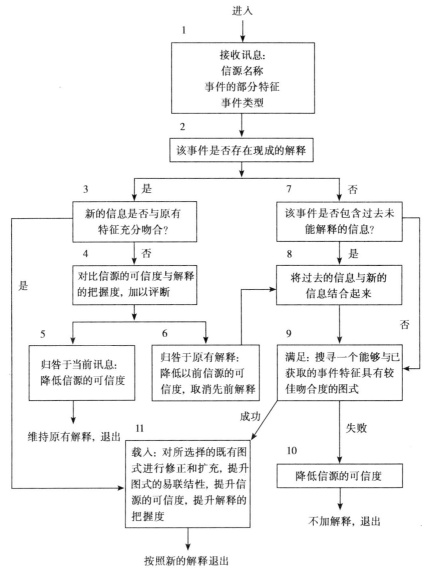

图 7-1 罗伯特·阿克塞尔罗德的图式加工流程模型①

---

① 框图的外观借鉴了《传播理论：起源、方法与应用》（第 4 版）一书中的样式，而与原文献中的框图外观稍有不同。参见［美］沃纳·赛佛林、小詹姆斯·坦卡德著，郭镇之等译《传播理论：起源、方法与应用》（第 4 版），华夏出版社 2000 年版，第 64 页。

那么，在网络人际传播条件下印象形成的图式加工过程中，认知图式对网络人际印象会产生多大的影响？它与交际线索之间是否存在交互作用？在线索提供的信息量相同的情况下个体所存储的图式的强弱对于印象形成有何影响？这些都需要通过实验进行深入的研究。

二　网络人际印象形成中图式的激活与研究假设

（一）网络人际印象形成中图式的激活

对于人际印象形成中认知图式的实验研究而言，一个操作上的难题是对图式如何实施控制。图式理论告诉我们，认知图式形成的基础是个体的个人经验。现实中，每个个体的经验千差万别，所存储的图式也就各不相同。再者，根据社会认知学者的研究，图式的激活和调用与其使用频度、上一次激活时间间距、观察目的、动机、情绪等多个因素有关，即便在特定的情境下面对特定的认知目标，感知者所使用的图式也具有很大的随意性。那么，如何才能让感知者按照实验的安排来激活和调用记忆中的图式呢？可见，若要对印象形成中的图式进行研究，就必须首先解决这一难题。

而启动效应的相关研究为我们提供了一个可行的操作方案。启动效应（priming effects）也译为"铺垫效果"，是来源于认知心理学的概念，苏珊·菲斯克（Susan T. Fiske）和谢莉·泰勒（Shelley E. Taylor）将其定义为"先前的背景（context）对其后解释信息和提取信息的影响"[1]。目前这一概念已经受到许多非心理学研究者的关注，并且将其运用于其他学科领域——其中就包括大众传播领域著名的议程设置（agenda setting）理论[2]。日常生活中常见的"先入为主"现象正是启动效应的一个典型实例。

启动效应的存在使研究者能够通过启动的方式把感知者记忆中的一个特定的认知图式转移到记忆结构中最容易被联结或复制的位置，并保证感知者在接触到目标刺激之后能够以最大的概率将其调用到对目标的认知加

① ［美］S. T. 菲斯克、S. E. 泰勒著，张庆林等译：《社会认知：人怎样认识自己和他人》，贵州人民出版社1994年版，第242页。

② 参见刘海龙《大众传播理论：范式与流派》，中国人民大学出版社2008年版，第228—229页。具有代表性的研究文献如 Holbrook, R. A., & Hill, T. G. (2005). Agenda - setting and priming in prime time television: Crime dramas as political clues. *Political Communication*, 22, pp. 277 – 295。

工过程中。① 实际上，传统的社会认知（social cognition）② 领域对印象形成过程中认知图式的作用的研究，就已经运用了启动效应（priming effects）来"生成"所需要的图式。研究者已经证明，在特定的情境下让个体事先接触到相应的特质（traits）能够让处于不同情境中的人们不知不觉地改变看待社会认知对象的方式。③ 相关的研究被称为"特质启动研究（traits-priming study）"。

网络人际传播条件下的印象形成研究中，有一些实验也已经对其有所涉及。马丁·里和拉塞尔·思皮尔斯在其提出 SIDE 模型的经典文献《网络人际传播中的副语言与社会感知》中就利用启动效应激活相应的认知图式，继而研究其对网络人际印象形成的影响。这一设计出现在该文献中的实验2。该实验采用了 2×2 的因素设计，两个因素分别为群体身份（group membership）和个性化（individuation）。为了启动需要突出群体身份的一组被试对群体身份的有效认知，实验采用了如下设计：首先，告知该组被试需要完成的任务是评价其所使用的通信系统的性能并判别不同群体在传播方式上是否存在差异；其次，给予该组被试以"群体成员身份编号（group membership number）"，并在其发出的信息开头将相应的编号插入。而对于需要突出个人身份的一组被试，其个人身份的启动则采用了完全相反的设计：首先，告知该组被试需要完成的任务是评价其所使用的通信系统的性能并判别每个人在传播中的不同个人风格；其次，给该组被试分配"参与人员号码（participant number）"，并在每一个人所发出的讯息开头附上其对应的个人号码。实验所得到的数据表明，在群体身份较为突出的情况下，去个性化

① 目前对启动效应作出理论解释的主要有三个模型，分别是激活—传输模型（excitation – transfer model）、存储盒—堆栈模型（storage bin – stack model）和自动联结模型（autoassociative connectionist model）。See Higgins, E. T., Bargh, J. A., Lombardi, W. J. (1985). The nature of priming effects on categorization. *Journal of Experimental Psychology*: *Learning*, *Memory*, *and Cognition*, 11 (1), pp. 59 – 69. Srull, T. K., & Wyer, R. S. (1989). Person memory and judgment. *Psychological Review*, 96 (1), pp. 58 – 83. Smith, E. R., & DeCoster, J. (1998). Knowledge acquisition, accessibility, and use in person perception and stereotyping: Simulation with a recurrent connectionist network. *Journal of Personality and Social Psychology*, 74 (1), pp. 21 – 35.

② 社会认知研究的是人们如何从社会环境中获取信息，并如何形成推理的过程，包括人们如何对他人或是社会群体、社会角色以及人们自身的经验作出判断。刘海龙：《大众传播理论：范式与流派》，中国人民大学出版社 2008 年版，第 190 页。

③ DeCoster, J., & Claypool, H. M. (2004). A meta – analysis of priming effects on impression formation supporting a general model of information biases. *Personality and Social Psychology Review*, 8 (1), pp. 2 – 27.

（de-individuation）[1] 能够强化个体对群体认同的感知。[2] 换言之，此时群体的刻板印象（即认知图式）将对印象形成发挥较大的作用。

此外，马丁·塔尼斯和汤姆·珀斯默斯的研究文献《网络人际传播中的交际线索与印象形成》中的实验也通过启动的方法来突出被试的群体身份和个人身份，只不过具体的设计与里和思皮尔斯的研究略有不同。实验是一个 2×2×2 的因素设计，其中一个因素为群体身份，包含内群体（in-group）身份和外群体（out-group）身份两个水平；具体而言，前者设置为阿姆斯特丹大学（University of Amsterdam）学生身份，后者则设置为荷兰自由大学（Free University）学生身份。为了突出内外群体的身份差别，实验采用了让不同分组的被试佩戴不同校徽的方法对所属群体身份进行启动。实验结果显示，在交际线索几无可获的情况下，群体身份对于印象形成的作用十分明显；而在有可获取的交际线索但水平较低的情况下，群体身份对印象形成的影响在统计上并不显著。[3] 此处的群体身份实质上就是经特定标志启动的社会刻板印象，是社会认知图式中较为典型的一种。因此，这一实验事实上对认知图式在不同线索讯息条件下进行了一个初步的考察，尽管结论并不十分清晰。

所以，在本章研究中完全可以借鉴传统社会认知研究的操作设计，通过启动的方式来激活相应的图式，进而定量考察图式对网络人际印象的影响和作用。

（二）研究假设：图式作用的全面化

正如学者所指出的那样，图式具有积极作用和消极作用，并体现在信息加工过程的各阶段。[4] 对于网络交际线索的图式加工而言，其积极作用在于使个体能够不囿于信息的匮乏，在网络人际传播中有限的线索讯息基础上通过完形的方式迅速对他人形成完整的印象；其消极作用在于个体有可能使用不适合于当前情况的图式（如并不匹配的原型）或有较大误差的图式（如失真的社会刻板印象），形成感知偏差较大的印象。

---

① 在该实验中，去个性化是通过制造视觉遮蔽和身体隔离来实现的。

② See Lea, M., & Spears, R. (1992). Paralanguage and social perception in computer – mediated communication. *Journal of Organizational Computing*, 2, pp. 321 – 341.

③ See Tanis, M., & Postmes, T. (2003). Social cues and impression formation in CMC. *Journal of Communication*, 53, pp. 676 – 693.

④ 参见刘晓红、卜卫《大众传播心理研究》，中国广播电视出版社 2001 年版，第 115—116 页。

如果以这一结论为基础进行推断，那么按照逻辑可以得到以下猜想：

第一，印象形成过程中认知图式的介入会使所形成的印象具有一些非常明晰的典型特征。图式是基于个体的经验生成的，并存储在个体记忆结构之中。随着个体相关经验的增加，会不断地对图式进行修正和提炼。在这一过程中，图式就会带上或多或少的典型特征，由于这些典型特征是经过了许多次的积累和抽象所保留下来的，因而在个体的记忆中会得到特别清晰的表征。一旦个体在认知他人的信息加工过程中运用相关的图式，那么图式所具有的相应的典型特征就会被赋予到印象目标身上，从而使所形成的印象也变得非常的鲜明。

第二，印象形成过程中认知图式的介入，会使感知者将一些印象目标本不具有的特征赋予对方。研究者发现，在某方面信息缺失的情况下，人会自动利用一些特定的捷径来把复杂的问题变成较为单一的判断过程，这些捷径被称为认知启发（cognitive heuristics）。[①] 认知启发的信息加工机制实际上就是在信息缺失的情况下调用相应的图式，从而合理地推测出所缺少的信息，其触发的条件在于相关性，也就是说，只要是与感知对象具有一定关联的图式都有可能被调用到信息加工过程中参与加工。一旦个体使用某种认知启发激活并调用了与印象目标有一定关联但不完全匹配的原型或社会刻板印象，就很可能会将原型或刻板印象所具有的相关特征全部整合到印象目标身上。由于记忆中所存储的人物图式（personal schema）源于个体经验的累积，这些图式在一般情况下很少与印象目标的特征完全重合，所以出现前述情况是有相当可能性的。若是如此，感知者就会形成自己对印象目标已经"全面了解"的错觉。

第三，印象形成过程中认知图式的介入，对感知者给予印象目标的好坏评价有一定的影响。根据图式加工的一般原理，认知图式不仅能对已有的信息进行强化和完形，还能影响感知者对信息意义的理解和阐释。基于同样的线索讯息，个体如激活正面的图式参与加工就能形成正面的印象；而如果联结到负面的图式，则形成的印象就有可能是负面的。因此，图式在印象形成的信息加工过程中很有可能不仅仅是起到强化作用，还会对价值评判产生影响。

第四，印象形成过程中认知图式的介入，会使得所形成的印象与真实形

① See Tversky, A., & Kahneman, D. （1974）. *Judgement under uncertainty: Heuristics and biases. Science*, 185, pp. 1124 – 1130.

象相比产生一定的偏差。如前文所述，图式是通过认知启发来激活和调用的。在网络人际印象形成的特定情境下，通过认知启发可以调用各种类型的人物图式，从而完成基于网络交际线索的图式加工过程。但由于依靠认知启发进行图式加工的过程是一个认知加工的"捷径"，那么必然不可能在细节上实现非常准确的加工，而只能是在追求效率的基础上满足形成印象的基本要求。如此一来，所调用的图式往往并非高度匹配的"模板"，而只是与印象目标有着非常有限的关联性，于是导致根据图式所形成的印象产生较大的认知偏差。

按照以上分析，图式对于网络人际印象形成的每一个维度都会产生作用，不妨称之为"图式作用全面化"，并可以形成如下可验证的假设：

H7.1　网络人际传播条件下，认知图式对印象的鲜明度存在显著的影响。

H7.2　网络人际传播条件下，认知图式对印象的全面度存在显著的影响。

H7.3　网络人际传播条件下，认知图式对印象的好感度存在显著的影响。

H7.4　网络人际传播条件下，认知图式对印象的失真度存在显著的影响。

第二节　实验设计

一　总体设计

本实验采用 2×2 的二因素二价析因设计（factorial design），以认知启动（强/弱）和线索讯息水平（强/弱）为自变量因素进行匹配，然后通过方差分析和简单效应检验的统计分析方法探明两个因素对网络人际印象形成产生了何种影响。

二　自变量设置

本实验设置两个自变量，分别为认知启动和线索讯息的水平，均设"强"和"弱"两个水平。两个自变量因素之间是并列关系，因此采用完全的组间设计（被试间设计）（见表 7 - 1）。

表 7 – 1 2 × 2 设计自变量安排

强认知启动		弱认知启动	
强线索讯息	弱线索讯息	强线索讯息	弱线索讯息
第 1 组	第 2 组	第 3 组	第 4 组

三 被试的选取

从四川大学选取 48 名学生（其中男性 24 名，女性 24 名）成为实验被试，以发给小礼品作为实验酬劳。严格保证被试在实验之前未接触过实验材料及相关信息。按照完全随机分配的原则将被试分配到前述相等的 4 个组中（每组 12 人），分别呈现不同的启动刺激材料和线索讯息材料。

四 实验材料

（一）印象目标人格设定与线索材料设计

鉴于印象目标的人格特征我们拟直接采用第六章实验中的设定（见第六章表 6 – 3、表 6 – 4），故根据该章实验的相关测定结果，本实验中需要用到的强线索材料将使用第六章实验中的第 1 组材料，即资料线索、语言线索、内容线索同时包含的对话记录材料；相对的弱线索材料则使用第六章实验中的第 6 组材料，即仅有语言线索而缺乏资料线索和内容线索的对话记录材料。

（二）启动刺激相关参数设置与启动材料设计

启动是实验的第一步，这一步通常会要求被试完成一个任务，任务中他们会接触到一系列与特质相关的启动刺激。而启动刺激的设置存在一系列的参数，不同的参数将会到达不同的启动效果。本实验所设置的启动刺激各参数，以下将根据实验目的和相关情况逐一加以确定。

分组极性（单极设计/双极设计）。分组极性的选择实质上是决定对启动的强度和数量进行比较还是对启动的不同特质进行比较。单极（unipolar）设计的情况下实验各组的启动刺激的目标特质相同，但刺激强度或数量不等。而双极（bipolar）设计中实验各组的启动刺激强度或数量相等，但目标特质不同。因本实验拟对强、弱两个启动水平的效果进行比较，故采用单极设计，即启动特质相同，但刺激的强度不同。

启动形式（记忆启动/评价启动/感知启动）。不同的启动形式对启动强度有不同影响。通常来说强度最大的启动形式为记忆启动，即让被试对启动刺激材料进行记忆或复述；强度次之的是评价启动，即让被试对启动刺激材料进行评价；强度最弱的启动形式为感知启动，只需让被试对启动刺激材料进行感知（如看、听、阅读等）即可。本实验中虽然同时涉及启动刺激的强、弱两个水平，但根据实验的需要，强、弱启动将都采用评价的形式，只是根据启动材料本身与目标（靶子）材料相关度大小的不同来改变相应的启动强度。

启动性质（特质性启动/方向性启动）。根据启动性质的不同，可以将启动刺激分为特质性启动和方向性启动。大多数实验都会测量某一特质的启动对于人们在对目标（靶子）进行判断时使用该特质的倾向起到怎样的作用；但是，也有一些研究者着力于探索启动对于人们使用那些仅仅与启动概念在效价（valence）上有关的特质有什么影响。前者称之为特质性（descriptive implication）启动，是指启动中的目标特质在定义上要与印象形成中的目标特质完全相同，如都是某一项人格特征、某一项物理属性等；后者称之为方向性（evaluative implication）启动，仅仅要求启动中的目标特质与印象形成中的目标特质在效价（正负向）上相同即可，如都是好的特质、正面的特质或积极性特质，但可以不必是同一特质。主流研究表明，特质意义上的启动刺激能够比仅仅只有方向意义的启动刺激产生更强的效果。① 本实验拟对人际印象形成中所包含的所有人格特征都作出考察，因此采用特质性启动。

被试意识（前意识启动/潜意识启动）。启动刺激对被试提示作用的大小也与启动效应的强度直接相关。因此，被试是否意识到启动刺激的存在是启动设置的相关参数之一。根据被试是否意识到提示存在的不同，启动可分为前意识启动和潜意识启动。前意识（supliminal）启动是指被试虽然意识到启动刺激的存在，但是却坚信启动概念与印象目标没有任何关系。若被试没有意识到启动刺激的存在，即为潜意识（subliminal）启动。本实验拟在强、弱启动条件下均采用前意识启动，即将启动刺激单独呈现给被试，同时确保被试认为启动刺激与其对印象目标的判断绝对无关。

延迟时间（长延迟/短延迟/无延迟）。研究证明，被试的启动接触和印

---

① See Devine, P. G. (1989). Stereotypes and prejudice: Their automatic and controlled components. *Journal of Personality & Social Psychology*, 56 (1), pp. 5 – 18. Srull, T. K., & Wyer, R. S. (1980). Category accessibility and social perception: Some implications for the study of person memory and interpersonal judgments. *Journal of Personality and Social Psychology*, 38 (6), pp. 841 – 856.

象目标接触之间的延迟时间越长，启动中的目标特质对印象形成的影响就越小。① 通常情况下对延迟时间长度的设置是通过在启动刺激呈现之后设置干扰步骤实现的。干扰任务可以采用多种形式，但是应当绝对避免让被试接触与目标特质相关的信息。本实验不设定延迟时间，启动之后立即对被试呈现线索讯息材料。

启动效价（正面启动/负面启动）。启动效价这一参数包括正面启动和负面启动两种。前者是指使用包含正面（积极）信息的刺激进行的启动，后者是指使用包含负面（消极）信息的刺激进行的启动。一般而言，异常启动比非异常启动对于印象形成有着更为强烈的效果，所以通常负面信息对道德和人格方面的评判所产生的效果较为明显；而正面信息对能力方面的评判所产生的效果较为明显。② 尽管本实验主要关注人格特征的评判，但由于并不需要过度加强启动产生的效果，因而仍然采用中性的启动刺激。

以上述系列参数的设定为基础，本研究拟对相应的启动材料和启动过程作如下设计：

首先，启动材料是包含5组共50个形容词的一道所谓的"基本语言能力测试题"。该测试题要求被试将每组10个词中的3个通常用于直接形容人的词挑选出来，填入指定的表格中。强启动材料（见附录五）中应当被选出的15个词均为描述目标特质的启动词；弱启动材料（见附录六）中应当被选出的15个词中有10个为描述目标特质的启动词，另外5个为削弱启动效果的干扰词。

其次，在实验的主体程序实施之前要求被试完成启动材料中关于基本语言能力的预测试，并告知被试此预测试的目的在于测验实验参与者的语言理解能力和判断能力，以防稍后的实验在结果上出现较大的误差，若预测试通过方能进入正式的实验程序。对于采用强启动的分组，在被试完成预测试之后，还需将预先做好的"标准答案"发给其自行对照，以加强启动效果；对于采用弱启动的分组则不设这一程序。整个预测试结束即为启动完成。

---

① See Srull, T. K., & Wyer, R. S. (1980). Category accessibility and social perception: Some implications for the study of person memory and interpersonal judgments. *Journal of Personality and Social Psychology*, 38 (6), pp. 841 –856.

② See Skowronski, J. J., & Carlston, D. E. (1989). Negativity and extremity biases in impression formation: A review of explanations. *Psychological Bulletin*, 105 (1), pp. 131 – 142.

五 实验程序

采用强启动条件的分组的实验程序如下：首先告知被试，为了避免稍后的实验在结果上出现较大的误差，在实验进行之前需要测试其基本的语言理解能力和判断能力，然后发给被试启动材料"基本语言能力测试"，让被试按照材料上的要求完成填答。填答完成之后将启动材料收回。随后将"基本语言能力测试答案"发给被试，由被试自行对照判分。判分完毕并获得被试分数之后，告知被试"你的测试已通过，你具备参加本实验的基本条件"，并按分组将相应水平的线索讯息材料和 NEO 五因素形容词评定量表发给被试，请被试按要求仔细阅读材料之后填写量表。完成之后回收量表。

采用弱启动条件的分组的实验程序如下：首先告知被试，为了避免稍后的实验在结果上出现较大的误差，在实验进行之前需要测试其基本的语言理解能力和判断能力，然后发给被试启动材料"基本语言能力测试"，让被试按照材料上的要求完成填答。填答完成之后将启动材料收回并判分，继而告知被试"你的测试已通过，你具备参加本实验的基本条件"，并按分组将相应水平的线索讯息材料和 NEO 五因素形容词评定量表发给被试，请被试按要求仔细阅读材料之后填写量表。完成之后回收量表。

六 因变量的设置与测量

本实验的因变量仍然为人际印象效果，因此将沿用第五章实验研究所使用的四个测量维度指标，即印象的鲜明度（intensity of impression）、印象的全面度（breadth of impression）、印象的好感度（valence of impression）以及印象的失真度（error of impression）。每个指标的操作定义及其在本实验中的测量方法不变。

第三节 实验结果及讨论

一 实验结果

实验方案为 2×2 的二因素组间（被试间）析因设计，测量结果包含了四组数据；实验目的是分析启动（prime）和线索（clue）对印象形成的影响，故采用二因素方差分析（2-way ANOVA）及简单效应分析的统计分析方法（选定显著性 $p < 0.05$）。各测量指标统计分析结果如下：

（一）印象的鲜明度（intensity）

从分析结果中可以看到，启动（prime）因素对于印象鲜明度的主效应表现出突出的显著性，其 $F(1,44) = 9.987$，Sig. $= 0.003 < 0.01$。而线索（clue）因素并未表现出显著的主效应，$F(1,44) = 0.443$，Sig. $= 0.509 > 0.05$。两个因素（prime * cue）的交互作用也达到了显著水平［$F(1,44) = 8.955$，Sig. $= 0.005 < 0.01$］（详细分析结果见表7-2）。

表7-2　　　　　　　　　　　印象鲜明度的二因素方差分析结果

Tests of Between-Subjects Effects

Dependent Variable：intensity

Source	Type Ⅲ Sum of Squares	df	Mean Square	F	Sig.
Corrected Model	4. 347[a]	3	1. 449	6. 461	0. 001
Intercept	143. 123	1	143. 123	638. 240	0. 000
prime	2. 239	1	2. 239	9. 987	0. 003
cue	0. 099	1	0. 099	0. 443	0. 509
prime * cue	2. 008	1	2. 008	8. 955	0. 005
Error	9. 867	44	0. 224		
Total	157. 337	48			
Corrected Total	14. 214	47			

a. R Squared = 0. 306　（Adjusted R Squared = 0. 258）

启动强度与线索水平存在着显著的二次交互效应，对此我们仍作线索—启动二次交互作用图解来进行分析。由于在印象形成过程中线索先于图式，故仅对线索处于不同水平下的鲜明度随启动强度变化的情况进行分析。根据印象鲜明度的线索—启动平均数表（见表7-3），利用 SPSS 作出其线索—启动二次交互作用图解（见图7-2）如下：

表7-3　　　　　　　　　　印象鲜明度的线索—启动平均数

	strong Prime	weak Prime
strong Cues	1. 6928	1. 6698
weak Cues	2. 1928	1. 3517

从图中曲线可以看出，在线索讯息充分的情况下，启动强度对印象鲜明度的影响并不显著，独立样本 t 检验的结果对此也予以了证实：$t(22) = 0.123$，$p > 0.05$，Sig. (2-tailed) $= 0.903 > 0.05$；而在线索讯息相对不足的

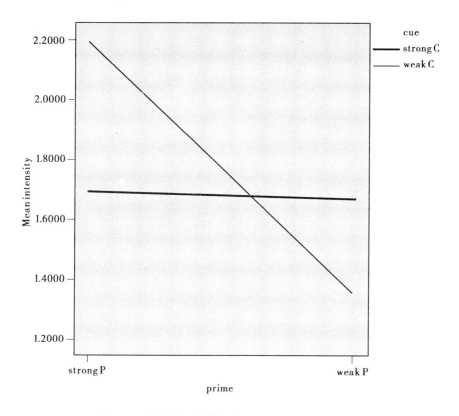

图 7 - 2 印象鲜明度的线索—启动二次交互作用图解

情况下，启动效果的变化能够强烈地影响印象的鲜明度 [t(22) = 4.198，p > 0.05，Sig. (2-tailed) = 0.000 < 0.01]。这就是说，线索—启动的二次交互效应是在线索微弱的水平上呈现出来的。

启动强度对于印象鲜明度表现出明显的主效应，利用 SPSS 计算启动因素的边际均值，得到启动强度较弱的情况下印象鲜明度的均值为 M = 1.5108；而启动强度较强的情况下印象鲜明度的均值为 M = 1.9428。可见启动强度的主效应对于印象形成的鲜明度而言其作用是正向的，启动强度越强，激活的认知图式就越明晰，所形成的印象就越鲜明。这一结果与二次交互效应的分析结果相符。

综合上述分析可以得知，启动及其激活的图式的强弱是印象鲜明度的决定性因素。在线索讯息充分的情况下，认知图式对于印象的鲜明度几乎没有影响；而在线索讯息不够充足的情况下，认知图式的介入会使得所形成的人际印象更加鲜明。

（二）印象的全面度（breadth）

分析结果显示，启动（prime）因素和线索（cue）因素均未对印象全面度产生显著的主效应，前者为 $F_{(1,44)} = 0.899$，Sig. $= 0.348 > 0.05$；后者为 $F_{(1,44)} = 1.699$，Sig. $= 0.199 > 0.05$。但两个因素之间（prime * cue）存在显著的交互作用 $[F_{(1,44)} = 5.068$，Sig. $= 0.029 < 0.05]$（详细分析结果见表7-4）。

表7-4　　　　　　　　　印象全面度的二因素方差分析结果

Tests of Between-Subjects Effects

Dependent Variable：breadth

Source	Type III Sum of Squares	df	Mean Square	F	Sig.
Corrected Model	45. 500[a]	3	15. 167	2. 555	0. 067
Intercept	7701. 333	1	7701. 333	1297. 481	0. 000
prime	5. 333	1	5. 333	0. 899	0. 348
cue	10. 083	1	10. 083	1. 699	0. 199
prime * cue	30. 083	1	30. 083	5. 068	0. 029
Error	261. 167	44	5. 936		
Total	8008. 000	48			
Corrected Total	306. 667	47			

a. R Squared $= 0. 148$ （Adjusted R Squared $= 0. 090$）

虽然启动强度和线索讯息水平两个因素都没有对印象的全面度呈现出显著的主效应，但方差分析结果显示，二者的交互作用是显著的，需要作进一步的简单效应分析。根据印象全面度的线索—启动平均数表（见表7-5），利用 SPSS 作出其线索—启动二次交互作用图解（见图7-3）：

表7-5　　　　　　　　　印象全面度的线索—启动平均数

	strong Prime	weak Prime
strong Cues	12. 0000	14. 2500
weak Cues	12. 6667	11. 7500

图解显示，在线索水平较低的情况下，启动强度的增加只对印象的全面

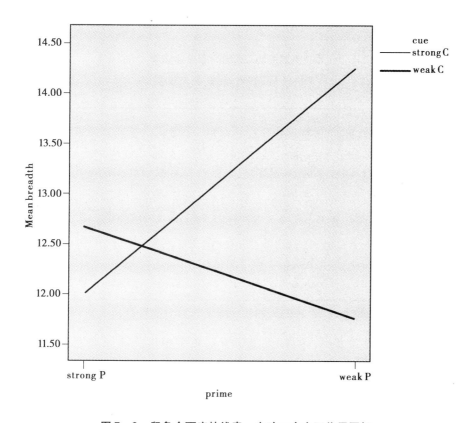

图 7 - 3　印象全面度的线索—启动二次交互作用图解

度有些许影响，独立样本 t 检验的结果也表明，此时两个启动水平下印象全面度的均值差异是不显著的[t(22) = 0.751，p > 0.05，Sig.（2-tailed）= 0.461 > 0.05]。而在线索水平较高的情况下，强弱启动水平下的全面度均值经独立样本 t 检验显示差异是显著的[t(22) = - 3.225，p > 0.05，Sig.（2-tailed）= 0.004 < 0.01]，此时较强的启动反而会大幅度降低所形成印象的全面程度。

　　以上分析说明，认知图式的强度变化对印象全面度这一指标的影响发生在线索讯息水平较高的条件下，且呈反向变化。

　　（三）印象的好感度（valence）

　　对于印象的好感度，启动（prime）因素并未表现出显著的主效应[F(1,44) = 3.882，Sig. = 0.055 > 0.05]，而线索（cue）因素的主效应则体现出一定显著性[F(1,44) = 4.793，Sig. = 0.034 < 0.05]。此

外，两个因素（prime ＊ cue）的交互作用也未达到显著水平 [F(1,44) = 2.349，Sig. = 0.133 > 0.05]（详细分析结果见表 7 - 6）。

表 7 - 6　　　　　　　印象好感度的二因素方差分析结果
Tests of Between-Subjects Effects

Dependent Variable：valence

Source	Type Ⅲ Sum of Squares	df	Mean Square	F	Sig.
Corrected Model	19.167[a]	3	6.389	3.675	0.019
Intercept	16.333	1	16.333	9.394	0.004
prime	6.750	1	6.750	3.882	0.055
cue	8.333	1	8.333	4.793	0.034
prime * cue	4.083	1	4.083	2.349	0.133
Error	76.500	44	1.739		
Total	112.000	48			
Corrected Total	95.667	47			

a. R Squared = 0.200（Adjusted R Squared = 0.146）

两个自变量因素中，启动强度对于印象好感度的主效应非常接近但未能达到显著水平，而线索讯息对于好感度的影响则刚刚满足显著性的要求，且无交互作用的存在。利用 SPSS 计算线索因素的边际均值，得到线索讯息水平较低的情况下印象失真度的均值为 M = - 1.0000；而线索讯息水平较高的情况下印象失真度的均值为 M = - 0.1667，说明线索讯息水平对于印象好感度的影响是正向的，其提升能够增加感知者对印象目标的好感。换言之，线索越丰富，印象目标留给感知者的印象越好。

（四）印象的失真度（error）

对于印象的失真度，启动（prime）因素的主效应同样不显著 [F(1,44) = 1.351，Sig. = 0.251 > 0.05]，而线索（cue）因素却呈现出强烈的主效应，其 F(1,44) = 13.248，Sig. = 0.001 < 0.01。两个因素（prime ＊ cue）的交互作用为 F(1,44) = 1.343，Sig. = 0.253 > 0.05，仍然未达到显著水平（详细分析结果参见表 7 - 7）。

表 7 – 7　　　　　　　　印象失真度的二因素方差分析结果

Tests of Between-Subjects Effects

Dependent Variable：error

Source	Type III Sum of Squares	df	Mean Square	F	Sig.
Corrected Model	3. 337[a]	3	1. 112	5. 314	0. 003
Intercept	176. 184	1	176. 184	841. 667	0. 000
prime	0. 283	1	0. 283	1. 351	0. 251
cue	2. 773	1	2. 773	13. 248	0. 001
prime * cue	0. 281	1	0. 281	1. 343	0. 253
Error	9. 210	44	0. 209		
Total	188. 731	48			
Corrected Total	12. 547	47			

[a]. R Squared = 0. 266（Adjusted R Squared = 0. 216）

线索讯息因素呈现出强烈的主效应，而启动强度的影响却不显著，二者之间也不存在交互效应，这意味着，网络人际传播条件下所形成的印象的偏差大小主要取决于线索讯息的充足程度。利用 SPSS 计算线索因素的边际均值，得到线索讯息水平较低的情况下印象失真度的均值为 M = 2. 1562；而线索讯息水平较高的情况下印象失真度的均值为 M = 1. 6755，线索讯息水平的提升能够显著降低印象的失真度，即增加所形成印象的准确性。

二　解释与讨论

约瑟夫·瓦尔特的超人际模型（hyperpersonal model）[①] 认为，网络条件下的互动者能够形成超越传统面对面人际情感和关系的效果，其原因主要在于交际线索讯息的缺失与传播过程的四个结构性要素——讯息发送者（senders）、传播信道（channel）、讯息接收者（receivers）以及反馈（feedback）——的相互作用。其中线索缺失对于讯息接收者这一环节的作用是使得后者在过于单一的线索基础上作出判断从而将对方理想化（idealization）。"理想化"的一般含义是指把某种事物看做是与自己的期待完全相符的认知过程。这种期待在社会学中被称为"框架（frame）"[②]，是一种经验的组织

[①]　See Walther, J. B.（1996）. Computer – mediated communication：Impersonal, interpersonal and hyperpersonal interaction. *Communication Research*, 23（1），pp. 3 – 43.

[②]　这一术语最早由社会学者欧文·戈夫曼提出，是指在某个特定时间用来理解社会境遇的一套特定的期望。See Goffman, E.（1974）. *Frame analysis：An essay on the organization of experience.* New York：Harper & Row. 转引自［美］斯坦利·巴兰、丹尼斯·戴维斯著，曹书乐译《大众传播理论：基础、争鸣与未来》（第 3 版），清华大学出版社 2004 年版，第 273 页。

方式，也就是认知图式。所以，在瓦尔特的理论假说中，实际上暗含了对认知图式作用于网络人际传播效果的描述。但遗憾的是，他并未明确地揭示这一点，也没有指出认知图式对网络人际印象形成的影响是作用于何种维度的，而只是以 SIDE 模型为基础进行了初步的说明。诚然，SIDE 模型指出，网络互动者常常从一些能够获取的细微线索（如拼写错误、输入错误或特殊符号的使用等）中延伸出对方的固定形象；而在本章的开头我们也已经提到，SIDE 模型的实质是揭示了社会刻板印象在网络人际传播条件下印象形成中的作用，而社会刻板印象正是认知图式中最为典型的一类，但由于研究重点的不同和测量指标的限制，它也未能就认知图式的作用进行更为细节化的探究。可见，本章的实验正是对超人际模型和 SIDE 模型有关部分的进一步探索。

本章实验的结果表明：网络人际传播的印象形成过程中，认知图式的变化主要在特定的线索水平下对印象的鲜明度和全面度产生显著影响；对好感度有些许影响但不够显著；对失真度则几乎没有影响。以下分别进行讨论。

（一）图式对印象鲜明度的影响

第六章的线索实验表明，对于印象的鲜明度，资料线索、语言线索和内容线索三个因素都没有在数据结果中表现出相应的主效应，而且也不存在显著的二次交互效应和三次交互效应。因而我们提出，印象形成的鲜明度比面对面传播显著突出，其决定性因素很可能不在于线索而在于第四章的预调查研究中所提示的另一个关键要素——网络互动者所具有的认知图式。

本章的实验结果很好地证实了这一点。分析数据显示图式的主效应非常显著，达到了 0.005 的水平。而且，对二次交互效应进行简单效应分析之后还发现，图式对于印象鲜明度的强烈影响主要在线索讯息缺乏的条件下产生。这说明，当线索讯息不足之时，网络互动者若要形成关于对方的印象，必须激活和调取相关的图式，一旦图式参与印象形成的信息加工过程，最终所形成的印象会非常鲜明。这一结论充分验证了假设 H7.1 的判断。

如果进一步联系第五章效果实验的结果就会发现，之所以网络人际传播条件下所形成的印象比面对面更为鲜明，很有可能是因为网络人际传播中的印象形成过程有更多的图式成分参与其中。不仅如此，既然交互作用显示图式对于鲜明度的强烈影响主要存在于线索讯息缺乏的环境下，那么完全可以形成如下合理推断，即网络人际传播中线索讯息的确是较为缺乏的。线索消除论在这里再次得到确证，而且更加明晰化的一点是，线索消除论恰恰是超人际模型成立的理论前提和基础，两者在逻辑上是互洽的，而非传统观点所认为的，线索消除进路的一系列理论［包括信息丰度理论（information richness theory）①、交际情境线索缺失假说（hypothesis of lack of social context cues）②、线索消除理论（cues filtered-out theory）③ 等］必然导致去人际效果（impersonal effects）论。

（二）图式对印象全面度的影响

实验结果的分析数据表明，图式和线索各自对印象全面度都不存在显著的作用，但二者有达到 0.05 显著水平的交互作用。这一交互作用的含义是：在线索水平较低的情况下，启动的增强几乎不会影响印象的全面度；而在线索水平较高的情况下，较强的启动反而会明显降低所形成印象的全面程度。

这一结果从表面上看，似乎与第六章的研究结论产生了矛盾。第六章的实验研究表明，人们依靠内容线索和语言线索来获得一些更为全面的信息，两种线索类型对于降低印象的片面性都是行之有效的，而且各自独立作用，没有相互影响。然而，如果结合图式对印象鲜明度的影响结论仔细加以比较分析就会发现，它们具有内在的逻辑一致性。

首先，当线索不足时，图式只能对提升印象的全面度起到很微小的作用，这一结论是不存在悖论的。根据第六章实验的结论，线索通常能够反映一些印象目标的人格特征，但并不突出。此时感知者会调用图式使这些人格特征清晰化，从而呈现出一个鲜明的印象。在此种情况下，图式对于缺乏线索联结的人格特征（即还没有表现出来的人格特征）是几乎无能为力的，它的主要作用是强化那些已经被线索体现出来的人格特征，使之更为突出。简言之，就是如果没有线索作为基础，图式很难帮助感知者延伸出其他毫无蛛丝马迹的特征判断。若要进一步形成更为全面的印象，只能是依靠更多更全面的线索讯息，这与第六章中关于线索对鲜明度和全面度的影响的结论是吻合的。

其次，当线索充分时，为什么较强的启动会明显降低印象的全面度呢？

① See Daft, R. L., & Lengel, R. H. (1986). Organizational information requirement, media richness and structural determinants. *Management Science*, 32, pp. 554 – 571.

② See Sproull, L., & Kiesler, S. (1986). Reducing social context cues: Electronic mail in organizational communication. *Management Science*, 32, pp. 1492 – 1512.

③ See Culnan, M. J., & Markus, M. L. (1987). Information technologies: Electronic media and interorganizational communication. In F. M. Jablin, L. L. Putnam, K. H. Roberts, & L. W. Porter (Eds.), *Handbook of organizational communication: An interdisciplinary perspective* (pp. 420 – 443). Newbury Park, CA: Sage.

按照图式加工的一般原理，在进行人际感知之时，若线索讯息较为充分，那么无须借助图式即可形成一个较为全面的印象。第六章的研究结论对此已经作出了解释，即内容线索和语言线索在各自独立地发挥作用。但必须注意到，此种情况下的图式实际上处于一个较弱的水平。从印象全面度的线索—启动平均数表（见表7-5）不难看出，若图式处于较弱的水平，充分的线索讯息足以形成一个较为全面的印象（全面度均值为 M＝14.2500，理论最大值为15），说明本章研究中图式与线索对全面度的交互作用是符合图式加工的一般情况的。然而，一旦条件改变，若由于某种原因（如深刻的联想、强烈的主观预断或顽固的偏见等，在本实验中是强启动的设置）而存在较强的图式激活和调用，同时线索依然充分的话，两者在不一致的细节上就会发生冲突，反而会使感知者对印象目标的判断失去原有的把握。此时图式对于印象形成起的是负面作用，这就是线索充分的情况下强启动明显降低印象全面度的主要原因。

综上所述，假设 H7.2 应为有条件成立，认知图式在交际线索较为充分的情况下对于印象全面度存在显著的负向作用。

（三）图式对印象好感度的影响

虽然本章实验中图式对印象好感度的主效应未达到显著水平（假设 H7.3 未能得到支持），但其显著性概率为 0.055，较为接近显著的临界值。所以，图式对于好感度仍然可能存在一些非常细微的影响。不过，这种微弱的影响究竟是因为图式对印象好感度的主效应本身就不显著而造成的，还是由于实验控制中的偶然性误差造成的，目前尚不能确定。这意味着，就印象的好感度这一指标而言，实验的结果并不十分清晰，因此暂时不能形成较为有力的结论。若将其与前人进行的一些相关研究进行比较分析，可以更清晰地看到这一点。

在马丁·里和拉塞尔·思皮尔斯 1992 年的经典研究《网络人际传播中的副语言与社会感知》中，有一个研究结论与图式对印象好感度的影响问题有一定的关联。该结论如下：在群体身份较为突出的情况下，去个性化（de-individuation）[①] 能够强化个体对群体认同的感知。[②] 正如本章开头所指出的，群体身份的突出会导致社会刻板印象的形成，而社会刻板印象则是认

---

① 在该实验中，去个性化是通过制造视觉遮蔽和身体隔离来实现的。

② See Lea, M., & Spears, R. (1992). Paralanguage and social perception in computer-mediated communication. *Journal of Organizational Computing*, 2, pp. 321-341.

知图式中较为典型的一种，那么此处的"群体身份突出"这一条件实际上就是对图式的调用。另外，个体对群体认同的态度，在实验中的操作定义恰恰正是好感度（likeability）的数值水平，好感度高即为认同感强，好感度低即为认同感弱。实验结果表明，两者的相关系数为 r = 0.63，伴随概率 p < 0.05，相关关系成立。[1] 那么，该研究结论意味着图式中的一类（群体刻板印象）在一定程度上影响了感知者对感知对象的好感度，这与本研究的结果是不符的。

　　然而，马丁·塔尼斯和汤姆·珀斯特默斯 2003 年的研究却未能对里和思皮尔斯的结论提供支持。在其实验 1 中，同样设置了印象目标的群体身份这一自变量，用以激发感知者的刻板印象（图式），但实验结果却显示，印象目标群体身份的变化对于包括印象的正面度（positivity）在内的两个因变量指标都没有影响（既不存在显著的主效应也不存在更高阶的交互效应）。[2]这一结论与本实验关于图式对印象好感度的影响的数据分析结果相同，但却与里和思皮尔斯的研究得到的结果不一致。

　　可见，关于网络人际传播中图式对好感度的影响，仅凭目前已有的研究无法得出一个定论，尚需要在更加细致化的研究设计基础上进行更为深入的探索和检验。

（四）图式对印象失真度的影响

　　对于印象的失真度，线索因素呈现出强烈的主效应，而图式的影响却不显著，二者之间也不存在交互效应，这意味着，网络人际传播条件下所形成的印象的偏差大小主要取决于线索讯息的充足程度，假设 H7.4 未得到支持。

　　但相当奇怪的是，正如我们在提出假设 H7.4 之时进行的论述所提到的那样，许多经典研究已经证明，图式的确会给个体的认知带来偏差，为什么会出现对网络人际印象形成没有影响这样的悖论呢？更难以想象的是，不仅图式对印象的失真度没有主效应存在，连交互效应也不存在。难道图式对所形成印象的准确程度一点影响也没有吗？

　　答案是否定的。其实，图式会带来认知偏差并不必然推导出图式一定会对印象的准确程度产生显著影响的判断。在通常情况下，互动者之间总是通

　　[1]　See Lea, M., & Spears, R. (1992). Paralanguage and social perception in computer-mediated communication. *Journal of Organizational Computing*, 2, pp. 321–341.

　　[2]　See Tanis, M., & Postmes, T. (2003). Social cues and impression formation in CMC. *Journal of Communication*, 53, pp. 676–693.

过有限次数的互动对对方形成印象。从理论上讲,感知者永远都无法对印象目标作出一个完全准确的特征判断。更何况,在大多数网络人际传播实验中均采用的是一次性互动(其实在涉及面对面或电话传播的实验中也是如此),就更不可能形成完全准确的印象,甚至连相对较为准确的水平都达不到。换言之,在信息不够充分的情况下(事实上信息充分到能够完全准确地把握对方的各项特征只具有理论上的可能),无论感知者所激活和调用的图式的强弱水平如何,他都无法得到一个完全准确的关于对方的印象。因此,图式的强弱变化最多只可能在某一个特定的区间内改变印象的失真程度,或者说,使印象从一个偏差水平变到另一个偏差水平,而不可能做到让印象从某一个偏差水平发展到完全准确。而这个印象的失真程度因受到图式影响而改变的区间(偏差水平的差异),实际上正如实验结果所揭示的,是一个还达不到显著差异水平的变化区间。若要大幅度提升印象的准确性,让其失真的程度明显降低,只能依靠获取更多的相关信息才能实现。这就是为什么线索因素对于印象失真度呈现出强烈的主效应。所以,所谓的悖论只是一个主观上的错觉而已,我们在形成假设的时候恰恰陷入了这个错觉之中,以致提出了错误的猜想。

当然,交际线索才是真正显著影响印象失真度的因素这一结论的得出还有另外一个意义。第五章的印象形成效果实验中对失真度的考察表明,网络传播条件下所形成的印象明显不如面对面条件下的准确,结合本实验研究的结果可以推断,网络人际传播中互动者所获得的关于对方的线索讯息的确要少于面对面的情形,这直接导致了印象偏差的增大。这一论断也再次为网络人际传播的基本研究进路——线索消除论提供了有利的证据。

以上讨论的结果,我们将其梳理过后列在表7-8之中。

表7-8　　　网络人际传播条件下图式对印象不同维度指标的影响

印象指标	图式的作用效果(作用条件)
鲜明度	正向作用(线索缺乏时)
全面度	负向作用(线索充足时)
好感度	不显著
失真度	不显著

三　结论

在对网络人际传播条件下所形成印象的四个指标的测量结果加以分析和

解释的基础上，认知图式对印象各个维度的影响已初步明晰，如表 7 – 9 所示。

表 7 – 9 网络人际传播条件下图式对印象效果的影响

作用因素	作用条件	相关印象指标（作用效果）
认知图式	线索缺乏时	鲜明度（正向作用）
	线索充足时	全面度（负向作用）

第八章　网络印象双因素模型

第一节　网络印象双因素模型的建构

一　网络印象双因素模型的基本结构

所谓模型（model），也称为模式①，是指"用图像形式对某一客观现象进行有意简化的描述"，"试图表明的是任何结构或过程的主要组成部分以及这些部分之间的相互关系"②。在前面几章研究的基础上，一个关于网络人际传播中印象形成机制的理论模型已经呼之欲出。显然，这个模型应当包含印象形成过程中的线索（cue）和图式（schema）两个相辅相成的主要因素，并能反映网络人际传播方式所具有的线索消除和超人际效果的特点。我们将之命名为网络印象双因素模型（the dual-factor model of impression formation in CMC），其基本结构如图 8-1 所示。

二　网络印象双因素模型的要素

网络人际传播中的印象形成是一个讯息加工的过程，因此网络印象双因素模型中也包含了三个关键的环节，即信息的接收环节、信息的加工环节以及印象效果环节。在这三个环节中，分别有相应的模型要素（elements），以下逐一分析。

（一）交际线索：网络印象双因素模型的输入要素

交际线索（cues，C）是位于网络印象双因素模型输入环节的要素，其中含有的关于印象目标个人的信息是印象形成过程中的加工对象。感知者通

---

① 《大众传播模式论》一书的译者祝建华曾经在"译者的话"中提到，为了与更狭义的数学模型相区别，他将"model"译为"模式"。但实际上，"数学模型"一词也有译为"数学模式"的，这样的区分意义不大。此外，"模型"一词本来就有"浓缩"、"仿真"的含义，而"模式"则通常是指某种标准样式，相比之下前者更为接近"model"的本义，因而此处仍然采用"模型"的译法。

② ［英］丹尼斯·麦奎尔、［瑞典］斯文·温德尔著，祝建华译：《大众传播模式论》（第2版），上海译文出版社 2008 年版，第 2 页。

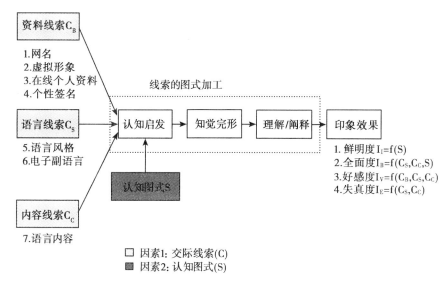

图 8 - 1　网络印象双因素模型

过人际传播获取与印象形成有关的线索讯息，然后从中提取相关信息并进行加工。网络人际传播中的交际线索可分为资料线索（C_B）、语言线索（C_S）和内容线索（C_C）三个类型：

（1）资料线索（biography cues，C_B）。包括网名、虚拟形象、在线个人资料和个性签名。这一类线索的共同特征是能够提供印象目标的一些基本情况。在通常的情况下，资料线索不会发生改变，是一个在线用户区别于其他用户的较为固定的身份标志。其中：

a 网名（online name）是每个网络互动参与者的身份符号，是网络世界一个人区别于他人的标志，包括 ID（身份账号）和昵称。

b 虚拟形象（virtual appearance）是网络互动参与者在不同的网络人际传播平台所拥有的一个虚拟的拟人形象，主要包括头像和虚拟人物形象。

c 在线个人资料（online biography）是虚拟社区或 IM 通讯列表中可供他人查询的关于某成员或用户的资料。其中包含的个人信息通常有真实姓名、性别、年龄、生日、星座、职业、兴趣爱好等。

d 个性签名（personalized signature）是固定附着在某人发表的帖子后面或某人的虚拟形象旁边的文字、图形、图片等，能在一定程度上体现帖子作者或网络用户的个性特色，甚至相当于其亲笔签名而起到一种身份证明的作用。

（2）语言线索（style cues，C_S）。语言线索包括语言风格和电子副语言。这一类线索与资料线索不同，附着在网络人际传播的交流话语之中，总体而言比较含蓄，加之由于网络传播条件下传播参与者选择性自我展示（selective self-presentation）的存在，其不确定性也比其他类型的线索高很多。即便如此，语言线索通常也能够提供一定的印象信息。虽然语言线索不如资料线索稳定，但就大多数情况而言，其仍然能相对保持不变。其中：

e 语言风格（linguistic style）是网络互动参与者在网络交流中所使用语言的结构和形式特征，主要包括用词偏好、句型偏好、标点偏好等方面。

f 电子副语言（electronic paralanguage）是指以表情图标为代表的，能对语言的表达效果起到辅助作用的各种符号，包括由标点符号组成的模拟表情如"：)"、"：p"等，故意使用的大小写、错别字，以及 IM 软件和网络社区自带的表情图标系统，等等。

（3）内容线索（content cues，C_C）。内容线索就是语言内容，主要包括交流中通过自我表露和回答询问的方式展示出来的、以语言为载体的相关信息。所谓自我表露（self-disclosure）是指对他人揭示自己的私人信息的行为[①]；而回答询问（interrogation reply）是指个体对他人使用言辞直接询问的问题进行回答[②]。语言内容常常涉及一些发生在印象目标身上的特定事件（case）。这些事件往往能够反映出印象目标的部分个性特征。但不同的对话中，可能涉及不同的特定事件，因而也就可能使得不同的感知者对印象目标归纳出不同的个性特征，从而形成不同的印象。其中：

g 语言内容（verbal content）是网络互动参与者在网络交流中所谈及的内容。

（二）认知图式：网络印象双因素模型的加工过程要素

印象形成的信息加工方式是图式加工，不存在完全依赖线索讯息（即完全使用个人化加工）形成印象的情况，因此认知图式（schemata，S）就

---

① ［美］杰里·伯格著，陈会昌等译：《人格心理学》（第 6 版），中国轻工业出版社 2004 年版，第 359 页。

② Berger, C. R.（1979）. Beyond initial interaction：Uncertainty, understanding, and the development of interpersonal relationships. In H. Giles & R. St. Clair（eds.），*Language and social psychology*（pp. 122 – 144）. Oxford：Blackwell. Berger, C. R., Gardner, R. R., Parks, M. R., Schulman, L., & Miller, G. R.（1976）. Interpersonal epistemology and interpersonal communication. In G. R. Miller（Ed.），*Explorations in interpersonal communication*（pp. 149 – 171）. Beverly Hills, CA：Sage.

是网络印象双因素模型中的加工过程要素。

认知图式是依据先前经验把各种相关概念有意义地组织起来的认知模式①，它可以指导人如何对原始材料进行采集、记忆和推理②。当人们接触外界事物时，常在记忆中检索那些与输入信息最符合的认知图式与之对照，加以理解与解释，这个过程称之为图式加工（schematic processing）。③

（三）多维度的印象效果：网络印象双因素模型的输出要素

印象效果（impression effect）是位于网络印象双因素模型输出环节的要素。印象形成的效果并非是单一维度的，不是简单的大或小、高或低、好或坏、美或丑，而是一个复合的效果。它至少包含了鲜明度（I_I）、全面度（I_B）、好感度（I_V）、失真度（I_E）等四个维度。其中：

（1）印象的鲜明度（intensity of impression，I_I）是指所形成的印象中各种特征的突出程度（the magnitude of the attributions）。

（2）印象的全面度（breadth of impression，I_B）是指所形成的印象涵盖的特征的全面程度（the comprehensiveness of the attributions）。

（3）印象的好感度（valence of impression，I_V）是指所形成的印象在感知者心目中的好坏评价（the positve-negative evaluation）。

（4）印象的失真度（error of impression，I_E）是指所形成的印象与印象目标真实形象的偏差程度（the bias）。

三 网络印象双因素模型的作用机制

（一）交际线索对印象效果的作用：线索作用平均化

网络人际传播条件下，不同的线索类型对印象效果的作用是不同的，任何一种类型的线索，至少对印象的一个维度产生影响，而且这些影响既有正向，又有负向，互相之间并无绝对有用的线索和绝对无用的线索之分。这一现象被称为"线索作用平均化"。三个类型的交际线索对于印象效果不同维度的显著作用如下（见表8-1）：

---

① ［美］罗伯特·斯滕伯格著，杨炳钧等译：《认知心理学》（第3版），中国轻工业出版社2006年版，第437页。

② ［美］S. T. 菲斯克、S. E. 泰勒著，张庆林等译：《社会认知：人怎样认识自己和他人》，贵州人民出版社1994年版，第148页。

③ 章志光主编、金盛华副主编：《社会心理学》，人民教育出版社1996年版，第116页。

表 8 - 1　　　　　　　　　　　交际线索对印象效果的作用

	鲜明度	全面度	好感度	失真度
资料线索	/	/	正向作用 （依赖语言、内容线索）	/
语言线索	/	正向作用 （无条件）	负向作用 （依赖资料、内容线索）	双向作用 （依赖内容线索）
内容线索	/	正向作用 （无条件）	正向作用 （依赖资料、语言线索）	负向作用 （依赖语言线索）

（二）认知图式对印象效果的作用：图式作用集中化

由于网络人际传播条件下网络媒介的中介作用，许多线索讯息被消除了，仅有的线索不足以供感知者对互动对象形成完整的印象，认知图式的介入成为完成信息加工的必要条件。但图式对于印象效果的作用非常的集中，主要是对印象的鲜明度和全面度产生影响，可谓"图式作用集中化"。认知图式对于印象效果不同维度的作用如下（见表 8 - 2）：

表 8 - 2　　　　　　　　　　　认知图式对印象效果的作用

	鲜明度	全面度	好感度	失真度
图　式	正向作用 （依赖于线索）	负向作用 （依赖于线索）	/	/

（三）交际线索与认知图式的相互作用：启发与完形

从网络人际传播条件下线索与图式各自对印象效果的作用分布可以看出，线索讯息的水平主要决定印象的好感度和失真度，而认知图式主要影响印象的鲜明度，同时两者还共同对印象的全面度产生影响，二者之间存在一种互补的关系。但更为深层次的，是交际线索与认知图式两个关键因素之间的相互作用。这种相互作用表现在线索对图式的启发和图式对线索的完形两个方面。

1. 线索对图式的启发

交际线索是认知图式激活和调用的基本依据。研究者发现，在某方面信息缺失的情况下，人会自动利用一些特定的捷径来把复杂的问题变成较为单一的判断过程，这些捷径称之为认知启发（cognitive heuristics）。[①] 从本质上

---

① See Tversky, A., & Kahneman, D. (1974). *Judgement under uncertainty*: *Heuristics and biases. Science*, 185, pp. 1124 - 1130.

看，认知启发的过程实际上就是在信息缺失的情况下以可获取的信息为依据激活和调用相应的认知图式的过程。在网络人际印象形成的特定情境下，通过认知启发可以基于线索调用各种类型的人物图式（personal schema），从而完成图式加工过程。

一般而言，常用的认知启发有三种：代表性启发、可得性启发、锚定与调整启发。[1] 代表性启发（representativeness heuristic）就是人们根据当前的信息或事件与其认为的典型信息或事件的相似程度进行判断的一种认知启发。可得性启发（availability heuristic）是指人们根据对某种信息进行相关联想的容易程度来进行判断的一种认知启发。锚定与调整启发（anchoring and adjustment heuristic）是指人们在进行判断时，先抓住某一锚定点，然后根据已获取的信息逐渐地调整而最终得出判断结果的一种认知启发。除了上述三种主要的认知启发之外，还有各种各样反映个人认知思维特色的启发方式，这些启发方式在网络人际印象形成过程中激活和调取的图式不是一成不变的，但始终会以当前环境下已获取的信息为启发的依据。

对于网络人际传播条件下的印象形成而言，图式的激活和调用仍然依赖于认知启发。由于网络互动者调用认知图式的目的在于帮助自己对线索讯息进行理解和阐释，为了提高和保证理解的准确性，必然会参照线索讯息所具有的某一特征来搜索可用的图式。特别需要注意的是，线索对于图式的启发并非必须通过全部特征的匹配才能加以联结，而是只需利用其中的一个或数个特征进行触发即可。

2. 图式对线索的完形

一方面，交际线索起到一个激活图式的认知启发作用；另一方面，认知图式又能对交际线索进行知觉完形。这种完形作用来源于一个基本的感知原理：格式塔[2]原理（Gestalt principles）。这一原理对人们如何感知构成一类的物体甚至对物体的部分如何形成整合的整体尤其有帮助，其核心是趋完形律（law of Prägnanz），即以稳定且连贯的形式把完全不同的元素简单加以组织。[3]

---

[1]　See Kahneman, D., & Tversky, A.（1973）. On the psychology of prediction. *Psychology Review*, 80, pp. 237－251.

[2]　"格式塔（Gestalt）"一词来自德语，原意为"形状"，这里是指"完形"，即具有不同部分分离特性的有机整体。心理学中有格式塔学派，后发展为今天的认知心理学，传播学四大奠基人之一的库尔特·勒温（Kurt Lewin）即为该学派代表人物。

[3]　参见〔美〕罗伯特·斯滕伯格著，杨炳钧等译《认知心理学》（第3版），中国轻工业出版社2006年版，第91—94页。

格式塔原理包括目标—背景原理、邻近原理、相似原理、连续原理、闭合原理、对称原理等一系列基本的认知作用原理。这一原理的运用领域非常广泛，除了心理学之外，美学、文学、艺术学、传播学等关注人类感知觉的学科中都有涉及。虽然最早的格式塔原理只是从视觉感知的规律性中提炼出的法则，但它实际上适用于任何感知觉的过程。

格式塔原理中的闭合原理指出，人们倾向于闭合或完成并非完整的物体。网络人际传播中的感知者在形成关于互动对象的印象时也同样具有这一倾向。对于感知者而言，由于作为传播中介的网络对线索的屏蔽，他们所搜集的关于印象目标特征的线索讯息在一定程度上始终是有限的，无法据之形成一个完整的印象，此时感知者若出于某种需要希图降低交流的不确定性，便会对这些线索所提示的碎片化的不完整形象加以闭合和完整化，从而初步形成一个完整的印象。而用于填补信息空白的，就是感知者在记忆结构中激活和调取的认知图式。这些图式来源于个体以往的经验，能够提供相似情形下的参照信息，所以能在部分特征吻合的情况下对已有的信息进行补充。正是通过图式的完形，感知者才能在线索的基础上形成印象。

（四）网络人际传播的印象效果

网络人际传播条件下，由于前述不同类型交际线索和认知图式各自以及共同对印象效果的显著作用，印象效果的四个维度均表现出与面对面人际传播条件下的差异，其中三个维度的差异达到显著水平，一个维度未到达显著水平（见表8-3）：

表8-3　　　　　　网络人际传播条件下印象效果与面对面的比较

CMC 印象效果的维度	与 FtF 的比较
鲜明度	高（显著）
全面度	低（不显著）
好感度	高（显著）
失真度	高（显著）

总之，网络印象双因素模型是一个抽象概括网络人际传播条件下交际线索和认知图式双因素对印象效果的作用过程和机制的理论模型，它反映了线索讯息、认知图式、印象效果三者之间的相互作用关系。这一模型无论是对印象形成研究还是网络人际传播研究而言，都具有一定的

理论意义。

第二节　网络印象双因素模型的理论意义

一　网络印象双因素模型对于网络人际传播研究的意义

作为一个网络人际传播中印象形成过程和机制的描述与解释模型，网络印象双因素模型首先是网络人际传播研究的组成部分。在本研究开头的文献综述中我们已经谈及，当今网络人际传播研究中最为重要的理论进路是线索消除论（cues filtered-out theory）[1]，而建立在线索消除论基础上的超人际模型（hyperpersonal model）[2]则吸收了 SIP 理论（social information processing）[3]和 SIDE 模型（social identity model of de-individuation effects）[4]的可取之处，成为当前最具概括力和解释力的网络人际传播模型。网络印象双因素模型既是超人际模型的补充和完善，同时也是对线索消除论的发展。

（一）网络印象双因素模型对超人际模型的补充

超人际模型是 1996 年由美国学者约瑟夫·瓦尔特提出的网络人际传播效果模型。它不仅描述了效果本身，还包含了对效果形成的解释，即视觉线索缺失情况下讯息发送者的选择性自我展示和印象管理、以文本主导的传播信道对信息整饰提供的有利条件、讯息接收者在线索贫乏的情况下对发送者的理想化，以及反馈过程中的行为确认和认知夸大循环。这一套解释体系涉及网络人际传播过程的讯息发送者、传播信道、讯息接收者和反馈四个结构

① See Culnan, M. J., & Markus, M. L. (1987). Information technologies: Electronic media and interorganizational communication. In F. M. Jablin, L. L. Putnam, K. H. Roberts, & L. W. Porter (Eds.), *Handbook of organizational communication: An interdisciplinary perspective* (pp. 420 – 443). Newbury Park, CA: Sage.

② See Walther, J. B. (1996). Computer – mediated communication: Impersonal, interpersonal and hyperpersonal interaction. *Communication Research*, 23 (1), pp. 3 – 43.

③ See Walther, J. B. (1992). Interpersonal effects in computer – mediated interaction: A relational perspective. *Communication Research*, 19 (1), pp. 52 – 90.

④ See Lea, M., & Spears, R. (1992). Paralanguage and social perception in computer – mediated communication. *Journal of Organizational Computing*, 2, pp. 321 – 341. Spears, R., & Lea, M. (1992). Social influence and the influence of the "social" in computer – mediated communication. In M. Lea (Ed.), *Contexts of computer – mediated communication* (pp. 30 – 65). Hemel – Hempstead: Harvester – Wheatsheaf.

性要素，所以构成了整个网络人际传播过程的描述模型。

超人际模型问世以后，迅速受到众多学者的关注，不断有论文对其进行验证或质疑，但总体而言，几乎所有的实验结果都提供了对其有利的证据。不过，这并不意味着模型已经尽善尽美，至少现阶段其局限性还是存在的。其中最大的局限在于，它缺少更为细节化的解释。例如，在假定的传播起始端，讯息发送者通常是怎样进行选择性自我展示和印象管理的？因此而导致的形象偏差有多大？在传播的过程中，究竟包含了哪些能够提供印象信息的交际线索？它们各自提供什么样的印象信息？在传播的中继端，讯息接收者又是怎样将对方理想化的？理想化到什么程度？它与接收到的线索信息之间有什么关系？只有将这些问题都探索清楚，才能使超人际模型得到完善。模型的提出者约瑟夫·瓦尔特正是认识到了这一点，才对信息发送者的选择性自我展示展开了更为细致的研究。[①]

网络印象双因素模型的提出，则尝试为传播信道和讯息接收者两个环节提供细节化的描述和解释。它对超人际模型的补充主要有以下几点：

第一，在传播信道环节，对网络人际传播中传输的交际线索进行了归纳，在网名、虚拟形象、在线个人资料、个性签名、语言风格、电子副语言、语言内容7种线索的基础上将其归并为资料线索、语言线索、内容线索三个类型。

第二，在讯息接收者环节，对其理想化互动对象的程度（即印象效果）使用鲜明度、全面度、好感度及失真度等四项分维度指标进行描述。

第三，在讯息接收者环节，明晰了三类交际线索讯息对印象效果的作用，提出了"线索作用平均化"的命题。

第四，在讯息接收者环节，明晰了认知图式对印象效果的作用，提出了"图式作用集中化"的命题，同时指出认知图式对于讯息接收者理想化互动对象的关键性。

从以上论点可以看出，网络印象双因素模型是超人际模型向微观层面的延伸，是超人际模型走向完善的必要补充。

① See Walther, J. B. (2007). Selective self-presentation in computer-mediated communication: Hyperpersonal dimensions of technology, language, and cognition. *Computers in Human Behavior*, 23, pp. 2538-2557.

（二）网络印象双因素模型对线索消除论进路的支持

线索消除论①进路是在交际在场理论②、信息丰度理论/媒介丰度理论③和交际情境线索缺失假说④的基础上构筑而成的，后误入歧途地发展成为网络人际传播的去人际效果论，受到一部分学者的批评和否定。

然而，约瑟夫·瓦尔特敏锐地指出，去人际效果论并非线索消除论的必然推论，在相同的理论前提下，网络互动中的人际效果和超人际效果是同样存在的。他论述道："许多抛弃线索消除论的人无法解释那些通过实验得到的结论。他们在否定这一理论的外在合理性的同时，忽视了内在合理性的问题。他们……把婴儿连同洗澡水一道泼了出去，忽略了一些很可能具有意义的启示。"⑤ 因此，他在建构超人际模型的过程中，特别重视和强调了模型的线索消除论基础。

网络印象双因素模型在这一问题上取得了能够支持超人际模型理论立场的研究证据。其中最为主要的证据有：

第一，模型表明，交际线索是显著影响印象失真度的因素，且与后者呈反向变化；另外，网络人际传播条件下所形成的印象明显不如面对面条件下的准确（失真度相对较高）。结合这两点可以推断，网络人际传播中互动者所获得的关于对方的线索的确要少于面对面的情形，这直接导致了印象偏差的增大。

第二，模型表明，认知图式是显著影响印象鲜明度的因素，其影响为正向，且主要在线索缺乏的条件下产生。这就是说，当线索不足之时，网络互动者若要形成关于对方的印象，必须激活和调取相关的图式，一旦图式参与了印象形成的信息加工过程，最终所形成的印象会非常鲜明。由此可以推

① See Culnan, M. J., & Markus, M. L. (1987). Information technologies: Electronic media and interorganizational communication. In F. M. Jablin, L. L. Putnam, K. H. Roberts, & L. W. Porter (Eds.), *Handbook of organizational communication: An interdisciplinary perspective* (pp. 420–443). Newbury Park, CA: Sage.

② See Short, J., Williams, E., & Christie, B. (1976). *The social psychology of telecommunication.* London: Wiley.

③ See Daft, R. L., & Lengel, R. H. (1984). Information richness: A new approach to managerial information processing and organizational design. In L. L. Cummings & B. M. Staw (Eds.), *Research in organizational behavior* (pp. 191–234). Greenwich, CT: JAI Press.

④ See Sproull, L., & Kiesler, S. (1986). Reducing social context cues: Electronic mail in organizational communication. *Management Science*, 32, pp. 1492–1512.

⑤ See Walther, J. B. (1996). Computer–mediated communication: Impersonal, interpersonal and hyperpersonal interaction. *Communication Research*, 23 (1), pp. 3–43.

断，之所以网络人际传播条件下所形成的印象比面对面更为鲜明，是因为网络人际传播中的印象形成过程有更多的图式成分在线索缺乏的情况下参与其中。可见，在网络人际传播中，线索的确是较为缺乏的。

以上证据充分证明，正是网络媒介对人际传播的中介作用导致的线索消除形成了网络人际传播特殊的传播效果。因此，网络印象双因素模型的提出巩固了线索消除论进路的基本理论框架地位，也是对这一理论框架的进一步发展。

二　网络印象双因素模型对印象形成研究的意义

网络印象双因素模型的提出不仅有利于网络人际传播理论体系的构建，对于推动印象形成研究的发展也具有一定的意义。印象形成（impression formation）是人际感知（interpersonal perception）的重要组成部分，在很大程度上决定了人除了怎样看待周围的客观物质世界之外是怎样看待由无数的他人构成的社会世界的。这也决定了印象形成是社会认知（social cognition）领域的一个十分重要的课题。

网络印象双因素模型是一个描述和反映网络人际传播条件下印象形成过程和机制的理论模型，是印象形成研究的一部分。这一模型对于印象形成研究的理论意义在于，它尝试回答了经典印象形成模型中所遗留的一些问题。

正如第一章文献综述中所提到的，从 1946 年美国心理学家所罗门·阿希的著名实验得到人际印象的中心特质理论[1]以来，印象形成研究至今已有60 余年历史。其中对于印象形成信息加工机制的研究，是整个课题中最为关键的部分之一。然而相关研究一直踯躅不前，直到近 20 年来才取得了一些进展，提出了两个重要的理论模型。

其中之一是玛丽琳·布鲁尔（Marilynn B. Brewer）于 1988 年提出的印象形成双重加工模型[2]。该模型的主要观点是：关于印象目标的信息是从长时记忆中所存储的相关信息中通过两种不同的方式所调取出来的，这两种不同的方式互相补充形成一个完整的印象加工系统。其中一种加工方式称为"以类别为基础的加工（catogory-based processing）"或"自顶向下加工

---

[1]　See Asch, S. E. （1946）. Forming impressions of personality. *Journal of Abnormal and Social Psychology*, 41, pp. 258 – 290.

[2]　See Brewer, M. B. （1988）. A dual process model of impression formation. In T. K. Srull & R. S. Wyer, Jr. （Eds.）, *Advances in social cognition* （Vol. 1, pp. 1 – 36）. Hillsdale, NJ: Erlbaum.

（top-down processing）"，是印象形成的早期阶段所使用的加工方式；而另一种加工方式称为"以个体为基础的加工（person-based processing）"或"自底向上加工（bottom-up processing）"，是印象形成的深入阶段所使用的加工方式。对于同样的信息，两种加工方式会形成不同的心理表征。

苏珊·菲斯克（Susan T. Fiske）等人在双重加工模型的基础上更进一步，于1990年提出了连续印象形成模型[①]。这一模型吸取了双重加工模型的核心部分，并首次指出了印象形成是一个连续而非间断的过程，是一个积少成多、化零为整（piecemeal）的过程：最初在个人信息不足的情况下，感知者会将该个体归于某一个类别之中，然后用这个类别所具备特征来同化其个人特征，形成一个带有刻板色彩的初步印象。之后在获取到足够多的个人信息之后，感知者会在对这些信息进行评断的基础上，将之融入到已有的整体印象中去，以替换之前印象中相应的刻板特征。直到所有的刻板特征几乎都被替换完毕，最终形成一个相对具有个人色彩的印象。换言之，完全的刻板印象和完全个人化的印象是这一谱系的两极，印象形成的过程就是一个从前者到后者的连续渐变过程。

这两个著名的理论模型，都注意到了图式加工（以类别为基础的加工、刻板化加工）在其中的作用，并且认为图式加工是人际印象形成的基础。但是，它们并没有指出，图式加工的具体机制是怎样的，如图式是怎样参与到印象形成的信息加工中去的？它对于印象形成有什么样的影响？感知者所获取到的关于印象目标的个人信息，是怎样在图式的介入下进行加工的？这些信息来自何处？与所形成的印象有什么联系？这些都是需要进一步加以探究的。

网络印象双因素模型则在新的技术中介环境（计算机网络环境）下对这些问题进行了尝试性的探索，提出了以下命题：

首先，印象形成的效果不是一个单一的量度指标，而是包含了鲜明度、全面度、好感度和失真度四个维度，任何情况下所形成的印象都可以从这四个维度进行测量和描述。

其次，交际线索和认知图式是印象形成的关键要素，其中交际线索可以

[①] See Fiske, S. T., & Neuberg, S. L. (1990). A continuum of impression formation, from category-based to individuating processes: Influences of information and motivation of attention and interpretation. In M. P. Zanna (Ed.), *Advances in experimental social psychology* (Vol. 23, pp. 1−73). New York: Academic Press.

划分为资料线索、语言线索和内容线索三个基本类型，不同类型的线索对于印象形成效果的不同维度具有不同的作用；认知图式也仅仅只对印象效果的某些维度产生影响。

再次，交际线索是印象形成这一信息加工过程的基础，早期印象形成过程中的图式是由线索激活并调用（启发）的；同时，图式对线索所不能提供的信息加以补充（完形），以形成一个完整的印象。

不难看出，传统人际传播中的印象形成研究所要解决的问题，也恰是网络人际传播中的印象形成研究所要解决的问题。但传播条件的不同，又使得两者的结论必定存在差异。而网络印象双因素模型对这些问题的初步回答，使得传统的印象形成理论模型有了参照对比的对象，又有了延展和扩充的可能，对于推动印象形成研究的继续深入，是有一定价值的。

第三节　本研究的不足与未来研究建议

一　本研究的不足

本研究主要存在以下几个不足之处：

第一，参与实验的各组被试人数偏少，可能影响结论的效度。造成这一不足的原因主要有二：首先，本研究中含有三个独立的实验，为了实施相对严格的控制以得到较为准确的实验结果，三个实验不能采用重复的被试。因此，所需要的被试数量本身就是巨大的。其次，三个实验中的两个为了减小实验误差，都采用了无重复测量的析因设计，由于不存在重复参与测量的被试，因此随着自变量因素的增加，被试的数量必须成倍地增加。而析因设计本身也是被试需求量最大的实验设计方案之一。[①] 研究者囿于有限的人力、物力和时间，只能选取每组 12 名被试的规模进行实验，但即便如此也已经在正式实验中总共动用了 192 人（不包括对实验材料的预测试所使用的被试）。如果要达到较为理想的样本数额，平均每组当在 30 人左右，这样完成本研究所需的被试人数将接近 500 名，可以说是非常不现实的。当然，与抽样调查研究要求严格的随机样本（random sample）不同，实验研究通常只需要便利样本（convenience sample）即可，保证结果真实性的关键在于

---

① 参见［美］弗雷德里克·格雷维特尔、洛里－安·弗扎诺著，邓铸等译《行为科学研究方法》，陕西师范大学出版社 2005 年版。

被试的在各实验条件上的随机分配。① 尽管如此，被试人数的偏少仍然可能对实验结果有一定的影响。

第二，除了第五章的效果实验之外，第六章的线索实验和第七章的启动实验出于加强变量控制的目的，都未采用互动方式进行真正的网络人际传播，而只是阅读文字材料并在此基础上完成量表，其结果在保证内部效度的同时也损害了外部效度。这一问题实际上是实验研究方法多年来的痼疾，至今不能很好地解决，有待将来研究方法或是操作技术上的革新。

第三，部分实验未能得到预期的结果。如对网络人际传播条件下印象全面度的测量，就未能发现与面对面传播的显著差异。虽然在数据分析之后的讨论中已经对可能的原因作了一定的推断，但此次的实验结果究竟是偶然因素导致还是归因于尚未发现的影响因素，尚需进一步的实验验证。此外，一些与前人经典研究不符的实验结果，也需要更加深入以及具有针对性的验证和分析。所以，对于这些问题，目前还不便作出较为确定的结论。

第四，不同的网络人际传播形式可能在印象形成的效果或机制上有一定的差异，本研究并没有对之进行分别测量。第五、六、七章的三个实验都以即时通讯（IM）作为网络人际传播的具体技术平台，故实验的结果应当说是在即时通讯条件下得到的。之所以选择即时通讯作为传播方式，是因为其在网络人际传播的诸多方式中最为普及、最具代表性且与面对面传播的可比性最高。因此，在 BBS、网络游戏等情境下的网络人际传播，是否具有同样的结论，尚需专门的验证和确认。

以上这些问题，有的可以在以后的研究中逐步改进和解决，但有的问题只能寄望于学科领域中的较大突破才能彻底克服。

二　未来研究建议

从现有的文献来看，网络人际传播研究虽然已经形成了自身的分析框架，也具有一定的发展历史，但是显然还只是一个开始。由于为这一研究领域奠基的几个基础学科分支——人际传播学、社会心理学、认知心理学都还处于远远说不上成熟的初级阶段，所以网络人际传播研究的发展只能伴随着这些学科在摸索中前进。更不容乐观的是，构成其研究对象物质基础的计算机与网络技术在当今时代的飞速发展，使得这一领域的研究者随时处在一个变动不居的历史进程之中，一刻也不停歇地追逐着游移不定的研究目标。另

---

① See Anderson, N. H. (2001). *Empirical direction in design and analysis.* Mahwah, NJ: Erlbaum.

外，这一领域将"人"的因素与"技术"因素结合得越来越紧密，对研究者的学术背景提出了更高的要求，在相当程度上加大了进一步深入研究的难度。

就网络人际传播中的印象形成而言，未来的研究可从以下几个方面展开：

第一，通过相似或相关实验检验和验证本研究的研究结论，为进一步的深入研究打下扎实的基础。在第二章中我们曾经提到，控制实验这一研究方法的逻辑在于以不断的重复来提高和保证研究的效度。只有经过重复验证的结论才能被接受，并以此为基础展开后续研究。

第二，更加细化地探索不同交际线索类型对印象效果的影响，提炼和改进本研究中的线索分类模式。若以第四章质性研究的结论为基础，交际线索本应为7种，但出于实验研究的局限性，我们将其归并为3个类型，这种划分方式是否合理，以及是否还有其他更合理的划分方式，需要进行更多探索性的研究才能确定。从本研究的实验结果来看，关于不同线索类型对于印象效果的作用的结论并不十分简洁，很可能还存在更佳的分类模式，这正是以后的研究所需要探索的。

第三，网络人际传播条件下，印象效果的四个维度指标随时间变化的特点尚需研究。本研究所考察的印象效果主要是网络互动初期的情形，从访谈中涉及的一些情况来看，初期的印象形成和长期的印象形成应当是存在差异的。约瑟夫·瓦尔特在其1993年关于印象发展（impression development）的经典研究中指出，网络人际传播中所形成的印象随着时间的延长会逐渐接近面对面传播的印象水平。但该研究仅仅考察了印象的全面度这一个指标。至于网络传播条件下的人际印象在其他三个维度上是否随时间变化以及存在何种变化，则需要另行开展专门的研究。

第四，对BBS、网络游戏、博客等情境下的网络人际传播中的印象形成进行研究，以便与本研究的结果进行比较。不同技术平台和传播模式下的网络人际传播，既有共同点也有差异性，这种差异性是否会体现在印象形成的效果或机制中，是非常值得进一步展开研究的。研究的结果对于网络媒介改变人的感知的理论体系构建和实践指导都具有一定的价值。

不过必须指出的是，这一研究方向在其支撑学科基础还未臻扎实和完善之前，很难取得突破性的进展。社会心理学中的印象形成迄今经过了数十年的研究，虽然提出了许多相关现象效应和理论，各种特殊效应也都相继得到了一些研究的验证，但整个认知机制仍然还显得不十分明朗。而社会认知涉及的人的认知过程中的一些根本问题，如假设考验说与刺激物说的争论，概念驱动加工与数据驱动加工的争论，等等，还没有得到最终答案的趋势，这为深入研究的开展设置了不小的阻碍。可以预知，网络人际传播中的印象形成以及更为宽泛的技术中介对人际感知的影响这一系列研究主题在未来还有很长的路要走。

附录一　NEO 五因素印象测评量表

　　以下各题项中，左边和右边是一对反义词，表示程度的两个极端的含义，而中间的七个方框表示程度大小。如果你认为对方在某一特质方面处于一定程度，请把题项后面的"目前还看不出来"涂成红色。

　　例如，你认为他（她）为人十分乐观，那么所作的选择应当是：

　　悲观□□□□□□■乐观

　　如果你认为他（她）为人十分悲观，那么所作的选择则是：

　　悲观■□□□□□□乐观

　　如果你认为他（她）既不算悲观也不算乐观，那么所作的选择则为：

悲观□□□■□□□乐观

　　如果你觉得目前还没有足够的依据对此作出判断，那么则作如下选择：

　　悲观□□□□□□□乐观　　　（目前还看不出来）

（注：七个方框都可以选择，并不仅限于示例中的三个方框）

填写人：

互动对象：

你认为他（她）在以下各项特质上的程度如何？

1. 容易紧张□□□□□□□沉得住气　　（目前还看不出来）

2. 缺乏安全感□□□□□□□有安全感　　（目前还看不出来）

3. 自怜□□□□□□□自满　　（目前还看不出来）

4. 喜欢独处□□□□□□□热爱交际　　（目前还看不出来）

5. 不苟言笑□□□□□□□幽默风趣　　（目前还看不出来）

6. 矜持内敛□□□□□□□率直外露　　（目前还看不出来）

7. 现实□□□□□□□爱幻想　　（目前还看不出来）

8. 喜欢稳定□□□□□□□喜欢变化　　（目前还看不出来）

9. 敢于突破□□□□□□□墨守成规　　（目前还看不出来）

10. 冷漠无情□□□□□□□心肠柔软 （目前还看不出来）

11. 容易怀疑他人□□□□□□□容易相信他人 （目前还看不出来）

12. 喜欢单打独斗□□□□□□□乐于与人共事 （目前还看不出来）

13. 做事杂乱无章□□□□□□□做事有条不紊 （目前还看不出来）

14. 粗心大意□□□□□□□认真谨慎 （目前还看不出来）

15. 意志力薄弱□□□□□□□自控力强 （目前还看不出来）

你对这个人总体印象如何？不好□□□□□□□好

附录二 实验二中的语言线索与内容线索结合呈现材料

2008 – 10 – 09 14：25：44 马小努力跳
在不在？

2008 – 10 – 09 14：27：21 Memory
在

2008 – 10 – 09 14：27：54 马小努力跳
怎么不高兴了？

2008 – 10 – 09 14：29：10 Memory
我把同宿舍女生的杯子打破了

2008 – 10 – 09 14：29：53 马小努力跳
那有什么？再买一个给她好了

2008 – 10 – 09 14：32：30 Memory
可是买不到同样的……

2008 – 10 – 09 14：32：49 马小努力跳
那赔她些钱，让她自己买

2008 – 10 – 09 14：34：55 Memory
她原来的那个是赠送的，也不知多少钱……

2008 - 10 - 09 14：35：21 马小努力跳
那就别赔了，反正你们关系很好

2008 - 10 - 09 14：38：03 Memory
不行，那是限量赠送的，很难得而且她又那么喜欢

2008 - 10 - 09 14：38：44 马小努力跳
那也只能买一个相似的

2008 - 10 - 09 14：40：58 Memory
你说买什么样的好？

2008 - 10 - 09 14：41：23 马小努力跳
和那个差不多的

2008 - 10 - 09 14：45：06 Memory
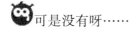可是没有呀……

2008 - 10 - 09 14：45：37 马小努力跳
也不用特别相似的，差不多就行了

2008 - 10 - 09 14：46：48 Memory
哪里去找呢？

2008 - 10 - 09 14：49：25 马小努力跳
对了！我现在促销的那种咖啡也在赠送杯子，你打破的是什么样的？

2008 - 10 - 09 14：51：49 Memory
就是那种瓷的，有盖、有把手……

2008 - 10 - 09 14：52：13 马小努力跳
那差不多
你不用买了，我给你找一个

2008 - 10 - 09 14：55：26 Memory

真的？太好了！

2008 - 10 - 09 14：56：02 马小努力跳
就这样，有空我给你送去

2008 - 10 - 09 14：57：47 Memory

好

2008 - 10 - 09 14：59：14 Memory
对了，给你看张照片。

2008 - 10 - 09 14：59：57 马小努力跳
什么？

2008 - 10 - 09 15：05：32 Memory
你看

2008 - 10 - 09 15：07：49 马小努力跳
啊！是小猫！
真可爱，你养的？

2008 - 10 - 09 15：10：31 Memory
不是
是刚刚在楼下花园里捡到的

2008 - 10 - 09 15：11：55 马小努力跳
哦对！！！我才想起学校规定不能养

2008 - 10 - 09 15：14：07 Memory
不知是从谁家跑出来的，这么小

看起来刚断奶的样子

2008 – 10 – 09 15：16：32 马小努力跳
是啊，一定是别人家养的
你看这白毛，这么干净

2008 – 10 – 09 15：19：28 Memory

人家一定很着急 😖

2008 – 10 – 09 15：20：45 马小努力跳
你打算怎么办

2008 – 10 – 09 15：24：16 Memory
我也不知道……
我在花园里等了一会儿了，也没见有找猫的

2008 – 10 – 09 15：25：36 马小努力跳
也许不在这附近，它没准走了很远才到这儿的

2008 – 10 – 09 15：27：39 Memory
有可能
它一直叫，可能是饿了

2008 – 10 – 09 15：28：52 马小努力跳
要不去给它买点吃的
鱼片？
香肠也行吧？

2008 – 10 – 09 15：31：33 Memory
……不行，它太小了，要喝牛奶

2008 – 10 – 09 15：32：58 马小努力跳
牛奶？你那儿没有吗？

酸奶行不行?

2008 – 10 – 09 15：35：44 Memory
我想……
要不……

2008 – 10 – 09 15：36：23 马小努力跳
你想怎么样?

2008 – 10 – 09 15：37：31 Memory
要不，给你抱回家养吧

宿舍里不让养……🦴

2008 – 10 – 09 15：37：59 马小努力跳
好啊! 太好了!!

2008 – 10 – 09 15：40：48 Memory

2008 – 10 – 09 15：42：09 马小努力跳
我奶奶天天在家，正闷着呢
正好解解闷

2008 – 10 – 09 15：43：38 Memory
……她老人家多大岁数了?

2008 – 10 – 09 15：44：49 马小努力跳
快九十了

2008 – 10 – 09 15：47：41 Memory
那，她能照顾好自己吗?

2008 – 10 – 09 15：48：12 马小努力跳
你放心吧，我奶奶身体好着呢
原来还养了好几只大狼狗

2008 – 10 – 09 15：52：03 Memory
狗!? ☹

2008 – 10 – 09 15：52：56 马小努力跳
别害怕，现在不是不让养狗了吗?
都送人了

2008 – 10 – 09 15：55：31 Memory
哦……这样啊，那行嘛……

2008 – 10 – 09 15：56：27 马小努力跳
好，我这就过来拿

2008 – 10 – 09 15：58：45 Memory
现在?!

2008 – 10 – 09 15：59：30 马小努力跳
你舍不得它? 以后上我家来和它玩嘛

2008 – 10 – 09 16：02：57 Memory
不是，我现在手上还有一点事……

2008 – 10 – 09 16：03：46 马小努力跳
哦，那晚点儿我再过来

2008 – 10 – 09 16：05：13 马小努力跳
对了
这次测验你考得怎么样?

2008 – 10 – 09 16：09：42 Memory

2008 – 10 – 09 16：10：24 马小努力跳
怎么了？考得不好？

2008 – 10 – 09 16：14：09 Memory
嗯

2008 – 10 – 09 16：15：26 马小努力跳
没关系，反正大家都不好
你多少分？

2008 – 10 – 09 16：18：58 Memory

2008 – 10 – 09 16：19：24 马小努力跳
哎呀，没事儿，我保证保密！
多少？

2008 – 10 – 09 16：23：43 Memory
59……

2008 – 10 – 09 16：24：01 马小努力跳
哇
能排进前十名了！

2008 – 10 – 09 16：27：25 Memory
？

2008 – 10 – 09 16：27：51 马小努力跳
你不知道吗？

这次测验全年级只有五个人及格!!

2008 - 10 - 09 16：28：45 Memory
……会是这样？

2008 - 10 - 09 16：30：17 马小努力跳
你消息太不灵通了
这个杨老师，全校有名的
最爱出一些难题怪题难住学生，好显得他有本事
真是变态!

2008 - 10 - 09 16：31：39 Memory
……

2008 - 10 - 09 16：33：45 马小努力跳
不要太在意

2008 - 10 - 09 16：36：21 Memory

我是不想在意，可是心情总是不好

2008 - 10 - 09 16：37：29 马小努力跳
想点开心的事，换换心情
其实我的分数比你还低

2008 - 10 - 09 16：40：47 Memory
……你不在乎吗？

2008 - 10 - 09 16：41：49 马小努力跳
无所谓，反正成绩也就是学校里面有用
到了社会上人家更看重的是能力

2008 - 10 - 09 16：43：33 Memory
好像也是……

经你这么一说，我心情好多了

2008－10－09 16：43：57 马小努力跳
嘿嘿

2008－10－09 16：46：13 Memory
你经常去打工吗?

2008－10－09 16：47：04 马小努力跳
是啊
挣点钱，又是社会实践，一举两得

2008－10－09 16：49：31 Memory
那做什么工作比较好呢?

2008－10－09 16：49：58 马小努力跳
你也想打工?

2008－10－09 16：51：35 Memory
有点……

2008－10－09 16：51：49 马小努力跳
要是没钱了我先借给你

2008－10－09 16：52：52 Memory
不，不是，我只是想锻炼锻炼……

2008－10－09 16：53：27 马小努力跳
要不做家教?

2008－10－09 16：55：18 Memory
做家教啊

2008 - 10 - 09 16：55：54 马小努力跳
你成绩这么好，一定行的

2008 - 10 - 09 16：57：23 Memory
可是我不会哄小孩子……

2008 - 10 - 09 16：58：01 马小努力跳
你没有去学校勤工俭学中心问过吗？

2008 - 10 - 09 17：00：41 Memory
我去了，也是这些

2008 - 10 - 09 17：01：33 马小努力跳
有时候会有些特别的
比如礼仪小姐呀、群众演员呀什么的，很适合你

2008 - 10 - 09 17：03：19 Memory
可这些不是经常有的

2008 - 10 - 09 17：06：20 马小努力跳
你愿不愿意做打字？

2008 - 10 - 09 17：07：13 Memory
当然！
有这种工作吗？

2008 - 10 - 09 17：09：44 马小努力跳
我家街坊有一个作家，原来写东西都是夫人打字的
可是他夫人最近病了，急需一个打字员
而且要可靠的

2008 - 10 - 09 17：10：51 Memory

那我行吗？

2008－10－09 17：11：03 马小努力跳
其实他就是怕把他写的东西透出去

2008－10－09 17：12：41 Memory
我不会的

2008－10－09 17：12：59 马小努力跳
你打字快吗？

2008－10－09 17：13：40 Memory
没问题，就是得租台电脑了。

2008－10－09 17：14：24 马小努力跳
没关系，人家那儿有手提，可以借给你。

2008－10－09 17：15：32 Memory
那就行
你……去帮我说说？

2008－10－09 17：16：46 马小努力跳
行啊！
不过成了要请客的

2008－10－09 17：17：01 Memory
嗯

2008－10－09 17：20：32 马小努力跳
今天晚上学校有活动

2008－10－09 17：21：53 Memory
什么活动？

2008 - 10 - 09 17：22：13 马小努力跳
中秋游园会呀，你来不来参加？

2008 - 10 - 09 17：23：42 Memory
呀，今天是中秋节呀……
你不回家吗？

2008 - 10 - 09 17：24：34 马小努力跳
不回，我平时周末也不怎么回
就是要多参加集体活动才有大学的感觉！

2008 - 10 - 09 17：25：23 Memory
可我不喜欢去那么闹哄哄的地方……

2008 - 10 - 09 17：25：49 马小努力跳
没关系，你反正心情不太好
去热闹一下也许好一些呢？

2008 - 10 - 09 17：29：35 马小努力跳
？

2008 - 10 - 09 17：31：35 Memory
那……那好吧

2008 - 10 - 09 17：31：54 马小努力跳
你去吃饭不？

2008 - 10 - 09 17：32：30 Memory
嗯，快了

2008 - 10 - 09 17：33：02 马小努力跳
不用去食堂了
我从家里带来些月饼，比学校卖的好多了

我等会儿过来的时候给你拿来

2008－10－09 17：34：21 Memory
不用了……

2008－10－09 17：34：55 马小努力跳
你等着啊，我现在就拿过来
你爱吃什么样的？

2008－10－09 17：35：31 Memory
我爱吃……

2008－10－09 17：35：50 Memory
这个，什么都行……

2008－10－09 17：36：17 马小努力跳
你说一种呀
要不我都拿来，让你挑

2008－10－09 17：37：20 Memory
……

2008－10－09 17：37：44 马小努力跳
嘿嘿
那我过来了
到了闪你电话！

2008－10－09 17：38：12 Memory
哎……

附录三　实验二中的语言线索单独呈现材料

2008 - 10 - 09 14：25：44 马小努力跳
昨天去参加婚礼了?
怎么样?

2008 - 10 - 09 14：27：21 Memory
昨天有点事没去成……
只是回来听她们说了一下……

2008 - 10 - 09 14：27：54 马小努力跳
她们怎么说?
说说呀，我一次都没去过呢

2008 - 10 - 09 14：29：10 Memory
……不知道怎么说呢

2008 - 10 - 09 14：29：53 马小努力跳
婚礼在哪里举行的?

2008 - 10 - 09 14：32：30 Memory
嗯，我想想，是叫五洲大酒店

2008 - 10 - 09 14：32：49 马小努力跳
啊! 我知道，好像是个五星级的!

2008 - 10 - 09 14：34：55 Memory
也许是，我也不太清楚

2008 – 10 – 09 14：35：21 马小努力跳
请了多少桌？
来了多少人？

2008 – 10 – 09 14：38：03 Memory
她们说，大概有 40 多桌……
嗯……500 来人吧

2008 – 10 – 09 14：38：44 马小努力跳
天！！500？？
没有那么夸张吧？？

2008 – 10 – 09 14：40：58 Memory

2008 – 10 – 09 14：41：23 马小努力跳
这么大的排场！！太有气势了！！！

2008 – 10 – 09 14：45：06 Memory
这……算是很有排场吗？

2008 – 10 – 09 14：45：37 马小努力跳
当然了
一般婚宴就在一二百人左右，十多桌差不多了吧

2008 – 10 – 09 14：46：48 Memory
原来这样的呀……

2008 – 10 – 09 14：49：25 马小努力跳
酒席如何？
有些什么菜？

2008 – 10 – 09 14：51：49 Memory
……菜好像不太多
有鸡、鱼、虾、蟹、牛肉这些……

2008 – 10 – 09 14：52：13 马小努力跳
这还叫不多？这不什么都有了吗？

2008 – 10 – 09 14：55：26 Memory
嗯，可她们都说没有吃饱呢

2008 – 10 – 09 14：56：02 马小努力跳
晕
看来是分量太少
不知道味道如何

2008 – 10 – 09 14：57：47 Memory
啊，想起来了
她们说那个鱼好像叫清蒸鳜鱼什么的

2008 – 10 – 09 14：59：57 马小努力跳
哦！这菜很清淡的嘛

2008 – 10 – 09 14：16：36 马小努力跳
大家吃得怎样？

2008 – 10 – 09 15：05：32 Memory
？什么怎样？

2008 – 10 – 09 15：07：49 马小努力跳
就是说，大家觉得菜好不好吃
吃了满不满意？

2008 – 10 – 09 15：10：31 Memory

她们好像觉得一般……

2008 - 10 - 09 15：11：55 马小努力跳
看来是不好吃！嘿嘿，五星级酒店呀五星级
知道多少钱一桌不？

2008 - 10 - 09 15：14：07 Memory
……两千五吧

2008 - 10 - 09 15：16：32 马小努力跳
天，两千五！！
40 多桌就是 10 多万呀！！！

2008 - 10 - 09 15：19：28 Memory
……

2008 - 10 - 09 15：20：45 马小努力跳
10 多万银子呀！！ 白花花的呀
可不是个小数目！！

2008 - 10 - 09 15：24：16 Memory
好吧

2008 - 10 - 09 15：25：36 马小努力跳
新郎新娘家里是做什么的？

2008 - 10 - 09 15：27：39 Memory
是做生意的……

2008 - 10 - 09 15：28：52 马小努力跳
做什么生意这么有钱啊？

2008 - 10 - 09 15：31：33 Memory

不知道呀，可能是房地产一类的吧

2008 – 10 – 09 15：32：58 马小努力跳
房地产！
难怪这么多钱！不义之财啊！！

2008 – 10 – 09 15：35：44 Memory
……

2008 – 10 – 09 15：36：23 马小努力跳
难道不是么
现在房地产行业根本就是暴利！

2008 – 10 – 09 15：37：31 Memory
好吧……唉，希望他们真的能幸福

2008 – 10 – 09 15：37：59 马小努力跳
嘿嘿，嘿嘿

2008 – 10 – 09 15：41：02 Memory
我先下了，我手上还有些事情没做完呢

2008 – 10 – 09 15：41：29 马小努力跳
哦，那拜拜～～

2008 – 10 – 09 15：43：38 Memory
嗯，拜拜

附录四　实验二中的内容线索单独呈现材料

10月9日，这一天正是中秋节。但Memory把这事儿给忘了。因为她正在赶做一个任务，必须在今天之内完成。这对于她这样成绩好的学生而言，并非什么难事。更重要的是，她可以借此忘记几天前发生的不快，虽然并不能使问题得到彻底的解决——她打碎了同寝室另一个女孩的杯子。当然这本身也不是什么大不了的事，但坏就坏在那杯子是限量赠送的那种非卖品，样式独特，市面上压根儿买不到，而且就连价格也无从知晓。这件事已经烦了她好几天了，只有此刻，她似乎才暂时把它抛在了脑后。她甚至觉得自己最近是不是触了什么霉头，烦心的事接连不断地降临在自己身上。刚刚结束的一次专业课期中测验，昨天拿到成绩，居然是哑巴吃黄连的59分。59分！这前所未有的分数使她更加的愁眉不展，并且在一定程度上对自己能否学好现在这个专业在信心上产生了动摇。这个分数还打乱了她最近一段时间的计划。本来，Memory的专业成绩一直在班上名列前茅，属于学有余力的那种，然而在周围一些比较活跃的同学的影响下，她觉得自己是不是也应该去参加一些社会实践，增强一下自己一贯偏弱的交际能力和处事能力。但这一次测验，却明明白白告诉自己，还远不到松懈的时候。那还要不要去打工呢？好不容易下定的决心又变得疑虑重重了。

寝室的窗外逐渐喧哗起来，她忽然意识到自己走神了，不知不觉已经到了午饭时间。她略一犹豫，便放下手中的活儿，出了宿舍往食堂走去。中间好几个认识的人跟她打招呼，她都只是机械地笑了笑，脑子似乎还停留在刚才的思绪之中。例行公事地迅速吃完饭，Memory转身就往回走。走到宿舍楼下，一阵熟悉的声音从草丛中传来："喵～喵～。"呀，一只小猫！一团白色的毛茸茸，看上去只有三四个月大。Memory不禁停下脚步，眼里闪现出一丝暖意。那小猫看见了她，不但没有跑开，反而走到她面前继续"喵喵"地叫着。她蹲下来，轻轻地把小猫抱在怀里。是谁家的呢？附近是学生宿舍区，学校规定在寝室不许饲养宠物，小猫也许是走了很远从教职工家属区跑到这边来的。她想，不如等一会儿吧，也许会有人来寻。Memory从小就喜欢花花草草和小动物，她总觉得它们善解人意，能读懂人的心，于是她总是在最寂寞的时候和它们说话，告诉它们自己的心事。她家里也养了好几只小猫，只是因为到外地上大学，几个月都见不到它们，她还曾经因此而黯然了许久。如今看见这样一只小猫，她怎能不心生怜爱呢？可是左等右等，就是不见人来问起。没办法，只能先带回寝室。好在她与宿舍管理员李阿姨还算熟悉（因为她时常忘记带钥匙，于是不得不在李阿姨那里登记然后借了钥匙去开门），李阿姨并没多说什么，只是表示尽快送走就行。

安置好小猫，Memory 又开始继续忙活。也不知过了多久，忽然一直挂着的 QQ 在闪动，是有人发来信息。她一看，是马小陶，同专业邻班的一个男生。马小陶跟她是一个偶然的机会认识的，是她在男生里面为数不多的几个朋友之一。由于手上有事，所以她原本并不打算对收到的 QQ 信息进行回复。但马小陶让她改变了主意，原因在于她通常难以决断的一些事，马小陶往往能够给出很好的参考意见，所以她决定再听听马小陶的建议。果然，马小陶根本不把这些事情当回事儿，很爽快地给出了解决方案，其中还包括领养那只小猫，因为马小陶家在本地，来回都很方便。她顿时觉得心里轻松了许多。只是让她很不好意思的是，自己竟然忘了今天是中秋节。马小陶还邀请她去参加学校的中秋游园活动，这也让她很是为难。她从来不喜欢那种闹哄哄的场合，而是宁愿一个人独自静静地看书，或是想一些事情。但马小陶又说出去热闹一下可以换换心情，这或许是她目前摆脱烦恼最具可能性的途径。在马小陶的极力怂恿之下，她最终还是答应了。

附录五　实验三中的强启动材料

下面是五组形容词，每组 10 个词中有 3 个是通常用于直接形容人的词，请将它们挑选出来，填入下面的表格中。

第 1 组			
第 2 组			
第 3 组			
第 4 组			
第 5 组			

1. 清淡、优柔、繁复、敏感、华丽、简洁、明晰、拘谨、清朗、便利
2. 黏稠、萧瑟、严肃、沧桑、廉价、多虑、苦涩、绚烂、刻板、蜿蜒
3. 寥落、单纯、陈旧、蓬勃、孤僻、锋利、珍奇、嘈杂、温和、细微
4. 脆弱、柔软、顺畅、马虎、薄弱、精良、古朴、忍让、昌盛、胶着
5. 缤纷、真诚、斑驳、杂乱、博爱、清幽、轻松、滞重、坚毅、空灵

正确答案如下：

第 1 组	优柔	敏感	拘谨
第 2 组	严肃	多虑	刻板
第 3 组	单纯	孤僻	温和
第 4 组	脆弱	马虎	忍让
第 5 组	真诚	博爱	坚毅

附录六　实验三中的弱启动材料

下面是五组形容词，每组 10 个词中有 3 个是通常用于形容人的词，请将它们挑选出来，填入下面的表格中。

第 1 组			
第 2 组			
第 3 组			
第 4 组			
第 5 组			

1. 清淡、敏感、繁复、华丽、开朗、简洁、明晰、拘谨、清朗、便利
2. 黏稠、多虑、萧瑟、沧桑、廉价、刻板、苦涩、绚烂、干练、蜿蜒
3. 寥落、陈旧、明智、蓬勃、锋利、孤僻、珍奇、嘈杂、温和、细微
4. 柔软、马虎、顺畅、薄弱、热情、精良、古朴、忍让、昌盛、胶着
5. 缤纷、斑驳、果敢、杂乱、清幽、轻松、博爱、滞重、真诚、空灵

正确答案如下：

第 1 组	敏感	开朗	拘谨
第 2 组	多虑	刻板	干练
第 3 组	明智	孤僻	温和
第 4 组	马虎	热情	忍让
第 5 组	果敢	博爱	真诚

参 考 文 献

中文专著、教材

毕耕:《网络传播学新论》,武汉大学出版社 2007 年版。

常昌富、李依倩编:《大众传播学:影响研究范式》,中国社会科学出版社 2000 年版。

陈崇山、孙五三主编:《媒介·人·现代化》,中国社会科学出版社 1997 年版。

代天宇编著:《网络社会:点与线的生存》,科学普及出版社 2004 年版。

戴元光、苗正民编著:《大众传播学的定量研究方法》,上海交通大学出版社 2000 年版。

党静萍:《如何应对网络时代? ——网络文化下的青少年主体性建构研究》,法律出版社 2007 年版。

刁生富:《21 世纪网络人生指南:网络空间的社会问题与社会控制》,广东高等教育出版社 2003 年版。

丁未:《社会结构与媒介效果:知沟现象研究》,复旦大学出版社 2003 年版。

董天策:《传播学导论》,四川大学出版社 1993 年版。

杜骏飞主编:《网络传播概论》,福建人民出版社 2004 年版。

方兴东、王俊秀:《博客:E 时代的盗火者》,中国方正出版社 2003 年版。

甘怡群等编著:《心理与行为科学统计》,北京大学出版社 2005 年版。

郭良:《网络创世纪:从阿帕网到互联网》,中国人民大学出版社 1998 年版。

郭玉锦、王欢:《网络社会学》,中国人民大学出版社 2005 年版。

何明升:《叩开网络化生存之门》,中国社会科学出版社 2005 年版。

何明升、白淑英主编:《网络互动:从技术幻境到生活世界》,中国社会科学出版社 2008 年版。

贺善侃主编:《网络时代:社会发展的新纪元》,上海辞书出版社 2004 年版。

胡翼青:《传播学:学科危机与范式革命》,首都师范大学出版社 2004 年版。

黄合水主编、雷莉副主编:《品牌与广告的实证研究》,北京大学出版社 2006 年版。

黄荣怀编著:《信息技术与教育》,北京师范大学出版社 2002 年版。

黄少华、翟本瑞:《网络社会学:学科定位与议题》,中国社会科学出版社 2006 年版。

黄少华、陈文江主编：《重塑自我的游戏——网络空间的人际交往》，兰州大学出版社 2002 年版。

黄晓钟等主编：《传播学关键术语释读》，四川大学出版社 2005 年版。

江潜：《数字家园：网络传播与文化》，复旦大学出版社 2001 年版。

蒋原伦、陈华芳：《我聊故我在：IM，人际传播的革命》，广西师范大学出版社 2006 年版。

金志成、何艳茹编著：《心理实验设计及其数据处理》，广东高等教育出版社 2002 年版。

匡文波：《网民分析——新技术环境下的受众研究》，北京大学出版社 2003 年版。

匡文波：《网络传播学概论》，高等教育出版社 2004 年版。

匡文波：《网络传播理论与技术》，人民出版社 2007 年版。

雷建军：《视频互动媒介》，清华大学出版社 2008 年版。

李凌凌：《网络传播理论与实务》，郑州大学出版社 2004 年版。

黎民、张小山主编：《西方社会学理论》，华中科技大学出版社 2005 年版。

李玉华、卢黎歌等编著：《网络世界与精神家园——网络心理现象透视》，西安交通大学出版社 2002 年版。

林德宏：《科技哲学十五讲》，北京大学出版社 2005 年版。

刘大椿：《科学哲学》，中国人民大学出版社 2006 年版。

刘海龙：《大众传播理论：范式与流派》，中国人民大学出版社 2008 年版。

刘津：《博客传播》，清华大学出版社 2008 年版。

刘文富：《网络政治——网络社会与国家治理》，商务印书馆 2002 年版。

刘文富等：《全球化背景下的网络社会》，贵州人民出版社 2001 年版。

刘晓红、卜卫：《大众传播心理研究》，中国广播电视出版社 2001 年版。

鲁曙明、洪浚浩主编：《西方人文社科前沿述评·传播学》，中国人民大学出版社 2007 年版。

鲁兴虎：《网络信任：虚拟与现实之间的挑战》，东南大学出版社 2003 年版。

孟建、祁林：《网络文化论纲》，新华出版社 2002 年版。

孟威：《网络互动：意义诠释与规则探讨》，经济管理出版社 2004 年版。

欧阳友权主编：《网络传播与社会文化》，高等教育出版社 2005 年版。

彭兰：《网络传播概论》，中国人民大学出版社 2001 年版。

覃征等编著：《网络应用心理学》，科学出版社 2007 年版。

秦州：《网络"客"文化》，福建人民出版社 2006 年版。

舒华：《心理与教育研究中的多因素实验设计》，北京师范大学出版社 1994 年版。

苏振芳主编：《网络文化研究——互联网与青年社会化》，社会科学文献出版社 2007 年版。

唐盛明：《社会科学研究方法新解》，上海社会科学院出版社 2003 年版。

陶国富、王祥兴主编：《大学生网络心理》，立信会计出版社 2004 年版。

童清艳：《超越传媒——揭开媒介影响受众的面纱》，中国广播电视出版社 2002 年版。

童星等：《网络与社会交往》，贵州人民出版社 2002 年版。

屠忠俊：《网络传播概论》，武汉大学出版社 2007 年版。

汪民安主编：《文化研究关键词》，江苏人民出版社 2007 年版。

王少磊：《网络传播与社会发展》，新华出版社 2006 年版。

王四新：《网络空间的表达自由》，社会科学文献出版社 2007 年版。

王甦、汪安圣：《认知心理学》，北京大学出版社 2006 年版。

王怡红：《人与人的相遇——人际传播论》，人民出版社 2003 年版。

文军等：《网络阴影：问题与对策》，贵州人民出版社 2002 年版。

吴飞：《网络传播学：一种形而上的透视》，中国广播电视出版社 2004 年版。

项家祥、王正平主编：《网络文化的跨学科研究》，上海三联书店 2007 年版。

谢新洲：《网络传播理论与实践》，北京大学出版社 2004 年版。

杨伯溆编：《因特网与社会：论网络对当今西方社会及国际传播的影响》，华中科技大学出版社 2003 年版。

杨鹏：《网络文化与青年》，清华大学出版社 2006 年版。

杨雄主编、毛翔宇副主编：《网络时代行为与社会管理》，上海社会科学院出版社 2007 年版。

叶琼丰：《时空隧道：网络时代话传播》，复旦大学出版社 2001 年版。

殷晓蓉：《网络传播文化：历史与未来》，清华大学出版社 2005 年版。

隐晓云：《众人狂欢：网络传播与娱乐》，复旦大学出版社 2001 年版。

俞国良：《社会心理学》，北京师范大学出版社 2006 年版。

袁方主编：《社会研究方法教程》，北京大学出版社 1997 年版。

云贵彬：《非语言交际与文化》，中国传媒大学出版社 2007 年版。

张海鹰、滕谦编著：《网络传播概论》，复旦大学出版社 2001 年版。

张基温编著：《计算机网络基础》，中国人民大学出版社 2002 年版。

张品良：《网络文化传播：一种后现代的状况》，江西人民出版社 2007 年版。

张咏华：《媒介分析：传播技术神话的解读》，复旦大学出版社 2002 年版。

章志光、金盛华主编：《社会心理学》，人民教育出版社 2004 年版。

赵士林、彭红编著：《网络传播论》，上海交通大学出版社 2002 年版。

赵志立：《从大众传播到网络传播：21 世纪的网络传媒》，四川大学出版社 2001 年版。

赵志立：《网络传播理论与实践前沿》，四川大学出版社 2007 年版。

周晓虹：《现代社会心理学》，上海人民出版社 1997 年版。

朱滢主编：《心理实验研究基础》，北京大学出版社 2006 年版。

中文论文、报告

白淑英：《基于 BBS 的网络交往特征》，《哈尔滨工业大学学报》（社会科学版）2002 年第 4 卷第 3 期，第 89—96 页。

陈共德：《互联网精神交往形态分析》，中国社会科学院博士学位论文，2002 年。

陈敏、罗会棣：《分布式协同虚拟学习环境的交互技术》，《第六届全球华人计算机教育应用大会论文集》，2002 年。

陈秋珠：《赛博空间的人际交往——大学生网络交往与心理健康关系的研究》，吉林大学博士学位论文，2006 年。

陈锡钧：《网络即时传播软件使用者需求研究》，复旦大学博士学位论文，2007 年。

陈向明：《质性研究的理论范式与功能定位》，陈向明主编：《质性研究：反思与评论》，重庆大学出版社 2008 年版，第 1—11 页。

陈云松：《分析社会学：寻求关于微观与宏观连接的机制性解释》，《浙江社会科学》2008 年第 5 期。

丁道群、伍艳：《国外有关互联网去抑制行为的研究》，《国外社会科学》2007 年第 3 期。

杜骏飞、巢乃鹏：《认同之舞：虚拟社区里的人际交流》，《新闻大学》2003 年夏季。

方建移、葛进平、章洁：《缺陷范式抑或通用范式——准社会交往研究述评》，《新闻与传播研究》2006 年第 3 期。

胡春阳：《西方人际传播研究的问题系及其由来》，《新闻大学》2007 年第 2 期。

黄旦、李洁：《消失的登陆点：社会心理学视野下的符号互动论与传播研究》，《新闻与传播研究》2006 年第 3 期。

姜伟、武金刚：《即时通信　风雨十年》，《电脑报》2005 年 8 月 8 日第 31 期。

李彪：《新闻传播学研究方法的构造：对 1995—2007 年我国四种主要学术期刊的考察》，《国际新闻界》2008 年第 1 期。

李刚：《电子邮件发展史》，《中国计算机报》2005 年第 66 期。

李宏利、雷雳：《计算机为中介的人际沟通研究进展》，《首都师范大学学报》（社会科学版）2003 年第 4 期。

李艳、韩金龙：《IRC——聊天室非语言交际研究》，《外语电化教学》2003 年第 6 期。

刘本军、魏文胜：《历史回顾：究竟谁是 E - mail 之父》，《中国电脑教育报》2005 年第 19 期。

罗春明：《人际传播媒介论——对一种蓬勃兴起的传播媒介的评说》，《西南师范大学学报》（哲学社会科学版）1998 年第 5 期。

茅丽娜：《从传统人际传播角度观瞻 CMC 人际传播》，《国际新闻界》2000 年第

3 期。

梅琼林：《架筑传播学方法论的桥梁——浅析拉扎斯菲尔德的经验主义研究》，《青年记者》2004 年第 11 期。

孟威：《网络互动：意义诠释与规则探讨》，中国社会科学院研究生院博士学位论文，2002 年。

彭兰：《网络中的人际传播》，《国际新闻界》2001 年第 3 期。

石磊：《个人真实身份在网络人际传播中的影响》，《当代传播》2007 年第 1 期。

石蓉蓉：《虚拟世界的真实交流——试析网络人际传播》，《当代传播》2001 年第6 期。

汤允一、吴孟轩：《博客书写之自我揭露行为对网络人际关系之影响》，载杜骏飞、黄煜主编《中国网络传播研究》总第 1 卷第 1 辑，复旦大学出版社 2007 年版。

唐蕴玉、孔克勤、宋怡：《网络论坛情境中的人际知觉准确性及影响因素》，《心理科学》2007 年第 30 卷第 4 期。

王德芳、余林：《虚拟社会关系的心理学研究及展望》，《心理科学进展》2006 年第14 卷第 3 期。

王静、师家升、余秋梅：《导致网络去抑制行为的原因理论综述》，《哈尔滨学院学报》2007 年第 28 卷第 7 期。

王墨耘，傅小兰：《内隐人格理论的实体论—渐变论维度研究述评》，《心理科学进展》2003 年第 11 卷第 2 期。

王沛：《刻板印象的社会认知研究述论》，《心理科学》1999 年第 4 期。

吴筱玫：《计算机中介传播：理论与回顾》，杜骏飞、黄煜主编：《中国网络传播研究》总第 1 卷第 1 辑，复旦大学出版社 2007 年版。

徐志刚：《走进 BBS》，《微电脑世界》2000 年第 12 期。

阳志平、陈猛：《虚拟与现实的互动：对 CSSN 的初步研究》，《思想理论教育》2003 年第 1 期。

殷晓蓉：《传播学方法论的第一次冲突及其后果》，《新闻与传播研究》2002 年第4 期。

张放：《非语言符号在信息传播中的特点与功能》，《东莞理工学院学报》2006 年第13 卷第 5 期。

中国互联网络信息中心（CNNIC）：《第 21 次中国互联网络发展状况统计报告》，2008 年 1 月。

周军荣：《互联网上的电子公告牌》，《电脑》1997 年第 4 期。

周玉黍：《趋向现实的虚拟交流——基于博客传播的个案研究》，《南京社会科学》2006 年第 5 期。

周玉黍：《Blog 使用对人际友情的影响研究》，《新闻与传播研究》2007 年第 14 卷第 2 期。

中文译著

［美］戴维·迈尔斯著，乐国安等译：《社会心理学》（第 8 版），人民邮电出版社 2005 年版。

［美］查尔斯·霍顿·库利著，包凡一等译：《人类本性和社会秩序》，华夏出版社 1999 年版。

［美］菲利普·津巴多、迈克尔·利佩著，邓羽等译：《态度改变与社会影响》，人民邮电出版社 2007 年版。

［美］弗雷德里克·格雷维特尔、洛里－安·弗扎诺著，邓铸等译：《行为科学研究方法》，陕西师范大学出版社 2005 年版。

［加］哈罗德·英尼斯著，何道宽译：《传播的偏向》，中国人民大学出版社 2003 年版。

［美］杰瑞·伯格著，陈会昌等译：《人格心理学》（第 6 版），中国轻工业出版社 2004 年版。

［法］居伊·德波著，王昭凤译：《景观社会》，南京大学出版社 2006 年版。

［英］卡尔·波普尔著，傅季重等译：《猜想与反驳：科学知识的增长》，上海译文出版社 2005 年版。

［美］理查德·哈里斯著，相德宝译：《媒介心理学》，中国轻工业出版社 2007 年版。

［美］罗伯特·斯滕伯格著，杨炳钧等译：《认知心理学》（第 3 版），中国轻工业出版社 2006 年版。

［美］马科斯·弗里德里著，陈宗斌译：《在线游戏互动性理论》，清华大学出版社 2006 年版。

［美］迈克尔·海姆著，金吾伦、刘钢译：《从界面到网络空间——虚拟实在的形而上学》，上海科技教育出版社 2000 年版。

［美］迈克尔·罗洛夫著，王江龙译：《人际传播：社会交换论》，上海译文出版社 1997 年版。

［美］曼纽尔·卡斯特著，夏铸九、王志弘译：《网络社会的崛起》，社会科学文献出版社 2006 年版。

［美］曼纽尔·卡斯特著，郑波、武炜译：《网络星河：对互联网、商业和社会的反思》，社会科学文献出版社 2007 年版。

［美］帕特里夏·华莱士著，谢影、苟建新译：《互联网心理学》，中国轻工业出版社 2001 年版。

［美］乔纳森·布朗著，陈浩莺等译：《自我》，人民邮电出版社 2004 年版。

［美］莎伦·布雷姆等著，郭辉等译：《亲密关系》，人民邮电出版社 2005 年版。

［美］斯蒂芬·里特约翰著，史安斌译：《人类传播理论》（第 7 版），清华大学出

版社 2003 年版

　　[美] 斯坦利·巴兰、丹尼斯·戴维斯著，曹书乐译：《大众传播理论：基础、争鸣与未来》（第 3 版），清华大学出版社 2004 年版。

　　[美] 特里·甘布尔、迈克尔·甘布尔著，熊婷婷译：《有效传播》（第 7 版），清华大学出版社 2005 年版。

　　[美] 托马斯·库恩著，金吾伦、胡新和译：《科学革命的结构》，北京大学出版社 2003 年版。

　　[美] 希伦·洛厄里、梅尔文·德弗勒著，刘海龙等译：《大众传播效果研究的里程碑》（第 3 版），中国人民大学出版社 2004 年版。

　　[英] 亚当·肯顿著，张凯译：《行为互动：小范围相遇中的行为模式》，社会科学文献出版社 2001 年版。

　　[美] 约翰·甘柏兹著，徐大明、高海洋译：《会话分析》（第 1 版），社会科学文献出版社 2001 年版。

　　[美] 詹姆斯·E. 凯茨、罗纳德·E. 莱斯著，郝芳、刘长江译：《互联网使用的社会影响》，商务印书馆 2007 年版。

英文文献

Aiken, L. R. (2003). *Psychological testing and assessment* (11th ed.). Boston, MA: Allyn & Bacon.

Allport, G. W., & Odbert, H. S. (1936). Trait names: a psycho-lexical study. Psychological Monographs, 47 (1).

Anderson, N. H. (1981). *Foundations of information integration theory.* New York: Academic Press.

Anderson, N. H. (2001). *Empirical direction in design and analysis.* Mahwah, NJ: Erlbaum.

Asch, S. E. (1946). Forming impressions of personality. *Journal of Abnormal and Social Psychology*, 41.

Axelrod, R. (1973). Schema theory: An information processing model of perception and cognition. *The American Political Science Review*, 67 (4).

Barnes, S. B. (2003). *Computer-mediated communication: Human-to-human communication across the internet.* Boston, MA: Allyn & Bacon.

Berger, C. R. (1979). Beyond initial interaction: Uncertainty, understanding, and the development of interpersonal relationships. In H. Giles & R. St. Clair (eds.), *Language and social psychology* (pp. 122 – 144). Oxford: Blackwell.

Berger, C. R. (1986). Uncertain outcome values in predicted relationships: Uncertainty reduction theory then and now. *Human Communication Research*, 13, pp. 34 – 38.

Berger, C. R. (2005) . Interpersonal communication: Theoretical perspectives, future prospects. *Journal of Communication*, 55, pp. 415 – 447.

Berger, C. R. , & Calabrese, R. J. (1975) . Some explorations in initial interaction and beyond: Toward a developmental theory of interpersonal communication. *Human Communication Research*, 1, pp. 99 – 112.

Berger, C. R. , Gardner, R. R. , Parks, M. R. , Schulman, L. , & Miller, G. R. (1976) . Interpersonal epistemology and interpersonal communication. In G. R. Miller (Ed.), *Explorations in interpersonal communication* (pp. 149 – 171) . Beverly Hills, CA: Sage.

Burgoon, J. K. (1985) . The relationship of verbal and nonverbal codes. In B. Dervin & M. J. Voight (Eds.), *Progress in communication sciences*, Vol. 6 (pp. 263 – 298) . Norwood, NJ: Ablex Publishing.

Burgoon, J. K. (1994) . Nonverbal signals. In M. L. Knapp & G. R. Miller (Eds.), *Handbook of interpersonal communication* (pp. 344 – 390) . Beverly Hills, CA: Sage.

Burgoon, J. K. , Bonito, J. A. , Bengtssen, B. , Ramirez, A. , Jr. , Dunbar, N. , & Miczo, N. (2000) . Testing the interactivity model: Communication processes, partner assessments, and the quality of collaborative work. *Journal of Management Information Systems*, 16, pp. 35 – 38.

Burgoon, J. K. , Buller, D. B. , Dillman, L. , & Walther, J. B. (1995) . Interpersonal deception. IV: Effects of suspicion on perceived communication and nonverbal behavior dynamics. *Human Communication Research*, 22 (2) , pp. 163 – 196.

Burgoon, J. K. , Bonito, J. A. , Ramirez, A. , Jr. , Dunbar, N. E. , Kam, K. , & Fischer, J. (2002) . Testing the interactivity principle: Effects of mediation, propinquity, and verbal and nonverbal modalities in interpersonal interaction. *Journal of Communication*, 52, pp. 657 – 677.

Burgoon, J. K. , & Hale, J. L. (1984) . The fundamental topoi of relational communication. *Communication Monographs*, 51, pp. 193 – 214.

Burgoon, J. K. , & Hale, J. L. (1987) . Validation and measurement of the fundamental themes of relational communication. *Communication Monographs*, 54, pp. 19 – 41.

Burgoon, J. K. , & Le Poire, B. A. (1993) . Effects of communication expectancies, actual communication, and expectancy disconfirmation on evaluations of communicators and their communication behavior. *Human Communication Research*, 20, pp. 67 – 96.

Burgoon, J. K. , & Saine, T. (1978) . *The Unspoken dialogue: An introduction to nonverbal communication*. Boston: Houghton Miffin.

Burgoon, J. K. , & Walther, J. B. (1990) . Nonverbal expectancies and the evaluative consequences of violations. *Human Communication Research*, 17, pp. 232 – 265.

Cattell, H. E. P. (2001) . The Sixteen Personality Factor (16PF) Questionnaire. In

W. I. Dorfman & M. Hersen (Eds.), *Understanding psychological assessment* (pp. 187 – 215). New York: Plenum.

Chovil, N. (1991) . Functions of facial displays. *Journal of Nonverbal Behavior*, 15, pp. 141 – 154.

Clark, H. H. (1996) . *Using language.* Cambridge, UK: Cambridge University Press.

Collins, A. M. , & Loftus, E. F. (1975) . A spreading activation theory of semantic processing. *Psychological Review*, 82, pp. 407 – 428.

Constantin, C. , Kalyanaraman, S. , Stavrositu, C. , & Wagoner, N. (2002) . To be or not to be emotional: Impression formation effects of emoticons in moderated chatrooms. Paper presented at the Communication Technology and Policy Division at the 85th annual convention of the Association for Education in Journalism and Mass Communication (AEJMC), Miama, Fl, August. < http: //www. psu. edu/dept/medialab/research/AEJMC. htm >

Costa, P. T. , Jr. , & McCrae, R. R. (1992) . *Revised NEO Personality Inventory (NEO-PI-R) and NEO Five-Factors Inventory (NEO-FFI) Professional Manual.* Odessa, FL: Psychological Assessment Resources.

Costa, P. T. , Jr. , & McCrae, R. R. (1998) . The Revised NEO Personality Inventory (NEO-PI-R) . In S. R. Briggs, J. M. Cheek, & E. M. Donahue (Eds.) . *Handbook of adult personality inventories.* New York: Plenum.

Crystal, D. (2001) . *Language and the internet.* Cambridge: Cambridge University Press.

Culnan, M. J. , & Markus, M. L. (1987) . Information technologies. In F. M. Jablin, L. L. Putnam, K. H. Roberts, & L. W. Porter (Eds.), *Handbook of organizational communication: An interdisciplinary perspective* (pp. 420 – 443) . Newbury Park, CA: Sage.

Daft, R. L. , & Lengel, R. H. (1984) . Information richness: A new approach to managerial information processing and organizational design. In L. L. Cummings & B. M. Staw (Eds.), *Research in organizational behavior* (pp. 191 – 234) . Greenwich, CT: JAI Press.

Daft, R. L. , & Lengel, R. H. (1986) . Organizational information requirement, media richness and structural determinants. *Management Science*, 32, pp. 554 – 571.

DeCoster, J. , & Claypool, H. M. (2004) . A meta-analysis of priming effects on impression formation supporting a general model of information biases. *Personality and Social Psychology Review*, 8 (1), pp. 2 – 27.

DePaulo, B. M. , & Jordan, A. (1982) . Age changes in deceiving and detecting deceit. In R. S. Feldman (Ed.), *Development of nonverbal behavior in children* (pp. 151 – 180). New York: Springer-Verlag.

Derks, D. , Bos, A. E. R. , & Von Grumbkow, J. (2007) . Emoticons and social interaction on the internet: The importance of social context. *Computers in Human Behavior*, 23, pp. 842 – 849.

Derks, D. , Fischer, A. H. , & Bos, A. E. R. (2008) . The Role of emotion in computer-mediated communication: A review. *Computers in Human Behavior*, 24, pp. 766 – 785.

DeSanctis, G. , & Gallupe, R. B. (1987) . A foundation for the study of group decision support systems, *Management Science*, 33 (5) , pp. 589 – 609.

DeVito, J. A. (2004) . *The interpersonal communication book* (10th ed.). Boston: Allyn & Bacon.

Dubrovsky, V. J. , Kiesler, S. , & Sethna, B. N. (1991) . The equalization phenomenon: Status effects in computer-mediated and face-to-face decision-making group. *Human Computer Interaction*, 6, pp. 119 – 146.

Ekman, P. , Friesen, W. V. , O' Sullivan, M. , & Scherer, K. (1980) . Relative importance of face, body, and speech in judgments of personality and affect. *Journal of Personality and Social Psychology*, 38, pp. 270 – 277.

Fiske, S. T. , & Taylor, S. E. (1984) . *Social cognition*. Reading, MA: Addison-Wesley.

Fulk, J. , Schmitz, J. A. & Schwarz, D. (1992) . The dynamics of context behaviour interactions in computer-mediated communication. In M. Lea (Ed.), *Context of computer-mediated communication* (pp. 7 – 29) . London: Harvester-Wheatsheaf.

Glaser, B. G. , & Strauss, A. L. (1967) . *The discovery of grounded theory: Strategies for qualitative research*. Chicago: Aldine.

Goffman, E. (1969) . *The presentation of self in everyday life*. London: Allen Lane, Penguin Press.

Goffman, E. (1974) . *Frame analysis: An essay on the organization of experience*. New York: Harper & Row.

Goffman, E. (1981) . *Forms of talk*. Philadelphia, PA: University of Pennsylvania Press.

Goffman, E. (1983) . The interaction order: American sociological association, 1982 Presidential Address. *America Sociological Review*, 48 (1) , pp. 1 – 17.

Hancock, J. T. , & Dunham, P. J. (2001) . Impression formation in computer-mediated communication revisited: An analysis of the breadth and intensity of impressions. *Communication Research*, 28 (3) , pp. 325 – 347.

Herr, P. M. , Sherman, S. J. , & Fazio, R. H. (1983) . On the consequences of priming: Assimilation and contrast effects. *Journal of Experimental Social Psychology*, 19 (4) , pp. 323 – 340.

Hesse, B. W. , Werner, C. M. , & Altman, I. (1988) . Temporal aspects of computer-mediated communication. *Computers in Human Behavior*, 4, pp. 147 – 165.

Higgins, E. T. , Bargh, J. A. , Lombardi, W. J. (1985) . The nature of priming effects on categorization. *Journal of Experimental Psychology*: *Learning*, *Memory*, *and Cognition*, 11 (1), pp. 59 – 69.

Higgins, E. T. , Rholes, W. S. , & Jones, C. R. (1977) . Category accessibility and impression formation. *Journal of Experimental Social Psychology*, 13 (1), pp. 141 – 154.

Hiltz, S. R. , Johnson, K. , & Turoff, M. (1986) . Experiments in group decision making: communication processes and outcome in face-to-face versus computerized conferences. *Human Commnunication Research*, 13 (2) . pp. 225 – 252.

Hiltz, S. R. , & Turoff, M. (1978) . *The network nation*. Reading, MA: Addison-Wesley.

Jacobson, D. (1999) . Impression formation in cyberspace: Online expectations and off-line experiences in text-based virtual communities. *Journal of Computer-Mediated Communication*, 5 (1), < http: //jcmc. indiana. edu/vol5/issue1/jacobson. html >

Jacobson, D. (2001) . Presence revisited: Imagination, competence, and activity in text-based virtual worlds. *CyberPsychology & Behavior*, 4 (6), pp. 653 – 673.

Jones, E. E. (1990) . *Interpersonal perception*. New York: W. H. Freeman.

Jones, S. G. (1995) . Understanding community in the information age. In S. G. Jones (Ed.), *CyberSociety*: *computer-mediated communication* (pp. 10 – 35) . Thousand Oaks, CA: Sage.

Kiesler, S. (1986) . The hidden messages in computer nerwork. *Harvard Business Review*, 64, pp. 46 – 54, 58 – 60.

Kiesler, S. , Siegel, J. , & McGuire, T. W. (1984) . Social psychological aspects of computer-mediated communication. *American Psychologist*, 39, pp. 1123 – 1134.

Kiesler, S. , Zubrow, D. , Moses, A. M. , & Geller, V. (1985) . Affect in computer-mediated communication: An experiment in synchronous terminal-to-terminal discussion. *Human Computer Interaction*, 1, pp. 77 – 104.

Lea, M. , O'Shea, T. , Fung, P. , & Spears, R. (1992) . "Flaming" in computer-mediated communication. In M. Lea (Ed.), *Contexts of computer mediated communication* (pp. 89 – 112) . Hemel Hempstead: Harvester-Wheatsheaf.

Lea, M. , & Spears, R. (1991) . Computer-mediated communication, de-individuation and group decision-making. *International Journal of Man – Machine Studies*, 39, pp. 283 – 301.

Lea, M. , & Spears, R. (1992) . Paralanguage and social perception in computer-mediated communication. *Journal of Organizational Computing*, 2, pp. 321 – 341.

Lea, M. , & Spears, R. (1995) . Love at first byte? Building personal relationships over computer networks. In J. T. Wood & S. Duck (Eds.) *Under-studied*: *Relationship*: *Off the beaten track* (pp. 197 – 233) . Thousand Oaks, CA: Sage.

Lea, M. , Spears, R. , & de Groot, D. （2001）. Knowing me, knowing you: Anonymity effects on social identity processes within groups. *Personality & Social Psychology Bulletin*, 27, pp. 526 – 537.

Lea, M. , Rogers, P. , & Postmes, T. （2002）. SIDE-VIEW: Evaluation of a system to develop team players and improve productivity in Internet collaborative groups. *British Journal of Educational Technology*, 33 （1）, pp. 53 – 64.

Lee, V. , & Wagner, H. （2002）. The effect of social presence on the facial and verbal expression of emotion and the interrelationships among emotion components. *Journal of Nonverbal Behavior*, 26 （1）, pp. 3 – 25.

Lincoln, Y. S. , & Guba, E. G. （1985）. *Naturalistic inquiry.* Beverly Hills, CA: Sage.

Liu, Y. L. , Ginther, D. , & Zelhart, P. （2002）. An Exploratory Study of the Effects of Frequency and Duration of Messaging on Impression Development in Computer-Mediated Communication. *Social Science Computer Review*, 20 （1）, pp. 73 – 80.

Markey, P. M. , & Wells, S. M. （2002）. Interpersonal perception in Internet chat rooms. *Journal of Research in Personality*, 36, pp. 134 – 146.

Martin, L. L. （1986）: Set/reset: Use and disuse of concepts in impression formation. *Journal of Personality and Social Psychology*, 51 （3）, pp. 493 – 504.

Matheson, K. （1991）. Social cues in computer-mediated negotiations: Gender makes a difference. *Computers in Human Behavior*, 7, pp. 137 – 145.

Matheson, K. , & Zanna, M. P. （1988）. The impact of computer-mediated communication on self-awareness. *Social Science Computer Review* （Special Issue: Computing: Social and policy issues）, 8, pp. 1 – 12.

McCrae, R. R. , & Costa, P. T. , Jr. （1986）. Clinical assessment can benefit from recent advances in personality psychology. *American Psychologist*, 41, pp. 1001 – 1003.

McKenna, K. Y. A. , & Bargh, J. A. （1999）. Causes and consequences of social interaction on the internet: A conceptual framework. *Media Psychology*, 1, pp. 249 – 269.

McKenna, K. Y. A. , & Bargh, J. A. （2000）. Plan 9 from cyberspace: The implications of the internet for personality and social psychology. *Personality and Social Psychology Review*, 4, pp. 57 – 75.

McKenna, K. Y. A. , Green, A. S. , & Gleason, M. E. J. （2002）. Relationship formation on the internet: What's the big attraction? *Journal of Social Issues*, 58 （1）, pp. 9 – 31.

Moskowitz, G. B. , & Skurnik, I. W. （1999）. Contrast effects as determined by the type of prime: Trait versus exemplar primes initiate processing strategies that differ in how accessible constructs are used. *Journal of Personality & Social Psychology*, 76 （6）, pp. 911 – 927.

Mutton, P. （2005）. *IRC hacks.* Cambridge, MA: O'Reilly.

Newhagen, J. E. , & Rafaeli, S. （1996）. Why communication researchers should study the Internet: A dialogue. *Journal of Communication*, 46 (1), pp. 4 – 13.

Nisbett, R. E., & Bellows, N. (1977). Verbal reports about causal influences on social judgments: Private access vs. public theories. *Journal of Personality and Social Psychology*, 35, pp. 613 – 624.

Noller, P. (1980). Misunderstandings in marital communication: A study of couples' nonverbal communication. *Journal of Personality and Social Psychology*, 39, pp. 1135 – 1148.

Noller, P. (1985). Video primacy: A further look. *Journal of Nonverbal Behavior*, 9, pp. 28 – 47.

Osgood, C. E., Suci, G. J., & Tannenbaum, P. H. (1957). *The measurement of meaning*. Urbana: University of Illinois Press.

Parks, M. R., & Floyd, K. (1996). Making friends in cyberspace. *Journal of Communication*, 46 (1), pp. 80 – 97.

Plutchik, R. (1983). *Foundations of experimental research* (3rd ed.) Cambridge, MA: Harper and Row.

Poole, M. S., & DeSanctis, G. (1992). Microlevel structuration in Computer-supported decision making. *Human Communication Research*, 18 (1), pp. 5 – 49.

Postmes, T. (1997). Social influences in computer-mediated groups. Ph. D. thesis. Amsterdam: University of Amsterdam.

Postmes, T., Spears, R., & Lea, M. (1998). Breaching or building social boundaries? SIDE effects of computer-mediated communication. *Communication Research*, 25 (6), pp. 689 – 715.

Postmes, T., Spears, R., & Lea, M. (1999). Social identity, group norms, and "deindividuation": Lessons from computer-mediated communication for social influence in the group. In N. Ellemers, R. Spears, & B. Doosje (Eds.), *Social identity: Context, commitment, content* (pp. 164 – 183). Oxford, UK: Blackwell.

Postmes, T., Spears, R., & Lea, M. (2000). The formation of group norms in computer-mediated communication. *Human Communication Research*, 26 (3), pp. 341 – 371.

Ramirez, Jr., Artemio. (2007). The effect of anticipated future interaction and initial impression valence on relational communication in computer-mediated interaction. *Communication Studies*, 58 (1), pp. 53 – 70.

Reicher, S. D., Spears, R., & Postmes, T. (1995). A social identity model of deindividuation phenomena. *European Review of Social Psychology*, 6, pp. 161 – 198.

Reicher, S. D., Levine, M., & Gordijn, E. (1998). More on deindividuation, power relations between groups and the expression of social identity: Three studies on the effects of visibility to the in-group. *British Journal of Social Psychology*, 37, pp. 15 – 40.

Reid, E. (1995). Virtual worlds: culture and imagination. In S. G. Jones (Ed.), *Cy-*

berSociety: *computer-mediated communication* (pp. 164 – 183). Thousand Oaks, CA: Sage.

Rezabek, L. L., & Cochenour, J. J. (1998). Visual clues in computer-mediated communication: Supplementing text with emoticons. *Journal of Visual Literacy*, 18, pp. 201 – 215.

Rheingold, H. (1993). *The virtual community*: *Homesteading on the electronic frontier*. Reading, MA: Addison-Wesley.

Rice, R. E. (1984). Mediated group communication. In R. E. Rice & Associates (Eds.), *The new media*: *Communication*, *research*, *and technology* (pp. 129 – 156). Beverly Hills, CA: Sage.

Rice, R. E. (1990). Computer-mediated communication system network data: Theoretical concerns and empirical examples. *International Journal of Man-Machine Studies*, 30, pp. 1 – 21.

Rice, R. E. (1993). Media appropriateness: Using social presence theory to compare traditional and new organizational media. *Human Communication Research*, 19 (4), pp. 451 – 484.

Rice, R. E., & Case, D. (1983). Electronic message systems in the university: A description of use and utility. *Journal of Communication*, 33 (1), pp. 131 – 152.

Rice, R. E., & Love, G. (1987). Electronic emotion: Socioemotional content in a computer-mediated network. *Communication Research*, 14, pp. 85 – 108.

Rice, R., & Shook, D. (1990). Relationships of job categories and organizational levels to use of communication channels, including electronic mail: A meta-analysis and extension. *Journal of Management Studies*, 27, pp. 195 – 229.

Rogers, P., & Lea, M. (2005). Social presence in distributed group environments: The role of social identity. *Behavior & Information Technology*, 24 (2), pp. 151 – 158.

Rosenberg, M. (1979). *Conceiving the self*. New York: Basic Books.

Rosenberg, S., & Sedlak, A. (1972). Structural representations of implicit personality theory. In B. Leonard (Ed.), *Advances in experimental social psychology* (pp. 235 – 297). New York: Academic Press.

Rutter, D. R. (1987). *Communicating by telephone*. Oxford, UK: Pergamon.

Rutter, D. R., & Stephenson, G. M. (1977). The role of visual communication in synchronizing conversation. *European Journal of Social Psyclology*, 2, pp. 29 – 37.

Rutter, D. R., & Stephenson, G. M. (1979). The role of visual communication in social interaction. *Current Anthropology*, 20, pp. 124 – 125.

Sanderson, D. W. (1993). *Smileys*. Sebastopol, CA: O'Reilly.

Shiu, E., & Lenhart, A. (2004). How Americans use instant messaging. Washington. D. C. : PEW Internet & American Life Project. < http://www. pewinternet. org/pdfs/PIP_ Instantmessage_ Report. pdf >

Short, J. , Williams, E. , & Christie, B. （1976）. *The social psychology of telecommunication*. London: Wiley.

Siegel, J. , Dubrovsky, V. , Kiesler, S. , & McGuire, T. W. （1986）, Group process and computer-mediated communication. *Organizational Behavior and Human Decision Processes*, 37, pp. 157 – 187.

Skowronski, J. J. , & Carlston, D. E. （1989）. Negativity and extremity biases in impression formation: A review of explanations. *Psychological Bulletin*, 105 （1）, pp. 131 – 142.

Smith, E. R. , & DeCoster, J. （1998）. Knowledge acquisition, accessibility, and use in person perception and stereotyping: Simulation with a recurrent connectionist network. *Journal of Personality and Social Psychology*, 74 （1）, pp. 21 – 35.

Smyth, J. M. （1998）. Written emotional expression: Effect sizes outcome types, and moderating variables. *Journal of Consulting and Clinical Psychology*, 66, pp. 174 – 184.

Snyder, M. , Tanke, E. D. , & Berscheid, E. （1977）. Social perception and interpersonal behavior: On the self-fulfilling nature of social stereotypes. *Journal of Personality and Social Psychology*, 35, pp. 656 – 666.

Spears, R. , & Lea, M. （1992）. Social influence and the influence of the "social" in computer- mediated communication. In M. Lea （Ed. ）, *Contexts of computer-mediated communication* （pp. 30 – 65）. Hemel-Hempstead: Harvester-Wheatsheaf.

Spears, R. , & Lea, M. （1994）. Panacea or panopticon? The hidden power in computer-mediated communication. *Communication Research*, 21, pp. 427 – 459.

Spears, R. , Lea, M. , Corneliussen, R. A. , Postmes, P. , & Ter Haar, W. （2002）. Computer-mediated communication as a channel for social resistance: The strategic side of SIDE. *Small Group Research*, 33 （5）, pp. 555 – 574.

Sproull, L. , & Kiesler, S. （1986）. Reducing social context clues: Electronic mail in organizational communication. *Management Science*, 32, pp. 1492 – 1512.

Sproull, L. , & Kiesler, S. （1991）. *Connections: New ways of working in the networked organization. Cambridge*, MA: MIT Press.

Srull, T. K. , & Wyer, R. S. （1979）. The role of category accessibility in the interpretation of information about persons: Some determinants and implications. *Journal of Personality & Social Psychology*, 37 （10）, pp. 1660 – 1672.

Srull, T. K. , & Wyer, R. S. （1980）. Category accessibility and social perception: Some implications for the study of person memory and interpersonal judgments. *Journal of Personality and Social Psychology*, 38 （6）, pp. 841 – 856.

Srull, T. K. , & Wyer, R. S. （1989）. Person memory and judgment. *Psychological Review*, 96 （1）, pp. 58 – 83.

Sunnafrank, M. （1986）. Predicted outcome value during initial interactions: A reformulation of uncertainty reduction theory. *Human Communication Research*, 13 (1), pp. 3 – 33.

Tanis, M. , & Postmes, T. (2003) . Social cues and impression formation in CMC. *Journal of Communication*, 53, pp. 676 – 693.

Taylor, S. E. , Peplau, L. A. , & Sears, D. O. (2004) . *Social psychology* (11th ed.). Beijing: Peking University Press.

Tidwell, L. C, & Walther, J. B. (2002) . Computer-mediated communication effects on disclosure, impressions, and interpersonal evaluations: Getting to know one another a bit at a time. *Human Communication Research*, 28 (3), pp. 317 – 348.

Turkle, S. (1997) . *Life on the screen: Identity in the age of the internet*, New York: Simon & Schuster.

Turkle, S. (2005) . *The second self: Computers and the human spirit* (Twentieth Anniversary Edition), Cambridge, MA: The MIT Press.

Walther, J. B. (1992) . Interpersonal effects in computer-mediated interaction: A relational perspective. *Communication Research*, 19 (1), pp. 52 – 90.

Walther, J. B. (1993) . Construction and validation of a quantitative measure of impression development. *Southern Communication Journal*, 59, pp. 27 – 33.

Walther, J. B. (1993) . Impression development in computer-mediated interaction. *Western Journal of Communication*, 57, pp. 381 – 398.

Walther, J. B. (1994) . Anticipated ongoing interaction versus channel effects on relational communication in computer-mediated interaction. *Human Communication Research*, 20 (4), pp. 473 – 501.

Walther, J. B. (1995) . Relational aspects of computer-mediated communication: Experimental observations over time. *Organizational Science*, 6, pp. 186 – 203.

Walther, J. B. (1996) . Computer-mediated communication: Impersonal, interpersonal and hyperpersonal interaction. *Communication Research*, 23 (1), pp. 3 – 43.

Walther, J. B. (1997) . Group and interpersonal effects in interpersonal computer-mediated collaboration. *Human Communication Research*, 23 (3), pp. 342 – 369.

Walther, J. B. (2007) . Selective self-presentation in computer-mediated communication: Hyperpersonal dimensions of technology, language, and cognition. *Computers in Human Behavior*, 23, pp. 2538 – 2557.

Walther, J. B. , Anderson, J. F. , & Park, D. W. (1994) . Interpersonal effects in computer-mediated interaction: A meta-analysis of social and antisocial communication. *Communication Research*, 21 (4), pp. 460 – 487.

Walther, J. B. , & Burgoon, J. K. (1992) . Relational communication in computer-mediated communication. *Human Communication Research*, 19 (1), pp. 50 – 88.

Walther, J. B. , & D' Addario, K. P. (2001) . The impacts of emoticons on message interpretation in computermediated communication. *Social Science Computer Review*, 19, pp. 324 – 347.

　　Walther, J. B., Gay, G., and Hancock, J. T. (2005). How do communication and technology researchers study the Internet. *Journal of Communication*, 55 (3), pp. 632 – 657.

　　Walther, J. B., Slovacek, C., & Tidwell, L. C. (1994). Is a picture worth a thousand words? Photographic imanges in long term virtual teams. *Communication Research*, 28 (1), pp. 105 – 134.

　　Walther, J. B., Van der Heide, B., Kim, S. Y., Westerman, D., & Tong, S. T. (2008). The role of friends' appearance and behavior on evaluations of individuals on facebook: Are we known by the company we keep? *Human Communication Research*, 34 (1), pp. 28 – 60.

　　Wegener, D. T., & Petty, R. E. (1995). Flexible correction processes in social judgment: The role of naive theories in corrections for perceived bias. *Journal of Personality & Social Psychology*, 68 (1), pp. 36 – 51.

　　Williams, E. (1977). Experimental comparisons of face-to-face and mediated communication: A review. *Psychological Bulletin*, 84 (5), pp. 963 – 976.

　　Wimmer, R. D., & Dominick, J. R. (2003). *Mass media research: An introduction* (7th ed.). Belmont: Wadsworth.

　　Wolf, A. (2000). Emotional expression online: Gender differences in emotion use. *CyberPsychology and Behavior*, 3 (5), pp. 827 – 833.

　　Wyer, R. S., Swan, S., & Gruenfeld, D. H. (1995). Impression formation in informal conversations. *Social Cognition*, 13 (3), pp. 243 – 272.

后　记

本书是在我的博士论文基础上修改而成的。

弹指之间又是数年过去。回想最初踏入传播学这方天地之时的兴奋与惶恐，直到获得博士学位一刻的激动与释然，一切都还历历在目。曾几何时，雄心万丈，不仅想在理论上提出一家之言，更希望为推动研究方法的变革贡献一己之力。然而现实与理想之间永远是有距离的，研究过程中接踵而来的困难让我举步维艰，几度想到了放弃。所幸导师蒋晓丽教授不但对我的研究能力给予足够的信任，还多次在关键时刻援以及时的鼓励和点拨，研究才最终得以完成并初成一文。蒋老师为人温柔敦厚，学术视野开阔，具有极为锐利的学术敏感性和前瞻性。正是她作为我的学术领路人和坚强后盾，才使我在前行的道路上充满了力量。无论是学习上的耳提面命，还是生活上的温情关照，抑或人格学品上的言传身教，多年来的厚爱在一纸方寸之间实在难以言表，唯望他日能有点滴回报，不负师恩深重。

必须要指出的是，这项研究还包含着实验组其他成员的心血。幸得有他们的协助，所有的实验才能顺利地组织和实施。他们是：四川大学心理学系硕士研究生李洁颖；原四川大学社会学系硕士研究生、现上海甫瀚投资管理咨询有限公司深圳分公司咨询顾问吴迪；四川大学法学院硕士研究生尹俊；成都中德知识产权代理公司知识产权助理何雪菲；原四川大学传播学系博士研究生、现四川大学政治学院讲师刘肖；原四川大学华西临床医学院硕士研究生、现四川省第二人民医院内科医师李懿；四川大学学生就业指导服务中心职业生涯辅导师陈家姝；四川大学华西口腔医院颞下颌关节科医师、基础实验教学中心实验师王亚；中央精神文明建设办公室"中国未成年人网"编辑唐燕；四川卫士通信息安全平台技术有限公司研发工程师谢由超；四川大学华西医院护理部硕士研究生黄明君。当然，这项研究的最终完成也离不开所有作为被访者参与访谈的网友和作为被试参加实验的志愿者，虽然在此不能一一列举他们的名字，但他们的贡献毫无疑问是尤为关键的，没有他们的热心投入和参与就没有这项研究的开花结果。

此外，还要感谢四川大学文学与新闻学院的欧阳宏生教授、邱沛篁教授、冯宪光教授、徐新建教授以及四川省社会科学院新闻传播研究所的张立伟研究员对本书的指导；感谢美国密歇根州立大学传播学系教授 Joseph B. Walther 先生，他提供的网络人际传播研究必读文献目录使我得以进入该领域的前沿；感谢英国曼彻斯特大学心理科学学院高级讲师 Martin Lea 先生，他在我这个异国学子正为无法获得几篇重要文献的全文而发愁之时伸出了援助之手，将其近 20 年来发表的主要论文和研究报告不吝相授；感谢北京安人测评技术有限公司的心理工作者阳志平先生，他所整理的“网络心理学研究者参考资源”中涉及大量网络人际传播的内容，极大地方便了我的文献搜集工作；感谢四川大学公共管理学院的王卓教授，她以一颗宽容的心接纳了我这名非本学院的学生，使我有幸接触到规范的社会科学统计方法训练；感谢远在千里之外美国天普大学法学院从事研究工作的兰荣杰博士，他在百忙之中为我找到了一些难以觅得的珍贵英文资料；感谢中国科学院苏州纳米技术与纳米仿生研究所的刘争晖博士，我在阅读英文文献的过程中不时得到他热心的指点和帮助；感谢为我审阅和修改英文摘要的美国威斯康星大学麦迪逊分校工程学院化学与生物工程专业博士研究生王东和西南政法大学经济贸易法学院硕士研究生李洁异；感谢为本研究所涉及的计算机与网络技术内容提供专业咨询和支持的上海盛大网络发展有限公司研发工程师马丹、西南电子电信技术研究所研发工程师张富全。

其实，在学术之路上走到今天，要感谢的人还有很多很多。四川大学新闻系系主任张小元教授的悉心指导，使我终于能够沉着地站在讲台上面对台下的众多学生，不仅如此，他还教会了我严谨的思维，引领我进入深邃的思辨之门；新闻系两位年轻有为的副教授操慧博士和徐沛博士常常在教学和科研工作上对我提携有加，提供了许多帮助；还有同门师兄、《成都日报》编辑单正华博士，他时常与我探讨辩论，许多思想的火花由此而发，令我受益良多；另一位师兄，四川大学图书馆研究馆员张盛强博士更是对我关怀备至，我平日的文献检索工作因他的指导与帮助而获得了许多便利，在此一并表示感谢。

最后，我要感谢的是我的家人。这么多年以来，是他们的关爱让我感受到了人世间亲情的温暖与伟大，是他们默默的支持与奉献成就了我人生的又一个梦想。谁言寸草心，报得三春晖？

不管怎样，路漫漫其修远，探索的脚步永远向前。

张　放

2010 年春于成都